JN265423

災害と住民保護

東日本大震災が残した課題
諸外国の災害対処・危機管理法制

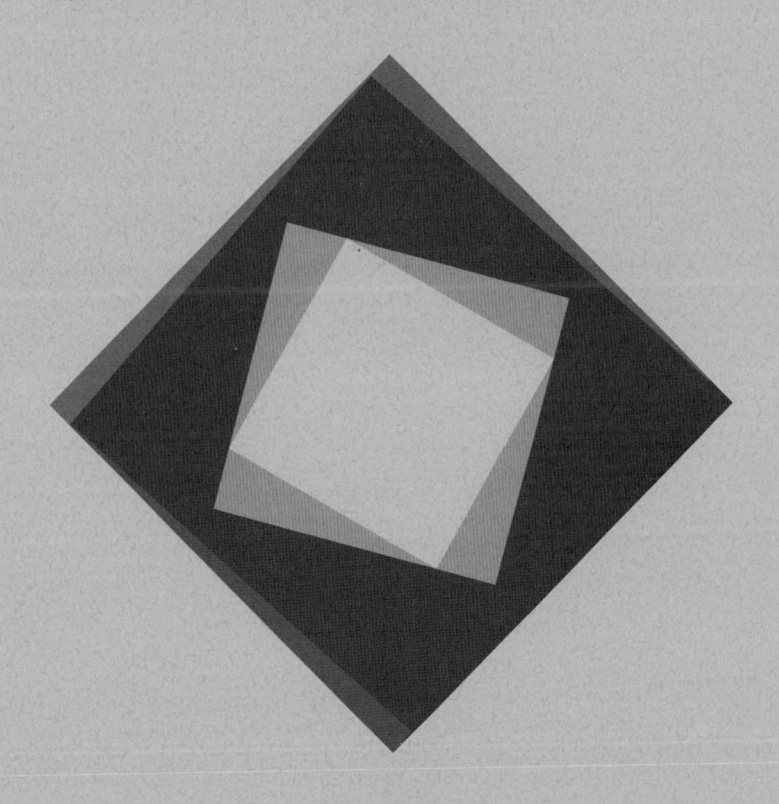

三和書籍

は じ め に

　東日本大震災の発生から早一年。思えば、息をのみ言葉を失う、悪夢のような現実だった。
　言うまでもなく国と自治体の最大の使命と責任は、自然災害と人為災害とを問わず、あらゆる危機から地域に生活する住民の生命と財産を保護することに尽きる。そのため、われわれの社会は、法制の整備を進め、組織の確立や度重なる訓練によって無防備を戒めてきた。しかしこの度の東日本大震災は、その使命と責任を無残にも打ち砕いた。とりわけ自然災害は、ある程度の予測は可能であるが、それを阻止することはできない。想像を絶する自然の猛威を前に、われわれは否応なく人知の限界と「想定外」の広大さを、改めて思い知らされたのである。
　大災害を含めた危機への対応には、リーダーの個人的見識や判断力に左右される側面も少なくはないが、東日本大震災では、法制や組織に内在する制度的欠陥も浮き彫りになった。現在、東南海地震や首都直下型地震が誘発される確率は、確実に高くなったと言われている。それらを含めた危機対処が喫緊の課題であることに疑いの余地はない。
　そこで、わが国の制度上の課題を洗い出し、解決策の検討を試みようとしたのが本書発刊の目的である。緊急時における対処を根本的に見直し、住民保護策を徹底して推進するために、欧米各国の住民保護制度を紹介し、新たな制度設計の参考に供したいとの思いでもある。
　本書は2部で構成されている。第Ⅰ部「日本の危機管理体制の課題」では、実態面と法制面からの徹底した現状分析と対処措置の是非が論じられ、わが国が抱える制度的課題が浮き彫りにされている。第Ⅱ部「諸外国の災害対処・危機管理法制とその最近の動向」では、各国の特徴を詳細に追い

ながら論じられている。各章を担当する著者が、それぞれ専門とする諸外国の具体的制度を紹介しつつ、各国の理念と実践が示されている。

　今後の日本の災害対策を考えた場合、国の制度として法整備を含めた対応の必要なものもあれば、地域特性に応じた条例等の整備によって、自治体独自の対応が明日にでも可能なものもある。多くの知見や発想によって、より有用性の高い制度が確立され、実効性の伴う態勢が着実に整うことを期待している。各国の諸制度が参考とされ、将来にわたる国民の生命と財産の保護のために、より有効な独自のアイデアが生み出され、明日への希望につながるとすれば、著者にとっては望外の幸せである。

　最後に、本書の出版を快く引き受けていただいた三和書籍社長・高橋考氏、編集長・下村幸一氏に、深く感謝申し上げたい。

　　　　　　　　　　　　　　　　　　　　　2012年3月
　　　　　　　　　　　　　　　　　　　　　編著者　浜谷英博　松浦一夫

災害と住民保護
東日本大震災が残した課題
諸外国の災害対処・危機管理法制

目　次

はじめに —— i

第I部　日本の危機管理体制の課題

第1章　日本の危機管理 —— 3.11と核災害

はじめに —— 4

- I　日本の危機管理体制・意識の変遷 —— 5
  - 1　転機となった1995年 —— 5
  - 2　9.11テロ後に何が変わったか —— 7
  - 3　3.11以前の核セキュリティ —— 9
- II　3.11以前の核関係の訓練 —— 11
  - 1　訓練の意義 —— 11
  - 2　原子力防災訓練・原子力防災総合訓練 —— 13
  - 3　核に関する国民保護訓練等 —— 14
  - 4　訓練の問題点 —— 16
- III　3.11以後の対応
  —— クライシス・コミュニケーション —— 17
- IV　3.11後の展開 —— 20
  - 1　核セキュリティ対策 —— 20
  - 2　事故調査委員会 —— 23
- おわりに —— 提言と教訓 —— 26

第2章 原子力災害対処にかかわる我が国の現行法の問題点

はじめに──── 34

 I 憲法と原子力法制──── 35
  1 憲法と原子力の平和利用──── 35
  2 原子力基本法を根幹とする原子力法の構造──── 36
   (1) 原子力予算の登場と原子力基本法の成立──── 36
   (2) 原子力基本法と原子力法の体系──── 37
    (ⅰ) 原子力組織法──── 38
    (ⅱ) 原子力開発促進事業法──── 41
    (ⅲ) 原子力規制法──── 41
    (ⅳ) 原子力救済法──── 41
  3 原子力災害対策特別措置法の特質──── 42
   (1) 原子力災害の特殊性と特別法としての原子力災害対策特別措置法──── 42
   (2) JCO臨界事故以前の災害対策と原子力災害対策特別措置法の特質──── 43
    (ⅰ) 迅速な初期動作の確保──── 44
    (ⅱ) 国と地方公共団体との有機的な連携の確保──── 45
    (ⅲ) 国の緊急時対応体制の強化──── 45
    (ⅳ) 原子力事業者の責務の明確化──── 45
   (3) 緊急事態法制の一環としての性格──── 46
 II 福島第一原発事故の経緯と関係諸機関の対処について
  ──住民保護を目的とする避難指示、警戒区域設定等を中心に──── 47
  1 緊急災害対策本部の設置と原子力緊急事態宣言の発出──── 47
  2 避難等の指示とその範囲拡大の経緯──── 48
   (1) 半径3km圏内の避難指示と3〜10km圏内の屋内退避指示──── 48

  (2) 半径10km圏内の避難指示への拡大 ―― 49
  (3) 半径20km圏内の避難指示への更なる拡大 ―― 50
  (4) 半径20〜30km圏内に屋内退避の要請 ―― 51
  (5) 自主避難の促進（事実上の勧告）―― 51
 3　「計画的避難区域」、
  「緊急時避難準備区域」設定の方針 ―― 52
 4　「警戒区域」の設定 ―― 53
 5　「計画的避難区域」、「緊急時避難準備区域」の設定 ―― 54
 6　「特定避難勧奨地点」の設定 ―― 54

Ⅲ　原子力災害対処法制の問題点と課題 ―― 55
 1　避難指示等の対処の特質と問題点の所在 ―― 55
 2　制度上の問題点 ―― 56
 3　問題点の基因と背景 ―― 58
  (1) 原子力災害対策特別措置法（原災法）の内在的限界 ―― 58
  (2) 原子力組織法・規制法上の構造的欠陥 ―― 59
  (3) 災害緊急事態体制の不備・欠缺 ―― 60
  (4) 諸要因の背後にあるもの
   ――「原子力安全神話」と「原子力村」―― 60
 4　現行法制の課題 ―― 61
 5　もう一つの選択の可能性――原子力基本法の改正と憲法 ―― 62

おわりに ―― 64

第3章　東日本大震災と危機管理の欠落
——課題と立法提言

はじめに —— 66

I　東日本大震災における政府対応の課題 —— 66
1　対応の不作為 —— 66
（1）災害緊急事態の布告 —— 66
（2）安全保障会議の招集 —— 68
2　その他の課題 —— 71
（1）内閣危機管理監の機能不全 —— 71
（2）内閣官房参与の緊急増員 —— 72

II　緊急事態法制の遅滞と課題 —— 73
1　日本国憲法制定過程の特異性 —— 73
（1）緊急事態条項見送りの経緯 —— 73
（2）参議院の緊急集会条項の挿入 —— 74
2　「強い国会・弱い内閣」の克服と内閣府設置法の制定 —— 75
（1）「強い国会・弱い内閣」の課題 —— 75
（2）内閣府設置法の制定 —— 76

III　立憲主義憲法と国家緊急事態 —— 76
1　法治体制と国家緊急事態 —— 76
2　90年以降制定の諸外国法に見る緊急事態対応条項の現状 —— 77

IV　日本国憲法の各種改正試案と国家緊急事態条項 —— 78
1　内閣憲法調査会報告書（1964年）における非常事態条項 —— 78
2　近年における憲法改正試案 —— 79
（1）読売新聞社の憲法改正試案における国家緊急事態条項 —— 79

    (2) 世界平和研究所の憲法改正試案における
        国家緊急事態条項──── 80
    (3) 鳩山由紀夫元首相の「新憲法試案」における
        国家緊急事態条項──── 81
    (4) 創憲会議の「新憲法草案」における国家緊急事態条項──── 81
  3 衆議院・参議院の「憲法調査会報告書」における
    緊急事態条項──── 82

Ⅴ 国家緊急事態への対処と民主統制──── 84
  1 災害緊急事態の布告と国会関与の課題──── 84
    (1) 災害緊急事態の布告と国会承認──── 84
    (2) 緊急事態における対処と国会承認のあり方──── 85
  2 国会拒否権制度の導入──── 85

Ⅵ 住民保護と国民保護法上の課題──── 87
  1 国と地方公共団体の責務──── 87
    (1) 国・地方公共団体の役割分担──── 87
    (2) 基本的人権の尊重──── 89
    (3) 国民の協力と責務──── 90
  2 国および地方公共団体と国民保護──── 91
    (1) 国の実施する国民保護措置──── 91
    (2) 都道府県の実施する国民保護措置──── 92
    (3) 市町村の実施する国民保護措置──── 92
  3 国家緊急事態と国民保護の課題──── 93
    (1) 住民共助組織の拡充──── 93
    (2) 地域的緊急事態管理機構（REMA）の創設──── 96
      ①概要──── 96
      ②具体的事例──── 97

おわりに──── 99

第II部 諸外国の災害対処・危機管理法制とその最近の動向

第4章 米国における災害支援
——特に軍の果たす役割とその法的位置づけについて

はじめに——104

I 軍の災害救助等への動員に関する規制——105
  1 連邦憲法上の位置づけ——105
  2 州軍の動員とその地位——105
  3 州軍の他州への災害援助参加に関する特別法——107
  4 民警団法と暴動対策法の適用関係——108
    (1) 民警団法——108
    (2) 暴動対策法——109

II スタフォード法——111
  1 スタフォード法の概要——111
  2 スタフォード法と民警団法・暴動対策法との関係——113

III 緊急事態に対応する管理制度——114
  1 国土安全保障会議の創設と役割——114
  2 国土安全保障指令第5号に基づく緊急事態管理制度——115
    (1) 連邦災害時管理制度——115
    (2) 連邦対応計画——116
    (3) 国家対応枠組み——116
  3 国土安全保障指令第8号——117

IV 災害に備える国家演習——118

1　国家演習プログラム───── 118
　　　（1）政府高官参加演習───── 118
　　　（2）国家演習プログラム───── 119
　　2　国防総省による国家演習プログラムへの参画───── 120
　　3　北部コマンドの役割───── 122
　おわりに──わが国への提言───── 123

第5章　英国の災害対処・危機管理法制
　　── 21世紀型リスクへの対応

　はじめに──「民間防衛」から「レジリエンス」へ───── 128
　Ⅰ　英国政府のリスク認識───── 130
　　1　自然災害───── 133
　　　（1）感染症───── 133
　　　（2）洪水・異常気象───── 134
　　　（3）動物の疾病───── 135
　　2　大事故───── 136
　　　（1）大規模な産業事故───── 136
　　　（2）交通機関における大規模事故───── 136
　　3　悪意ある攻撃───── 137
　　　（1）混雑した場所への攻撃───── 138
　　　（2）インフラへの攻撃───── 138
　　　（3）交通機関への攻撃───── 138
　　　（4）非在来型の攻撃───── 139
　　　（5）サイバー攻撃───── 139
　　4　事業継続マネジメント（BCM）───── 139
　　　（1）人員の喪失───── 140
　　　（2）交通機関の麻痺───── 140

（3）事業所の使用不能化——— 140
　　　（4）電気・ガス・水道・燃料・通信の途絶——— 140
　Ⅱ　緊急事態対処の法的枠組み——— 142
　　1　民間緊急事態法の概要——— 143
　　　（1）緊急事態の定義——— 144
　　　（2）民間緊急事態法第1部——— 145
　　　（3）民間緊急事態法第2部——— 148
　　2　特徴と分析——— 149
　　　（1）地域レジリエンス・フォーラムと
　　　　　ボランティア団体の役割——— 149
　　　（2）訓練・演習の重視——— 151
　　　（3）憲法との関係——— 152
　Ⅲ　緊急事態対処の制度的枠組み——— 155
　　1　英国政府の危機対応メカニズム——— 155
　　　（1）中央・地方関係——— 156
　　　（2）内閣府ブリーフィング・ルーム（COBR）——— 157
　　　（3）国家安全保障会議との違い——— 161
　　2　軍の派遣制度——— 162
　　　（1）MAGD——— 163
　　　（2）MACP——— 163
　　　（3）MACC——— 164

おわりに———英国と日本——— 165

第6章　イタリア憲法と防災システム

はじめに——— 170

　Ⅰ　イタリア憲法と緊急事態——— 171
　　1　イタリア王国憲章の場合——— 171

2　イタリア王国時代の防災活動── 172
　　　3　イタリア共和国憲法の場合── 174
　　　4　イタリア共和国時代初期の防災活動── 177
　Ⅱ　防災組織とその活動── 179
　　　1　災害事態の定義とその類型化── 179
　　　2　防災組織── 182
　　　3　防災全国機構の実動機関── 183
　　　4　災害の予測・予防活動── 184
　Ⅲ　各防災主体の権限── 185
　　　1　序── 185
　　　2　防災活動の指揮・企画及び計画── 186
　　　3　通常災害の場合の主体とその権限── 189
　　　4　大規模災害事態の場合の主体とその権限── 190
　　　5　激甚災害の場合の主体とその権限── 193

おわりに── 196

第7章　フランスにおける危機管理の憲法構造と災害対策法制

はじめに── 200

　Ⅰ　国家緊急権と国家防衛の憲法構造── 200
　　　1　国家緊急権の憲法構造── 200
　　　　(1) 非常大権（憲法16条）── 201
　　　　　①憲法上の問題点＜その1＞──権限行使の実体的要件の曖昧さ── 202
　　　　　②憲法上の問題点＜その2＞──手続における他機関の関わり方── 203

③憲法上の問題点＜その3＞──実施期間──── 203
　　(2) 合囲状態（戒厳令）（憲法36条）──── 204
　　(3) 1955年4月3日法律に基づく緊急事態──── 204
　2　国家防衛の憲法構造──── 205

Ⅱ　災害対策と「国家安全（民間防衛・民間安全）」の法関係──── 206

　1　「民間防衛」と「民間安全」の法概念──── 206
　　(1) 民間防衛（défense civile）──── 206
　　(2) 民間安全（sécurité civile）──── 207
　2　両者の関係──── 208
　3　近年の傾向──── 209
　　(1)「民間防衛」と「民間安全」の支援・協働関係──── 209
　　(2)「国家安全（sécurité nationale）」概念の登場──── 210

Ⅲ　災害対策と行政組織──── 211

　1　国レベルの行政組織と権限──── 211
　　(1) 内務大臣の役割──── 211
　　(2) 内務省防衛安全局の役割──── 212
　2　地域レベルの行政組織とその権限──── 213
　　(1) コミューン（commune）──── 213
　　(2) 県（département）──── 214
　　　①県知事──── 214
　　　②県消防──── 214
　　(3) 地域圏（région）──── 216
　　(4) 防衛・安全管区（zone de défense et de sécurité）──── 216
　　(5) 地域レベルごとの災害対策調整機関──── 217
　　　①市町村内レベルと県内レベル──消防の役割──── 217
　　　②（県を超えた）地域間レベル──軍人の役割──── 218

Ⅳ　災害における住民保護──── 218

　1　国主導の住民保護──総合的ORSEC計画──── 218
　2　ORSEC計画の概要──── 219
　　(1)「ORSEC」の意義──── 219
　　(2) 内容の変化──── 220

3　各コミューンの保護計画
　　　　（le plan communal de sauvegarde）———— 221
　　4　県・防衛管区・海洋の各ORSEC計画———— 222
　　　（1）県ORSEC計画（Le plan ORSEC départemental）———— 222
　　　　　①計画の作成———— 222
　　　　　②計画の実施———— 223
　　　（2）防衛管区ORSEC計画（Le plan ORSEC de zone）———— 223
　　　　　①計画の作成———— 223
　　　　　②計画の実施———— 223
　　　（3）海上ORSEC計画（Le plan ORSEC maritime）———— 224
　　　　　①計画の作成———— 224
　　　　　②計画の実施———— 224
　　　（4）国務大臣の役割———— 225
　　　（5）災害対策に関する民間の責務———— 225
　　5　消防と医療の災害救助対策
　　　　——「赤い計画（plan rouge）」から「多数犠牲者のORSRC計画」へ———— 225
　　　（1）かつての「赤い計画」と「白い計画」———— 226
　　　（2）現在の「多数犠牲者のORSEC計画」———— 227

おわりに——日本との比較と日本への示唆———— 228

第8章　ドイツの災害対処・
　　　　住民保護法制——平時法と戦時法の交錯

はじめに———— 232

Ⅰ　ドイツ基本法が定める国家緊急事態———— 232
　1　対外的緊急事態（防衛緊急事態）———— 233
　　（1）「防衛事態」———— 233

(2)「緊迫事態」——— 235
　　　(3)「同盟事態」——— 236
　2　国内的緊急事態（治安緊急事態・災害緊急事態）——— 236
　　　(1) 治安緊急事態——— 236
　　　(2) 災害緊急事態——— 237

Ⅱ　災害対処と住民保護——連邦とラントの役割分担と協力——— 238
　1　住民保護に関する
　　　立法権限と法執行権限、経費負担の原則——— 238
　　　(1) 立法権限——— 238
　　　(2) 法執行権限と経費負担——— 240
　2　災害事態と災害防護官庁、部隊・施設——— 241
　　　(1) 災害事態の認定——— 241
　　　　①「災害」の定義——— 241
　　　　②災害防護官庁による災害事態の認定——— 242
　　　(2) 活動本部長、災害防護の部隊・施設——— 243
　3　官庁間協力の法的枠組——— 244
　　　(1) 職務共助——— 244
　　　(2) 機関貸借——— 245
　　　(3) 災害緊急事態の際の連邦警察・軍隊の派遣——— 245

Ⅲ　民間災害救援ボランティア組織との協力——— 246
　1　主要民間救援組織——— 246
　2　義務兵役制と災害救援ボランティアの要員確保の関係——— 248
　　　(1) 兵役代替役務としての災害救援ボランティア——— 248
　　　(2) 義務兵役停止の影響——— 249

Ⅳ　災害防護のための住民の協力義務と基本権制限——— 250
　1　住民の義務——— 250
　　　(1) 一般住民の災害救援義務——— 250
　　　(2) 特殊な技能や知識を有する者の義務——— 252
　　　(3) 自主消防・義務消防——— 252
　2　基本権の制限——— 253

- V 脅威認識の変化と住民保護体制の再編
  ──文民保護と災害防護の融合、民軍協力── 254
  - 1 9・11米国テロ事件以後の住民保護の変質── 254
    - (1)「ドイツにおける住民保護の新戦略」── 254
    - (2) 連邦住民保護・災害救援庁の設置── 255
    - (3) 文民保護法の改正── 256
  - 2 災害対処における民軍協力と予備役軍人の活用── 257
- VI 広域危機管理訓練LÜKEX── 260
- VII 原発事故を想定した対処計画の具体例
  ──ヘッセン州の場合── 263
  - 1 軽微な事故の場合── 264
  - 2 「災害」レベルの事故の場合── 265
  - 3 災害対処措置── 266
    - (1) 対策本部の設置── 266
    - (2) 放射線量の把握── 267
    - (3) 災害防護部隊の派遣── 267
    - (4) 安定ヨウ素剤の配布── 267

おわりに── 270

第Ⅰ部
日本の危機管理体制の課題

第1章
日本の危機管理
―― 3.11と核災害

宮坂　直史

はじめに

　2011年3月11日の東日本大震災（以下3.11）は、日本の危機管理のあり方に大きな課題を突き付けている。政府の危機管理体制は無論のこと、地方自治体や事業者の備え、メディア報道の在り方、そして国民の安全やリスクに対する考え方も議論されるべきであろう。

　3.11の災害には、東北から関東にかけての沿岸部での津波被害と、福島第一原子力発電所事故という2つの側面がある。死者・行方不明者約2万人のほとんどは津波によるもので、原発事故では作業員2名以外に周辺で死者を出していない。事後、津波災害への備えについても勿論批判されるところがあった。しかし、原発事業者である東京電力と、原発を推進、規制してきた政府に対する巨大な批判の比ではない。原発対処がかくも強く批判されたのは、危機発生直後から官邸がこの問題に集中して取り組んだにも関わらず、事態をコントロールできなかったこと、結果として津波災害以上に広範囲、多分野、そして長期にわたって国民に健康被害の恐れをもたらしたこと、そして事故直後から、これは人災ではないかという疑いが浮かび上がり、多くの人にそう信じられたからである。

　しかし、世界3位の原発大国において、国民自身が原発や放射線のリスクを日頃から考えていたのかというと、原発周辺住民を含めて多数はそうではなかったようだし、危機の際に政府がとるべき態度やリーダーシップについてすぐに想起できるロール・モデル（模範型）があって、それに照らして対応を批判していたわけでもない。日本人は近年、危機管理の重要性を強く意識するようになってきてはいたが、政府や事故当事者に問題を押し付けるだけでは、危機管理も成熟しているとは言い難い。被災者でない者までが「悪者」への非難合唱に終始していては、そこから事故全体の教訓は引き出せないし、危機管理全体の向上につながることも決してない。

　本章では、原発事故への対応を題材にして、核に関する日本の危機管理を考える。まずIで、ごく簡単ではあるが、日本の危機管理の変遷を概観

しておきたい。Ⅱでは、3.11 までの核事案に関する対処訓練の一端を取り上げる。特に、訓練の想定に着目したい。続くⅢでは、3.11 後の対処で問題になった点を取り上げる。ここでは法・制度的な問題点ではなく、非制度的な領域でありながらも危機管理能力の評価を最も左右するクライシス・コミュニケーションについて述べる。Ⅳでは、福島事故が核セキュリティの問題としても捉え直され、新たな政策方針が打ち出された点についてフォローしておく。また、3.11 後に設立された事故調査委員会の意義についても述べる。最後にⅤでは、ここまでに言及してきた問題点を踏まえて、危機管理能力向上のための3つの提言を行い、3.11 の教訓を述べて本章を閉じる。

Ⅰ 日本の危機管理体制・意識の変遷

「日本の危機管理はなっていない」とか「日本人は平和ボケしている」としばしば言われてきた。これは証明も反証も難しい常套句のようなものであるが、観察可能な範囲でも勿論日本は、今日に至るまで危機管理を政治的にも社会的にも無視してきたわけではない。危機管理体制の変化は徐々に生じてきた。ここではそれを振り返ってみよう。

1 転機となった1995年

1995年1月に阪神淡路大震災が発生し、続く3月に東京で地下鉄サリン事件が引き起こされた。日本列島は地震大国とはいえ、阪神淡路大震災は死者6,400人超という稀に見る被害をもたらした。また、地下鉄サリン事件の死傷者数約6,200人は今もってテロ被害者数の世界記録である[1]。こ

---

[1] ただし死者数は12名（近年になって1名新たに認定され13名になった）。死者数だけをみた世界最多は2001年9月11日の米国同時テロで約2800名。世界のテロに関する公開統計は、例えば、米国家テロ対策センターのデータベース（National Counter Terrorism Center,

の時期は村山富市氏の首相在任期である。彼が所属していた社会党は非武装中立を長年にわたって謳っており、安全保障や危機管理とは最も縁遠い政党と見なされていた。実際、大震災でもテロでも官邸の存在感を国民に示すことはできなかった。この1995年を転機として、日本人のメンタリティーからいわゆる「安全神話」が霧散霧消してしまったと言えるだろう。そして、政府は、恒常的に危機管理問題に取り組み始めた。

1997年12月の行政改革会議最終報告書では内閣の危機管理機能強化が打ち出され、98年3月に内閣危機管理監が新設された。内閣完全保障・危機管理室（現在は「内閣官房副長官補付（安全保障・危機管理）」）も創設した。そこではオウム真理教事件を意識してNBC（核・生物・化学）テロ対処マニュアルの整備などが続けられた。この90年代後半、海外で日本人が関係する大規模テロ事件や北朝鮮に関する事案が断続的に発生し、政府や日本人の危機意識を繋ぎとめていた。

ちなみに訳語としての「危機管理」(crisis management)は、例えば国際政治研究ではキューバ・ミサイル危機（1963年）の後に理論的な研究も進み、1970年代には既に馴染みの用語であった。比較的早くから使用されていた分野が他にもあると思うが、日本社会に広く一般的に普及していくのは1990年代後半からであった[2]。

勿論、1995年の大震災とテロ以前にも、日本で危機事案は多数発生した。自然災害だけでなく、テロや国際関係上の危機もあった。1970年代には国際テロ組織「日本赤軍」がハイジャックや大使館占拠を何度も引き起こし、そのたびに日本政府は窮地に陥った。76年には「ミグ25事件」（ソ連空軍ベレンコ中尉による函館空港強硬着陸・亡命）が発生して、米ソ関係が緊迫する中で日本の対応が問われた。同時期に、成田空港闘争は多数の

Worldwide Incidents Tracking System）などが参考になる。

[2] 2012年現在、例えば大相撲の角界でさえも危機管理担当理事が新設されるなど、無数の業界で危機管理は使用されている。そのため危機管理を厳密に定義したとしても、分野横断的にそれを共有することは極めて困難である。

負傷者を出し長期化する中で、78年の開港直前に管制塔への過激派侵入を許し、塔内が破壊され開港が2ヶ月も延期された。また、1990年8月に湾岸危機が発生し、多数の日本人がイラクで事実上の人質となった。

これら危機事案はほんの一端にすぎない。他にも挙げればきりがない。にもかかわらず、テロ対策は無論のこと、それを含めた危機管理体制の抜本的な見直しが、議論されても実行に移されることは長年なかった。一度に大勢の死傷者が出ないと目覚めないものなのか。多数の犠牲者が出てしまった1995年になって、ようやく日本は危機管理にエンジンをかけ始めた。

2 9.11テロ後に何が変わったか

2001年9月11日に米国で起きたテロは、エポック・メイキングとして記録されるであろう。だが、日本の危機管理体制と日本人の危機意識への影響となると、9.11テロのみが決定的なインパクトをもたらしたわけではない。「ポスト9.11」と表現できる2000年代の最初の10年間に波状をなして生じた危機や事件が総体として日本に影響を及ぼした。

特に、9.11テロ直後に発生した炭疽菌手紙テロ事件（米国で22人が発症しうち5人が死亡した。容疑者は2008年にFBIに逮捕される直前に自殺した米陸軍感染症研究所のBruce Ivins氏）は、日本における安全保障研究ではあまり振り返られることもないが、世界中で模倣の事案が発生し、危機管理に関係する職種を広げたという意味で9.11テロ以上に世界的なインパクトがあった。日本でも医療機関をはじめ公衆衛生に携わる人々、細菌・ウイルス学者たちがテロや危機管理に関心を抱くようになったのである。

また、北朝鮮に関する事案は日本人一般の危機意識を強めた。弾道ミサイル発射実験（98年）や、核実験（2006年と2009年）などの新たな展開がそうさせた面がある。しかし、北朝鮮の専制独裁とその体質は金日成時代から変わらず、大規模テロや破壊工作も幾度となく実施してきた。日本

人が最も感情を露わにした拉致問題も、それは主に1970年代に発生しており、一部では報道され、興味をもった国民は一般の書籍だけでも北朝鮮の拉致や工作をうかがい知ることはできた。だが政治は動かなかった。ようやく90年代後半から2000年代になって北朝鮮に対して国民的な怒りが沸騰し「テロ国家」だと非難する。不審船（工作船）の出現も決して新たな事象ではないが、日本が騒ぎ始めたのはここ十年ほどのことである。このような、事案の発生と、それを知覚して集団的に反応する間の長いタイムラグから、日本人一般は「平和ボケしている」と言えないこともない。

　海外で日本人が人質、誘拐に遭うのも決して21世紀に入ってからの新しいことではない。ただ、イラク戦争後（2003年～）のイラクで、相次ぐ日本人人質事件が起きた時に、日本人の間で、いわゆる自己責任論というものが噴出したのはおそらく新しい現象であろう。イラクへの自衛隊の人道復興支援派遣の前後に、日本にテロを仕掛けるという脅迫が何度もなされたことで、一時的とはいえ、日本人は国際テロの脅威を身近で考えるようになった。

　2000年代の最初の10年間は、国際機関が打ち出すテロ対策も数多く[3]、日本はそれらを実施するために法改正や新たな措置を導入して、国際社会の動きに対応した。国内でのテロの未然防止や被害管理の両面でも著しい発展が見られた。

　それでも何をもって危機管理と言えるのか、その合意は未だにない。ほとんどあらゆる分野で危機管理という用語が使われているため、その分野ごとにとるべき措置は違う。ただ、事が起きてから関係者が迅速に集合するというのは、態勢の構築という点でどの分野でも最初に必要だと思われているかもしれない。90年代後半以降、マスメディアは、比較的大きな事件が発生すると、首相や閣僚たちがいち早く官邸に集合したかどうかに

---

[3] 広瀬佳一・宮坂直史編著『対テロ国際協力の構図』（ミネルヴァ書房、2010年）を参照のこと。

焦点を当てて報道していた。確かに初動は重要であるが、その点ばかりが評価されるのも問題であろう。迅速な集合と、危機を収束させる手腕は別である。平素からの問題意識や情報収集分析の集積なくして、危機時にうまく立ち回れることもないだろう。

3　3.11以前の核セキュリティ

　さて、危機管理の中でも、核事案はどのように考えられていたのだろうか。そこには2つの種別がある。1つは人為的に引き起こされる核災害（核テロや核戦争）、もう1つは機械の故障や人的ミスあるいは自然災害によって引き起こされる核災害（原発事故など）である。原因は別々なので、災害防止の措置も異なる部分が大きいが、いったん事が起きてしまった後には、被曝医療や放射線防護で似通っている点も多い。そして、核テロにせよ原子力施設の事故にせよ、核については希望的観測とか楽観主義が無意識のうちにまかり通っていたように思える。

　既にみてきたように1990年代後半より、日本国内でNBCテロ対処の準備はなされてきた。しかしBCテロに比べて、Nテロは事案がない[4]ためか、その対処に真剣に取り組んできた形跡が見えない。危機事案の中における核の位置付けは相当に低かったのではないか。後にみるように、国民保護訓練で核災害を想定したものは少なく、特に核爆発を想定した訓練は一度も実施されていない。広島と長崎で原爆を投下された国としては信じ難いことだが、核爆発はタブーもしくはあり得ないと考えられているのかもしれない。

　国民保護のような制度を作った以上、広島と長崎のケースを参照にして現在の社会構造下での被害想定や救援可能性を真っ先に考えるべきだと思

---

[4] Nテロの類型については、宮坂直史「核テロリズム―その背景、類型、対策」浅田正彦・戸崎洋史編『核軍縮不拡散の法と政治』（信山社、2009年）所収論文を参照のこと。

う。また、99年9月にはJCO臨界事故が発生し作業員が2名大量被曝し死亡した。しかし、この事故の範囲を超えて、放射性物質が外部に大量に漏れるような事態は考えなかった。

ところで、日本の原子力業界の一部では、3.11の発生前、原子力平和利用における3S（safety, safeguards, security）の実効性確保に向けた利害関係者間の協同関係の構築を模索していた[5]。ここでsafetyとは核施設の安全な運転操業管理、safeguardsは不拡散・計量管理、securityは核テロ対策を指す。

2008年7月のG8北海道洞爺湖サミットでは日本の提案によって「3Sに立脚した原子力エネルギー基盤整備に関する国際イニシアティブ」が開始された。このように国際的に提案していた背景には、新興国における原子力の新規導入と利用の拡大の中での国際競争があり、また核不拡散の強化が一層高まる国際情勢があった。したがって、原子力の開発利用に関する国際規範の統合などが必要とされた。もともとはIAEA（国際原子力機関）による規制ガバナンスとしての3Sであり、IAEAや各国の規制当局が3Sの相乗効果を得ることによって規制の実効性と効率性を高めることに目的が置かれていた。

一方で原子力インフラとして3Sを捉えることもできる。新規導入国に対しては原子力の平和利用に要求されるインフラ水準を設定させ、先進利用国に対しては新規導入国に対するインフラ重点支援項目、支援条件を設定させるという目的になる。日本は3Sの旗振り役となりながらも、3Sの中でも経験不足の核セキュリティをどのように考えて、構想すべきか模索が続いていたのである。

---

[5] 例えば、文部科学省平成21年度原子力基礎基盤研究委託事業「マルチステークホルダー時代の原子力開発利用の3S実効性確保」における研究など。

Ⅱ　3.11以前の核関係の訓練

1　訓練の意義

　本章では訓練について述べる。通常、危機管理上の対策と言えば、初動対処のための法整備、組織的制度的な見直し、マニュアル類の取りまとめ、防護や除染装置の準備、常時監視する体制（例えば、核災害に備えたモニタリングポストの設置）、緊急時の情報通信設備の点検などが含まれる。しかし、何よりも危機管理の準備に欠かせないのが各種の訓練になる[6]。訓練をどのように行っているかが、危機を真剣に考えているかどうかのリトマス試験紙といっても過言ではない。危機とは、突発的に発生し、限られた時間内に何らかの手を打たなければならず（そうしなければ事態はより悪化する）、判断を下すための情報も限られているという極めて制約された状況に置かれることである。通常使用している情報通信手段が使えないかもしれない。最高意思決定者もしくは所属長が不在かもしれない。よく精査されないままに誤情報や偽情報が対策本部に届けられる可能性も高い。予期せぬ出来事が次々に起きる。それが危機事案なのである。職場は緊迫し、怒声も飛び交う。その独特な雰囲気と危機事案発生後の流れを仮想体験（＝訓練）しておくことが不可欠な準備になる。法制度を改正し、マニュアルをつくり、器材を完備しただけでは危機管理の準備を満たしたことにはならない。

　3.11のような複合災害、そしてテロや武力攻撃の場合、それらが過去の事例と同じような状況下で発生し、同じ経緯をたどり、同程度の被害が出るわけではない。実際に起きれば、当意即妙な判断が要求され、マニュアル片手に対応を考える余裕はない。過去の経験から類推するにも限度があ

---

[6] 訓練については、宮坂直史・鵜飼進『実践危機管理　国民保護訓練マニュアル』（ぎょうせい、2012年）を参照のこと。

る。国民保護行政では、今まで化学テロの発生が殊の外念頭に置かれてきた。オウム真理教事件の影響なのか、それとも無意識的な横並び意識なのかそれはわからない。だが、化学テロといってもサリンだけとは限らない。神経剤は他にもソマン、タブン、VXガスがある。特にVXはオウム真理教が殺人事件・殺人未遂事件で使用したものだが、訓練でVXが使われたという想定はまずない。サリンと違って無差別殺傷には使われなかったからか。そのように使われなかったら訓練では封印してよいのか。

その散布方法、濃度、散布場所、気象状況によって被害の拡散も違ってくる。被害想定が困難なのはミサイル攻撃も同じである。ミサイルに搭載されるモノの種類や量、ミサイルの命中精度の推定によって被害想定は異なる。それらを予め予想するのは情報活動において最も難しいといっても過言ではない。

被害想定が計算できなければ、被災地や周辺の住民を避難させるか否かの判断もマニュアルに沿って行うわけにもいかない。単発の自然災害の場合ならば、津波警報時にどこに逃げるかは前もって決めることができる。火山が噴火すれば火砕流がどのように流れてくるかも予想できる。それに対して、3.11のような複合災害（特に原発事故）、テロや武力攻撃では、予め避難場所を決めておいたとしても、現実には状況に応じて避難行動を指示、勧告するしかない。武装工作員が徘徊している状況の中で、住民を屋内から出すわけにはいかない。予定通りの避難場所に移動させたら、風向きの関係で有毒物質に被曝するかもしれない。複合災害、テロや武力攻撃は、その発生後の経緯も被害想定もパターン化（＝マニュアル化）しにくいのである。

このように考えると、平時の訓練の方法や内容をいかに設定するか、参加者にどれほどリアルな感覚をもって取り組んでもらえるのかが問われる。

2　原子力防災訓練・原子力防災総合訓練

　核事案に関係した訓練としては、まず災害対策基本法に基づく都道府県レベルでの原子力防災訓練が1984年から行われてきた。これに加えて、1999年9月30日、JCO臨海事故が発生し作業員2名が死亡したことをきっかけに、同年12月に原子力災害対策特別措置法が制定され、同法13条に基づき、国と地方公共団体と原子力事業者等が共同して行う原子力総合防災訓練が全国的に実施されるようになった。

　3.11で原発事故に見舞われた福島県でも、原子力防災訓練か原子力総合防災訓練のどちらかがほぼ毎年のように実施されていた[7]。3.11の直近では、2010年11月25日と26日に原子力防災訓練を実施していた（主催は福島県と、広野町、楢葉町、富岡町、大熊町、双葉町、浪江町）。その時の事故想定は次のようなものであった。東京電力福島第一原子力発電所5号機において主変圧器が故障し、原子炉が自動停止した（制御棒全挿入は成功）。すべての非常用ディーゼル発電機が故障により使用できず、全交流電源が喪失し、原子炉格納容器の圧力が上昇した。翌日には、全ての原子炉冷却機能が喪失し水位も低下し始める。しかし、放射性物質は原子炉格納容器外には漏れず、非常用ディーゼル発電機が復旧し、原子炉の冷却に成功し事故は収束するという想定であった。

　2008年10月21日と22日には原子力総合防災訓練が実施されている。その時の想定は、福島第一原子力発電所3号機において、原子炉給水設備が故障し、原子炉が自動停止した。その後、設備故障が重なり冷却機能が喪失し炉心が損傷し、格納容器から放射性物質放出による影響が周辺地域に及ぶ恐れがあるというものであった。この訓練には、指定行政機関、地方公共団体、原子力事業者ほか96機関、計2650人が参加した。

---

[7] 本文で以下に記載した福島県の各訓練想定については、文部科学省原子力安全課原子力環境防災ネットワークを参照した。http://www.bousai.ne.jp/vis/kunren/fukushima/index.html

福島県ではこれら以外にも原子力防災訓練や原子力総合防災訓練が実施されてきたし、他県でも多数行われてきたが、それらの想定は設備故障からもたらされる危機であり、3.11のように水素爆発とメルトダウンを起こし、放射性物質が大量に外部に漏洩したとか、地震や津波によってもたらされる複合災害という想定はなされていなかった。過去に起きていない大惨事は決して想定されないのである。

3　核に関する国民保護訓練等

　一方、2004年に有事法制の一環として国民保護法が制定される。こちらは武力攻撃やテロ（緊急対処事態）の発生を前提にしている。2005年以降、全国的に国民保護訓練が実施されてきた。それは都道府県単位で国と共同で実施されるものと、市区等が独自に企画し実施するものがある。訓練での想定は化学テロや爆弾テロが多数を占めるが、数少ないながらも核テロ関係も行われている。

　その中には、福島原発を舞台にしたものもある。2009年12月22日の福島県国民保護訓練は、福島第二原発を国籍不明のテロ集団が襲撃し、多数の死傷者が発生するとともに、施設の一部が損傷し、設備の故障が重なり外部への放射能漏れの恐れがある事態を想定して行った。訓練種別は、福島県庁、オフサイトセンター、各町役場（町対策本部）での図上訓練と、要避難地域を設定した実動訓練の両方である。この訓練には、福島県は無論のこと、広野町、楢葉町、富岡町、大熊町、双葉町、浪江町も主催者として参加していた[8]。参加者は、このシナリオと内容をどのように考えながら臨んでいたのか。訓練の在り方をどう考えていたのだろうか。

　他にも原子力防災訓練、原子力総合防災訓練、国民保護訓練とは別枠で、

---

[8] 福島県国民保護訓練の概要については以下の福島県ホームページに記載。http://wwwcms.pref.fukushima.jp/pcp_portal/PortalServlet?DISPLAY_ID=DIRECT&NEXT_DISPLAY_ID=U000004&CONTENTS_ID=16268

原発所在地では核事案を想定した訓練がしばしば実施されてきた。例えば2010年11月26日、石川県では、北陸電力志賀原子力発電所への海外工作員による襲撃対処の実動訓練が、石川県警銃器対策部隊と愛知県警特殊急襲部隊（SAT）によって行われた[9]。

核施設への攻撃だけではなく、ダーティボム（通常の爆破によって放射性物質を撒き散らすためにつくられた装置）を想定した訓練も数少ないながらも各所で実施されている。その1つ、2010年12月21日、神奈川県横須賀市の国民保護訓練は、市内でダーティボム（イリジウム192使用）が爆破され、さらに、それを思わせる不審物が発見されたという想定で行われた[10]。

3.11の直前を振り返ると、2011年1月30日、国と茨城県が実施した国民保護訓練は、県庁舎内でダーティボムが爆発し多数の死傷者が出たという想定であった。実動訓練の内容は、計測、ゾーニング、現場被災者救助、除染、現場近くでトリアージ、搬送、避難先でのスクリーニングなどが盛り込まれた[11]。ダーティボムの爆発を想定した初めての国と県の共同国民保護訓練は2009年2月6日に神奈川県で実施されている。この時はセシウム137が散布されたという想定であった[12]。

原子力防災訓練・原子力総合防災訓練での想定に比べれば、国民保護訓練の方が日本では起きていない原発への攻撃やダーティボムなどを盛り込んでいる点で自由度が高いが（そうしなければ訓練にならないからでもあるが）、事態が最悪に向かって進むのではなく、比較的早くに収束するという点ではあまり変わらない。

---

9) 『日本経済新聞』（2010年11月26日夕刊）「石川県警　侵入者対処訓練を初公開」。
10) 横須賀市ホームページに訓練概要が掲載されている。http://www.city.yokosuka.kanagawa.jp/2005/kikikanri/hogokunren.html
11) 「平成22年度茨城県国民保護訓練の概要」（平成23年1月、内閣官房・茨城県・水戸市）http://www.kokuminhogo.go.jp/pdf/230114-03.pdf
12) 平成21年度神奈川県国民保護訓練の概要については以下を参照。http://www.city.yokosuka.kanagawa.jp/2005/kikikanri/hogokunren.html

4　訓練の問題点

　これら各種の訓練成果は、3.11でどれだけ減災に活かされたのだろうか。活かしようがなかったのではないか。3.11を想定外だと言い逃れるよりも、訓練想定や内容に問題がなかったのかを考えるべきであろう。訓練を県や市単位で行うためか、事故想定までその行政区域内に収めてしまう傾向にある。避難するにしても県内、市内でというわけだ。3.11でみられた遠距離避難とか長期避難といった事態、それに伴う避難者の受け入れといった面がほとんどの訓練で想定されていなかった。

　また、訓練シナリオが参加者に事前に周知されていて、予定調和的に実施される訓練というものが、果たして訓練の名に値するのだろうか。2005年11月の福井県国民保護訓練（関西電力美浜原発）はまだ初期の訓練であったが、視察した米大使館環境科学技術担当者は、それを台本通りだと批判し、さらに東海村で視た訓練でも参加者には「前もってシナリオが配布されていた」点を公電に残している[13]。

　福島原発事故後、従来の訓練の在り方を見直すべきだという公的な見解も出されている。「東京電力福島原子力発電所における事故調査・検証委員会」の『中間報告』（詳細は後述）は、「原子力災害が発生した場合に、周辺地域にどのような事態が生じ、どのような避難の心得と態勢を整える必要があるか、また、あらかじめどのような避難訓練が必要かといった問題について、政府や電力業界が十分に取り組んでこなかったという事情があると考えられる」[14]と指摘した。

　日本の訓練は、訓練を首尾よく無事に終えることが目的と化しているかのように、段取りを用意周到に行う傾向がある。主催者・企画者としては関係機関を多数召集して実施するのだから、運営上に不備があってはなら

---

[13]　『朝日新聞』（2011年5月7日）ウィキリークス暴露の米公電内容の報道。
[14]　東京電力福島原子力発電所における事故調査・検証委員会『中間報告』483-484頁。『中間報告』の全文は http://icanps.go.jp/post-1.html

ない。それはそれで良いのだが、段取り重視は必ずしも訓練想定までを真剣に考えることを意味しない。その証拠にどの訓練も想定が似通っているのである。

　何か重大な事案が起きても通常はその全体像をすぐに把握できるはずがない。何が原因か、被害は拡大するのか、どのように事態が収束するのか。刻一刻と新たな情報が届くが、それらが適切に共有されたり、判断に使われたりするとは限らない。誤情報や偽情報も飛び交う。予期せぬ問題や相反する命令に業務が振り回される。重大事故、重大事件とはそういうものである。したがって訓練想定でもそういう要素を盛り込まなければならない。しかし日本の訓練の多くは、重大事態が発生してもその後は直線的に事態が推移し、なぜかあっという間に収束する。あまりに現実を無視した想定が横行している。ではどうすればよいのか。この点については本章の最後で提案をしたい。

III　3.11以後の対応——クライシス・コミュニケーション

　本章では法制度的な仕組みにのっとった対応ではないが、非常に重要で不可欠ではありながら、前もって細部までをマニュアル化しておくことが難しいクライシス・コミュニケーションの問題について触れておく。

　クライシス・コミュニケーション[15]の問題は、危機発生時に行われる政府や自治体あるいは関係事業者による記者会見ほかの情報発信、それを伝達するマスメディアの役割、その情報をどのように受け止めるかという市民の感性や知識などに伴う。クライシス・コミュニケーションで最も重

---

[15]　福田充『リスク・コミュニケーションとメディア—社会調査論的アプローチ』（北樹出版、2010年）によると、クライシス・コミュニケーションとは「危機が発生した段階における組織や個人間で行われるコミュニケーション・プロセス」であり、リスク・コミュニケーションは「危機が発生した段階だけに限定されない。危機が発生する可能性のある段階、危機の発生が予測される事前段階をも含み、それらの危機を回避するために行われるコミュニケーションや、その危機の最中や事後に行われるコミュニケーションすべてを含む」としている。

要なことは、相互の信頼を構築することである。政府が、これを正直に言えば国民はパニックになるに違いない（だから隠す）とか、国民が、政府は情報を隠蔽しているに違いない、と思えばコミュニケーションは成立せずに、後あとまで社会が不安定化し、その影響は計り知れない。

　3.11後は国民、住民、外国政府を含めた広範囲な関係者同士の間で、信頼の構築には至らなかった。「最初に何がおきたのか」「今なにが起きているのか」「事態の進行を食い止められるのか」「食い止めないとどうなってしまうのか」、このような基本的なことに何ら答えられず、極めて要領の悪い応答に終始していたのが、東京電力と原子力安全・保安院の会見であった[16]。

　また、放射線の人体への影響に関して、官房長官をはじめ政府各所から出されるフレーズに「直ちに人体に影響を及ぼす数値ではない」というものがあった。これが何度も執拗に繰り返されるので、（筆者には）相当に耳障りであり、実際「直ちに」は問題とされた。政府事故調査委員会の『中間報告』でも取り上げられ[17]、この言い回しでは、「長期的には人体への影響が出てくる」とも解釈できるという。先々の健康被害を隠しているのではないかと疑心暗鬼に思われるだけであった。政府としては悪意があって情報隠蔽しているというよりも、科学的に不明なこともあるし、何よりも今、国民にパニックを起こさせないために「直ちに影響はない」と強調したかったのであろう。だが裏を返せば、少しでも不安にさせると国民はパニックを起こすものだという考えがあると思われ、だがそうだとすれば、国民を見下しているという批判につながる。ともあれ、国民を不安にさせないという狙いは、危機が長期化する中で他の問題ある広報と相俟って、裏目に出た。

　問題ある広報とは、全般的に情報開示が遅いということに他ならない。

---

16) 久保利英明『想定外シナリオと危機管理―東電会見の失敗と教訓』（商事法務、2011年）を参照した。

17) 『中間報告』356-357頁。

遅いというのは、①国民を不安にさせるから開示しない、②情報収集出来ないほどの状態になっている、③情報収集は出来ているが分析も判断もできない状況になっている、のどれかである。

2011年3月12日午後3時過ぎ、テレビ映像（福島中央テレビの撮影映像を日本テレビが放映）では、原発のどこかが爆発した事実を映しているにもかかわらず、その数時間も後に行われた官房長官会見では、それを「爆発的事象」と表現した。原発の現場からの情報が収集できなかったために断定を避けたのだろうが、それにしても「的事象」は、正確さを期して表現したというよりも、情報分析能力のなさをさらけ出した無責任な表現であった。クライシス・コミュニケーションの失敗はこの3月12日午後から重ねられた。

炉心の状況は観測できない。しかし直接観測できないことをもって、3月11日から原子力安全・保安院が言及していた「炉心溶融の可能性」が、3月12日21時30分の同院のプレス発表以降は、「溶融」という言葉を使わず、「炉心の破損」「炉心の損傷」などと表現を意図的に変えた[18]。メルトダウンには至らない状況だと説明していた。結局、後になってからシミュレーション上、3月12日はメルトダウンを起こしていたと公表した。

深刻な状況をそう思わせないような広報は他にもあった。国際原子力・放射線事象評価尺度を当初「レベル5」としておきながら、後になって「レベル7」に上げた。状況が悪化したのではない。正確な情報がとれなかったことをたてに抗弁できると思うかも知れないが、問われるのは、分析力や判断力のなさである。

情報開示の遅れが最大の失敗と思えるのは、緊急時迅速放射能影響予測ネットワークシステム（SPEEDI）の試算結果のデータ公開の遅れである。SPEEDIは事故発生時に住民への防護措置を検討するために使用されるものある。文部科学省、保安院、原子力安全委員会等はさまざまな仮定のも

---

[18] 『中間報告』349-352頁。

と数値を入力し計算結果を有していたが、活用はされずに時が経った。その中で原子力安全委員会の推定は避難範囲を超えて北西および南方向に高い等価線量の地域があることが示されており、重大なものと受け止め[19]、官邸に報告し、それが公表されたのは3月23日であった。すでに周辺住民が避難した後であったし、放射性物質の大気中の流れに沿ってやみくもに避難させるという失態もあった。屋外で普通に活動していた当該地域には寝耳に水であった。

Ⅳ 3.11後の展開

1 核セキュリティ対策

3.11後、政府は事故の収束に精力を注いでいたが、やや時間が経つと新たな施策を考えるようになった。ここでは、核セキュリティ、つまり核テロ対策の進展について取り上げておきたい。福島第一原発事故は無論テロではない。しかし、核施設に対するテロ対策は、この事故の有無に関わらず、国際的な議論の流れに照らしても進めていかねばならないし、この事故によって核テロ対策の強化が国内でより一層認知されている。2011年6月30日、内閣府原子力委員会がテロ防護策の見直しを決めたのも、事故後に海外の専門家が福島事故から核テロを類推するコメントを出したり[20]、翌2012年春に第2回の核セキュリティ・サミットが韓国で開催される予定になっているからでもある。核施設に対するテロ攻撃は、それまでは、心臓部である原子炉の核燃料に対する攻撃を想像する向きがあった。9.11テロ後に、ジャンボジェット機が原子炉に突入したら容器は耐えられ

---

[19] 『中間報告』269頁。

[20] 例えば『日本経済新聞』(2011年4月22日)、ケネス・ルアンゴ米NGOパートナーシップ・フォー・グローバル・セキュリティ理事長は、「冷却機能を壊せば原発は制御不能だということをテロリストが知ってしまった」。

るのかという懸念が内外で巻き上がったのも、原子炉への物理的な攻撃を想像していたからだ。しかし、原子炉への直接攻撃ではなくても、冷却機能を遮断すれば制御不能になることが満天下に示されてしまった。

それを意識しながら、2011年10月25日、内閣府原子力委員会・原子力防護専門部会は、事業者や規制当局に対して、全電源喪失、原子炉内冷却機能喪失、使用済み核燃料一時貯蔵プールの冷却機能喪失という福島で露呈した3つの弱点から、これら設備の防護強化や侵入者検知センサーの増設をはじめ、施設への出入り管理の徹底を求める報告書をまとめた。

同じような問題意識が抱かれながら、同年11月14日には「国際組織犯罪等・国際テロ対策推進本部」（本部長は官房長官）が開催され、テロ対策強化を明確にした[21]。同推進本部は、かつて「テロの未然防止に関する行動計画」（2004年12月）というテロ対策をパッケージで打ち出した主体であり、関係省庁の局長級がメンバーとなっている。2009年9月に民主党政権になってから2年以上開催されることがなく、今回が初めてである。防護措置の強化として打ち出された以下の諸点は、この段階では方向性を示したものにすぎず、具体化はこれからになる。

(1) 原子力安全・保安院は、警察庁、海上保安庁等の協力を得て、事業者に対して、テロの標的になりうる施設を防護するために必要な人的体制の充実、施設・設備・装備資機材等の整備拡充、テロ発生時の対応マニュアルの見直し等の防護措置を強化させるため、平成23年度中に必要な措置を講ずる他、サイバー攻撃をはじめとする新たな脅威への対処方策についても検討を始める。

(2) 警察庁および海上保安庁は、事業者における防護措置の状況やその脆弱性に関する評価等を踏まえ、警戒要領の見直し、必要な人的体制の拡充、緊急事態発生時に活動を継続するために必要な装備資機材の整備拡

---

21) 国際組織犯罪等・国際テロ対策推進本部決定「原子力発電所等におけるテロの未然防止対策の強化について」（平成23年11月14日）

充等警備体制を強化するために平成23年度中に緊急に必要な措置を講ずる。
(3) 内閣官房、原子力安全・保安院、警察庁、海上保安庁、防衛省等は、テロ発生時の対応手段や役割を再確認するとともに、実践的な共同訓練の実施等において引き続き連携を強化する。

　これらの中で、(1)でサイバー攻撃に言及しているのは当然でもある。イランの核施設がサイバー攻撃を受けた例は、秘密裏に核（兵器）開発を続けているとみなされているイランだけの問題ではない。産業制御システムをのっとる「スタクスネット」が最初に確認されたのは2009年と報道されているが、2010年9月には155カ国、10万件のPCへの感染が確認されている[22]。その最も注目された例が、イランの核施設の遠心分離器の速度調整に使う周波数変換機が標的にされ、原子炉が一時制御不能になったというものである。
　また、(3)で「実践的な共同訓練」にも言及しているが、前述してきたように訓練内容は非常に重要である。いろいろなメニューを盛り込んでも、結局どこの訓練でも同じ幕の内弁当のようなものではダメである。
　さらに、同推進本部の同じ文書の中で、上記3つの防護策に続いて、内部脅威対策の強化という柱も立てている。事業者によるツーマンルール（2人で作業を行う規則）の徹底によって確実な相互監視を実施すること以外は、施設に出入りする個人の信頼性確認制度については引き続き検討するとされたが、内部脅威対策の目玉はこの個人の信頼性確認、つまりセキュリティ・クリアランスにある。もともとIAEA勧告の1つであるが、思想信条をはじめ個人のプライバシーに関わることでもあり、日本では検討するも進んでいない事項である。これが3.11後に再び強調されたのは、福島第一の事故復旧作業に関わった下請け企業の作業員69名と連絡がと

---

[22] *International Herald Tribune* (Jan.16, 2011).

れないことが報道されたからである[23]。東電を頂点に元請け大手が26社で467社が中小企業で5次下請けまで構成されているという[24]。作業員と連絡をとるのは被曝評価という健康調査の必要性からだが、そもそも氏名や連絡先までが不明になっているとなれば、そこが重要施設であるために単なる労務管理以上の、内部脅威対策の問題になってくる。

2　事故調査委員会

　もう1つ注目すべき展開は、事故調査委員会の活動である。大事故が起きれば、なぜそれが起きたのかを当事者ではなく第三者が検証することは、今後の同様の事故防止のためにも不可欠になる。福島原発事故については、政府事故調査委員会（畑村洋太郎委員長）、国会事故調査委員会（黒川清委員長）、さらには日本再建イニシアティブ財団が設立した民間事故調査委員会（北澤宏一委員長）がある。このうち先行して作業に着手しているのが政府事故調査委員会で、2011年12月には735ページに及ぶ中間報告書を公表した（ヒアリングを行った関係者は456名、総聴取時間は概算900時間）[25]。委員長が畑村氏、そして副委員長が柳田邦夫氏である。この種の調査経験が豊富で、調査の意味や意義を十分に理解しているという点で、これ以上の人選もなかなか思いつかない。事故の一当事者でもある政府が任命する委員会であるから信用が置けないと批判されたり、強制権限が付与されていないのでどこまで調査できるのかという懸念も示されたりしたが、少なくとも中間報告書は十分に読み応えがある。このように事故調査委員会が複数立ち上がることに何ら問題はない。むしろ望ましいことである。

---

[23] 『朝日新聞』(2011年6月21日) ほか。

[24] 『日本経済新聞』(2011年9月19日)。

[25] 注13と同じ。

事故調査委員会の意義は、真相究明や再発防止策の提言だけにあるのではない。委員会の報告書で示された見解が各方面に広く引用されることで事故を直接知らない次世代に事故の「教訓」を継承できるという意味でも重要である。「教訓」というのは、Xを行うとYになる、Yを避けるためにはZでなければならない、といようなわかりやすい図式で表現されなくてはならない。さらにはその図式が凝縮されて、一言で表現されることで次世代に伝わる[26]。大事故の因果関係は斯様に単純なものではないが、そこは工夫しなければならない。教訓とは専門家や技術者たちだけのために残されるものではない。国家的な惨事には国民全員が肝に銘じなければならない教訓が生み出され共有されなければならない。政府事故調査委員会の基本方針の1つに、「子孫のことを考え、100年後の評価に耐えられるものにする」というのがあるが、これは委員長の傲慢さを示すものではなく、事故調査委員会の目指すべき当然のことである。さらに基本方針は、「国民が持っている疑問に答える」「世界の人々が持っている疑問に答える」[27]と続く。全く同感である。事故調は、専門家による、専門家（業界人）のためだけの調査ではないのである。

　勿論、大事故に対してマスメディアや専門家はさまざまな検証を行うし、優れたノンフィクションの書籍も出版されるものである。しかし、それらは独自な視点で書かれた私的な作品である。公的な性質を帯びる事故調査委員会の報告書とは異なるのである。

　本格的な活動はこれからだが国会事故調査委員会にも注目すべきであろう。これは自民党議員がイニシアティブをとって議員立法を提出し、2011年9月30日の参議院で可決され、「東京電力福島原子力発電所事故調査委

---

[26] 例えば、欧米には「ミュンヘン」と一言で表現できる教訓がある。ミュンヘン会談でのヒットラーへの宥和政策を指す。ここでの教訓とは、独裁者が領土的な欲求を露わにしてきた時に、宥和などせずに断固として対応しておかないと、後でもっと高い代償を払わされる（この場合は第二次世界大戦）というものである。このような教訓は、第二次大戦後から今日まで継承され、重大な政策決定の局面でたびたび想起されている。

[27] 『中間報告』2-3頁。

員会法」(全4章18条と附則から成る)が成立した。政府が事故を起こした当事者の1つであるにもかかわらず、政府が任命した委員による調査では世界に信用されない、政府・業界・政治から独立して、民間人委員による委員会を国会内に設置し、強力かつ独自の調査権や罰則付きの国政調査権も活用するというものである。委員会の立ち上げに奔走した自民党・衆議院議員の塩崎恭久は委員会の意義を次のように記している。「今後は国家的失敗を検証し、その結果と教訓を社会的蓄積として次の時代につなげていくことで、より失敗の少ない、あるいは少なくとも同様の誤りを起きにくくする国家を作り上げることが、民主主義の担い手である我々に期待されている」[28]。

　他方で、民間事故調として一般財団法人・日本再建イニシアティブ(船橋洋一理事長、2011年9月設立)が立ち上げた「福島原発事故独立調査委員会」は、北澤宏一委員長以下7名の著名な委員のもとに、30名の多彩な分野からなる専門家ワーキンググループが構成されている。同委員会で検証するテーマとして「危機管理対応、意志決定構造」「現場・自治体からの視点」「歴史的背景・構造的要因」「リスク・コミュニケーションの在り方」「国際的ガバナンス・海外からの警告・教訓」が挙げられている[29]。

　このように複数の調査委員会がそれぞれ異なる機関と背景のもとに立ち上がり、競合して報告書を取りまとめることで問題点のとりこぼしもなくなるだろう。近年では米国で9.11テロを招いてしまったインテリジェンスの失敗や、イラク戦争開始にあたって拠り所とされた大量破壊兵器が結局のところ不在であった失態、これが独立調査委員会によって精査され報告書が出されていることは広く知られている。

---

28) 塩崎恭久『「国会原発事故調査委員会」立法府からの挑戦状』(東京プレスクラブ、2011年)、140頁。
29) 一般財団法人日本再建イニシアティブ・ホームページ http://rebuildjpn.org に掲載された2011年11月15日付日本記者クラブ記者会見配布資料より。

おわりに——提言と教訓

　本章では3.11までの核事案に関する対策や3.11後の対処を振り返ってきたが、最後に大きく3つの提言を挙げておきたい。それらは核事案にのみに適用するものではなく、より広く危機管理全般の準備にあてはまるであろう。

【提言1】最悪事態を思考し、シナリオ・プランニングを実施せよ。

　第一に、政府、自治体は無論のこと、危険物を取り扱う事業者は、「最悪事態」を考えることを習慣付けなくてはならない。そのためには、ただ最悪を思い描くだけでなく、「シナリオ・プランニング」の中でそれを考えることを薦めたい。

　従来、最悪事態を想定し議論しようにも、それは無意識もしくは意識的に封印されてきた。1つには、戦後日本を長い間覆ってきた観念的平和主義が影響していると考えられる。観念的平和主義は、平和を願うことでそれが実現し、平和が力によって維持されているとは考えないし、平和が破られた時のために準備することが平和に反すると信じる。原子力業界が最悪事態を真剣に考えなかったのは、観念的平和主義者を刺激しないためだけでなく、原子力の推進者も自ら観念的平和主義に陥っていたからだろう。

　もう1つは、最悪事態が起きる確率は極めて低いから、それを考えてはいても対策をとるのは棚上げにするという態度である。確率が低いから、近いうちに起きるはずはないという希望的観測である。加えて、最悪事態に備えた対策はコストがかかりすぎるから出来ないという諦めもある。

　いくら確率が低くても、事が生じたときの結果の重大さから言えば、リスク（生起の確率と被害の重大性との積）は決して小さくないはずだ。コストについても、最悪事態への備えは単年度で巨額な予算を計上して実施するものではない。そもそも1年やそこらで防げる最悪事態というのは、本当に最悪を想定しているのか疑わしい。あっという間に防護措置がとれるのならば、後は最悪を考えないという態度になる。最悪事態というもの

はその性質上、常にそれを意識して、対策をとり続ける、そういう事象に他ならない。

　最悪事態を常に想定して対策をとり続ける。そういう取り組みを慣習化するには「シナリオ・プランニング」[30]の日常的な実施が役立つであろう。シナリオ・プランニングは、将来そうなる確率が低いかもしれず、そもそも予測の難しい事象、事案を考えるには最も適したメソッドの1つである。5年後でも10年後でも30年後でもよい。その時点を想像して最悪事態シナリオを自由に思い描く。そして、なぜそのようなシナリオになるのか、シナリオに影響を与える社会的、経済的、政治的、技術的要因などを列挙していく。ここでは最悪事態を回避することが長期的な目標になるが、そのためには挙げた諸要因を縮減させていくことになる。その時、政策的に手を打てば縮減可能な要因と、打つ手はなく与件として受け入れなければならない要因があるので、それらを見極め、かつ諸要因の影響の度合いにも差をつけ、中長期的な戦略を机上で構築していく。このような作業をグループで行う。実際の戦略を策定するための土台として行うことでも良いし、研修や研究会の場で実施するのも思考訓練になる。

【提言2】　現状の訓練を見直し、方法も想定も多様化すべきである。
　第二の提言としては、日本的訓練の在り方を見直し、多様化すべきである。日本の訓練には、前述したように多くの問題があるので、それらを改善していく方向で進める。①シナリオを読む訓練、シナリオ通りに動く訓練から、ブラインド型訓練を大幅に取り入れる。②首長等のトップが訓練をただ視察するのではなく、トップこそが主体的なプレーヤーとなる。③初動対処の訓練から、事案発生Ｘ日後を想定した訓練を行う。④複合的な危機を想定した訓練を行う。⑤県内にせよ市内にせよ1つの自治体内で完

---

30)　シナリオ・プランニングについては、キース・ヴァンデル・ハイデン、西村行功・グロービス訳『シナリオ・プランニング　戦略的思考と意思決定』（ダイヤモンド社、1998年）などを参照のこと。

結する想定ではなく、遠距離避難や避難受け入れの訓練を重点的に行う。以下、それぞれの訓練について若干補足していこう。

　①のブラインド型の訓練とは、プレーヤーに訓練がどのように進行していくか、時間と出来事を事前に知らせずに、コントローラーから付与された状況に応じる形式である。初めからシナリオをすべて知って対応するのとは緊張感が違うし、より実践に近い体験ができる。既に図上訓練でブラインド型は数多く取り入れられているが、実動訓練でもそうであるべきで、一般に訓練といえばブラインド型が当たり前になるほどでなければならない。実動訓練と称するものの中には、装備や技量を視察者に見てもらう訓練もあるが、それは訓練と命名しなくても、展示会(exhibition)でよいのではないだろうか。

　②首長は訓練に参加しなければならない。原子力災害にせよ国民保護事態にせよ、その現場の陣頭指揮に立つのは、自治体でも事業所でもトップに他ならない。いわゆる緊急対策本部の本部長は首長や社長のはずである。ところが、日本の訓練では、彼らがプレーヤーとして参加する、とりわけブラインド型訓練に参加して、緊迫した状況に身を置き、判断し命令するという場面はほとんどない。訓練現場にいながらも、多くはただ側近から説明を受けて、偉そうに視察しているだけである。このような光景に疑問を感じないようでは日本人の危機管理意識などたかが知れている。これでは誰のために訓練を実施しているのかわからない。この種の訓練は、想定する事案の大きさからも、トップのためにあるといってもよい。もし、トップ不在で訓練を実施するならば、彼（彼女）が被災して緊急対策本部に出られない、あるいは連絡がとれない、そういう危機の中の非常事態を想定して行うべきである。

　③事案発生Ｘ日後を想定した訓練を取り入れるべきである。日本の訓練は初動対処訓練に偏重している。確かに危機管理の要諦は初動対処にあり、また被害管理も初動対処の成否にかかっているので、初動対処訓練を繰り返すことは重要である。だがその一方で、大規模な事態ほど、初動対処で

収束するはずがない。福島原発事故を振り返っても日を追うごとに事態は深刻化した。事案発生直後よりも、事態が展開して全体の事象が見えてきた何日かあとのほうが、情報量も業務量も格段に増えることがある。そのＸ日後の状況を想定して、その時に何が問題となり、何に取り組むかをシミュレートできる訓練も重要ではないだろうか。そうすることで、Ｘ日後には何が解決できずに、何が新たな問題として浮上するのか、その辺りを仮想体験するのである[31]。

④複合的な危機を想定した訓練を行う。福島原発事故後のオフサイトセンターの機能不全は、政府事故調査委員会によれば、原子力災害と地震とが同時に発生することを想定していなかったことによる[32]。地震によってそもそもセンターに要員が参集できず通信インフラが途絶した。もっともそれ以前に、センターが放射線量の上昇に対しそれを遮断する構造になっていなかったという基本的ミスもあった。

テロの場合の訓練も同時多発や連続テロをシナリオに取込む流れが進んでいるが、そもそもテロにおいては同時や連続は珍しいことではないので、それを想定するのは間違っていない。ただし、複合的というのを単にテロが複数回起きるという意味ではなく、テロによって、送電が途絶えるなどを盛り込む。そうすると通常使用している情報手段が活用できなくなり対応のハンディを抱える。そういう事態はかえって現実的である。

⑤の遠隔避難や避難受入れ訓練の重要性は論を待たない。国民保護訓練の多くはその訓練を実施する主体の県内での、あるいは市内での避難に留まっていた[33]。これほど訓練をする側にとって都合のよい想定はない。

---

[31] 宮坂直史「核とテロ」『国際問題』(2010年10月号)、43頁。

[32] 『中間報告』467頁。

[33] 最近の例外は、平成22年度青森県・岩手県国民保護共同図上訓練（平成22年12月22日実施）で、県境を越えた住民避難に関して国や自治体などの調整を主要な目的としていた。より初期のものでは、平成19年度佐世保市国民保護訓練があった。九州北西部（平戸市）に外国からの着上陸侵攻が迫っているとの想定で、10日間のうちに全佐世保市民を、同じ長崎県内ではあるが遠く離れた島原市、南島原市、雲仙市に避難させる図上訓練。

3.11でもそうだし、大規模事案を想定すれば自己の行政区域内で避難が自己完結するとは限らない。むしろそうでないほうが自然であろう。

以上、新たな訓練の重点について述べてきたが、訓練というのは準備にそれなりの時間と労力がかかるので、企画担当もそれだけに専従するわけにもいかない。他にも業務を抱えている中での企画なので、どうしても前例踏襲もしくは横並び的な想定と運営実施になる。それでも訓練のやり方にこそ、危機管理能力を高める鍵があることを認識して取り組む必要があるだろう。

【提言3】クライシス・コミュニケーションの重要性を意識し改善せよ。

第三に、クライシス・コミュニケーションの在り方を考えなければならない。福島原発事故後、政府や事業者の広報は、前述のように多くの問題が指摘されてきた。記者会見をはじめとする情報開示の方法は特に問題があった。クライシス・コミュニケーションは、鉄則があって、いかなる状況においてもその通りに振舞えばよいという問題ではない。とにかく相手に信頼されなくてはならない。事故・事案の程度・種類に応じて少なくとも誰が窓口になるかは決めておかねばならないし、その責任者は常に広報のあり方を研究しなければならない。ただ研究するだけでなく、訓練等で試してみることが重要である。例えば、記者会見の場を設定する。記者役は本物の記者でもよいしそうでなくてもよい。あるいは住民からの問い合わせという状況付与をシナリオに盛り込んでそれに対応する。その応答の内容、タイミングなどを第三者が評価するような体制をとる。訓練の反省と蓄積が引き継がれていくことが必要である。

また、平時においてリスク・コミュニケーションはほとんど存在しなかったも等しい。事業者は原子力の安全性のみを強調していた。国民側も、「唯一の被爆国」にもかかわらず、核や放射線被曝に関する基本的な知識さえ共有されていなかった。教育の見直しが行われるべきであろう。

最後に、2011年の教訓とは何であろうか。単純に言えば、1000年に一度の災害でも明日来るかもしれない。確率に則った希望的観測を排除しなければならない。そして、最悪事態に備えておかないと危機時に対応できないということになるだろう。

　今後に期待するのは、本章でも取り上げたように、事故調査委員会による検証の成果が待たれる。それらが将来の対策に生かされ、世代を越えて受け継がれるような教訓が生まれることを望む。

　だが同時に、危機の様相は過去と全く同じにはならないことも肝に銘じなければならない。最悪事態は3.11とはまた違ったものを想像すべきである。同じ原子力災害でも、その原因が異なるかもしれない。同じ原子力災害が同じ原因で引き起こされたとしても、その被害規模が3.11をはるかに超えるかもしれない。マニュアル的にパターン化するのは難しい。だからこそ訓練の多様さが必要になる。原子力だけではない。化学テロでもバイオテロでも爆弾テロでも、訓練想定は決してワンパターンになってはならない。よもや、地震、津波、電源喪失という3.11大災害の流れが、今後の訓練想定に繰り返し使われるようになってはならないのである。同じ核災害でも、国内外の数々の事故、事件、未遂事件などを分析して、さまざまな角度から大惨事の可能性を考えるべきである。

第2章
原子力災害対処にかかわる我が国の現行法の問題点

新　正幸

はじめに

　平成23（2011）年3月11日14時46分に三陸沖で発生したマグニチュード9.0の大地震とそれに伴う巨大な津波により、岩手県、宮城県、福島県の沿岸部を中心に、町や集落全体が壊滅状態となり、死者・行方不明者あわせて2万人近くに達する未曾有の被害をもたらした。加えて、福島第一原子力発電所では、地震と津波により、すべての電源が遮断されるブラックアウトの状態に陥り、原子炉の冷却をしえなくなり、炉心が溶融して、水素爆発を起こし、多量の放射性物質を外部に放出するという緊急かつ異常な事態が発生した。その結果、周辺地域の大気、土壌および海洋が放射能で汚染され、地域の住民は、避難や退去を余儀なくされた。幸い、最悪の水蒸気爆発を免れたものの、時の経過と共に、事故の深刻さが次々と明らかにされ、避難等の区域も広がっていった。政府は、12月16日に「原発事故収束」を宣言したが、しかし、「原子力緊急事態宣言」が解除されたわけではなく、未だ原子炉内部の状況──溶融した核燃料の多くは圧力容器を突き抜けて格納容器に落ちコンクリートを浸食していると推定されている──も把握しえないまま、現在もなお放射性物質の放出は終息せず、論者によっては最悪の事態の可能性すら否定されえないといわれている。

　いずれにせよ、3.11を境にして、日本国民は、多かれ少なかれ放射能汚染とともに生きなければならないという未知の新たな時代に突入した。

　本稿の目的とするところは、今般の福島第一原発事故を契機として、その災害対処のためにどのような措置がとられたか、そこに問題はなかったかを検討することによって、原子力災害対処法制の問題点と課題を明らかにするにある。もとより、原子力災害対処といってもまことに広範であるが、本書の共通テーマが「災害と住民保護」であることから、ここでも住民の保護を目的とする住民の避難等に特に焦点をあて、それを中心に考察したいと思う。

　そこで、本稿では、まず、原子力の平和利用ついて憲法の観点から一般

にどのように考えられてきたかを踏まえて、原子力基本法を根幹とする原子力法全体の構造を概要するとともに、そこで特に住民保護、避難等に直接かかわる原子力災害対策特別措置法の特質を抽出し、ついで、今般の福島第一原発事故の経緯と対処のあり方を特に住民の避難等に即して考察し、最後に、それらを踏まえて、原子力災害対処にかかわる現行法の問題点と課題について少しく検討することにしたい。

I　憲法と原子力法制

1　憲法と原子力の平和利用

　日本国憲法は、原子力（核エネルギー）についてどのような態度をとっているのであろうか。

　日本国憲法には、明示の規定はないが、広島・長崎の悲惨な原爆体験をもつ戦後我が国の憲法学において、一般に、その軍事利用については、否定的ないし消極的な見解が有力であったが、かかる立場からも、必ずしも、その平和利用までも違憲するものではなく、原子力の利用は「平和」的なものに限定されるべきだという形で、原子力のもつ圧倒的な威力を人類の未来の発展と繁栄に寄与するものとして積極的に評価する意味を込めて、あるいは、「平和」的である限り認容しうるとの意味を込めて説かれてきた[1]。このことは、理論的にいうならば、原子力の平和利用には、その当否を憲法から一義的に導出することはできず、立法政策の問題として、さしあたりは主権者を代表する国会の判断に委ねられていると解されてきたといえよう。憲法の立場から、原子力の平和利用について、ことさらその合憲性に言及されることもなく、また訴訟においてそれ自体の違憲性が主

---

[1] 代表的なものとして、小林直樹『憲法政策論』（日本評論社・1991年）第一部・第四章「原子力」政策の憲法問題、参照（169頁以下）。

張されていないことも、このような憲法的理解が一般的であったことを示すであろう[2]。

　我が憲法と同様、第二次大戦後、連合国による占領下で成立したドイツの現行憲法（基本法）は、連邦制にかかわる文脈で連邦の専属的立法権限の一つとして、「平和的目的のための核エネルギーの生産および利用」等を列挙し（73条1項14号）、憲法自らが明示に「平和的」なものに限定している。2006年の基本法改正以前は、同じ文言で競合的立法権限の一つとされていたが、それを受けて法律（いわゆる原子力法）も制定され、その平和的利用それ自体については、連邦憲法裁判所においても、その合憲性は争われておらず、むしろそのことを前提として、そこから出発すべきものとされてきた[3]。

　かようにして、両憲法は、この点について憲法上規定の有無を異にするが、平和利用のあり方を立法者の判断に委ねられているとする点において軌を一にするものといえよう。

2　原子力基本法を根幹とする原子力法の構造

(1) 原子力予算の登場と原子力基本法の成立[4]

---

2) 政府は、「軍事利用」について立法政策との立場をとり、また「平和利用」、特に原発については国策としてすこぶる積極的であったことは、この狭い地震列島に54基もの原発が存在することからも明白である。判例のリーディング・ケースとして、伊方原発事件最高裁判所判決（最一小判平成4.10.29民集46.7.1174）参照。

3) Vgl.Maunz-Dürig-Herzog-Scholz, *Grundgesetz Kommentar*, Bd., Ⅲ, Art.74, Maunz, Rdn.155ff. 判例については、高速増殖炉型原発の設置許可と原子力法の合憲性が争われたカルカー決定について、BVerfGE 49.89(127ff.)、原子力発電所の許可手続の合憲性が争われたミュルハイム・ケルリッヒ決定については、BVerfGE 53,30(55ff.)参照。ただし、ドイツでは、2002年に原子力法の改正により脱原発に踏み切り、その後若干の紆余曲折を経て現在に至っている（渡辺富久子「ドイツにおける脱原発のための立法措置」『外国の立法』250号（2011.12）145頁以下参照）。

4) 以下の論述は、概ね原子力開発十年史編纂委員会編集『原子力開発十年史』（昭和40年）21頁以下、日本原子力産業会議『日本の原子力──15年のあゆみ──上』（昭和46年）3頁以下による。なお、下山俊次「原子力法」山本草二・塩野宏・奥平康弘・下山俊次『未来社会と法』（筑摩書房・1976年）492頁以下、保木本一郎『原子力と法』（日本評論社・1988年）152

原子力研究は、占領下において全面的に禁止されていたが、1952年4月講和条約の発効により解除され、学界では日本学術会議において政府に原子力委員会設置を申入れる提案がなされた。しかし、原子力の研究は核兵器の利用に繋がる危険があるとして時期尚早とする慎重論もつよく、継続審議に付されていた。そのような中で、平和利用の方向を決定づけたのは、1954年3月、突如、予算の修正案という形での原子力予算の登場であった。それは、1953年12月の国連における米国大統領アイゼンハワーの「平和のための原子力」演説が示すように、核兵器保有国の国際的管理と原子力の平和利用へと原子力政策の転換をはかろうとするアメリカや国際社会の動向を敏感に捉えたもので、保守三党の合意により衆議院予算委員会に提出され、異論なく可決されて参議院に送付された。「札ビラで学者の頬を叩く」ものともいわれた。日本学術会議は、予算が参議院の審議中に自然成立するや、「原子力に関する平和声明」を決議し、原子力の研究開発は平和利用に限るものとし、それを保障するための原則として、公開・民主・自主の3原則を打ち出した。

　政府においても、かかる考え方を踏まえて、予算の執行がはかられるとともに、議員の側でも法制化の作業が進められた。そして、1955年には、原子力3法（「原子力基本法」「原子力委員会設置法」「総理府設置法の一部を改正する法律」）が成立した。原子力基本法は、議員立法であるが、まさに基本法という名のとおり、原子力法全体の根幹をなすものである。そこで、次にそれを根幹とする原子力法全体を、本稿の後の論述に必要な限度において概観しよう。

(2) 原子力基本法と原子力法の体系

　原子力基本法は、何よりもまず、「原子力の研究、開発及び利用を推進することによつて、将来におけるエネルギー資源を確保し、学術の進歩と産業の振興とを図り、もつて人類社会の福祉と国民生活の水準向上とに寄

頁以下、吉岡斉『新版原子力の社会史』（朝日新聞出版・2011年）54頁・63頁以下等参照。

与することを目的とする」（1条）と規定する。原子力の研究・開発・利用の推進が必然的に「学術の進歩と産業の振興」をもたらし、延いては「人類社会の福祉と国民生活の水準向上とに寄与する」ものであることを当然の前提として、それを目的とするものとされているのである。ついで、第2条において、「原子力の研究、開発及び利用は、平和の目的に限り、安全の確保を旨として、民主的な運営の下に、自主的にこれを行うものとし、その成果を公開し、進んで国際協力に資するものとする」と規定する。この「基本方針」は、いわば先の日本学術会議の原子力平和利用3原則を実定法化したものである。当初、「安全の確保を旨として」という文言はなかったが、原子力船「むつ」の放射線漏れ事件（1974年）を契機にして、1978年に改正により挿入された。ここにも、我が原子力法制の特質が、はしなくも露呈されている。

原子力に関する法（原子力法）は、体系的には、(1)その組織に関する法（組織法）、(2)その開発促進機関に関する法（開発促進事業法）、(3)その規制に関する法（規制法）、(4)そこから生ずる損失補償や損害賠償に関する法（救済法）、(5)原子力災害対策に関する法（災害対策法）に大別されるであろう[5]。分説しよう。

(ⅰ)**原子力組織法**

原子力基本法は、上記の目的と基本方針の下に、先ず、「原子力の研究、開発及び利用に関する国の施策を計画的に遂行し、原子力行政の民主的な運営を図るため、内閣府に原子力委員会及び原子力安全委員会を置く」（4条）と規定し、前者は「原子力の研究、開発及び利用に関する事項（安全の確保のための規制の実施に関する事項を除く。）について企画し、審議し、及び決定する」こと、後者は「原子力の研究、開発及び利用に関する事項のうち、安全の確保に関する事項について企画し、審議し、及び決定

---

[5] 原子力法の体系的分類については、下山俊次・前掲注4）497頁以下、高橋滋「（座談会）原子力行政の現状と課題」『ジュリスト』1186号（2000年）5頁等参照。

する」ことを任務とする旨を規定し（5条）、その組織・運営・権限については、別に法律で定めるとしている（6条）。制定当初は、原子力委員会一本で、原子力委員会設置法（昭和30年法188）がそれについて定めていたが、これまた原子力船「むつ」事件を契機として、原子力基本法が改正されて上記のように「原子力安全委員会」が分離創設され、それに伴い上記法律も改正された。

両機関は、もともと国家行政組織法3条にいう行政委員会ではないのに「委員会」と名乗り、同法8条に基づく機関でありながら、通常の諮問機関とも異なり、上記事項について「企画し、審議し、及び決定する」とされている。この意味では、原子力政策についての最高の意思決定機関としての権威を持つかのようであるが、しかし、直接私人の権利義務に関する処分を行う権限はなく、諮問答申の機能を担う機関としての審議会であるにすぎず、現在は、内閣府に設置されている（内閣府設置法37条2項）。このような、紛らわしい名称と分かり難い性格が今日にまで及んでいるところに、組織面における根本的な問題点がある。これについては、後に言及する機会もあろう。

原子力に関する原子力行政の組織について、もう一つの重要な部分をなすのは、行政上の権限を執行する行政機関である。当初、かかる行政上の組織法として、上述の原子力三法の一つとして「総理府設置法の一部を改正する法律」が制定され、それにより総理府に「原子力局」が新設された。そして、原子力局は、翌年の科学技術庁設置の際に、これに編入された。かようにして、科学技術庁は、原子力委員会の事務局として、また原子力行政の執行に当たる行政機関として強大な力をもつに至った。ただ、商業用の原発の分野では、その発展とともに電力業界との結びつきにおいて通産省の発言力が強まるなか、これまた原子力「むつ」事件をきっかけとして、責任の所在を明確にするということから、原子炉の種類ごとにその許認可権の主務大臣を定めることになり、商業用原子炉は運輸省の所管となって、いわゆる「二元体制」が法形式上も確かなものとなった。しか

るに、その後、1995年の高速増殖炉「もんじゅ」ナトリウム漏洩火災事故、97年の東海再処理工場火災・爆発事故、1999年のJCOウラン加工工場臨界事故と続く一連の事故において科学技術庁の威信は失墜し、2001年に行政改革における中央省庁再編により科学技術庁それ自体が解体され、原子力行政につき一部の権限は文部科学省に移行したが、大半の主要な権限は経済産業省の所管となり、いわば事実上「経済産業省主導体制」となって現在に至っている[6]。

　組織上の区別として、いま一つ重要なのは、機能的に見た区別である。すなわち、原子力の研究・開発・利用の推進に関係する組織と、これらの推進に伴う災害防止の観点から行われる安全規制に関する組織の区別である。上記の原子力委員会からの原子力安全委員会の分離独立は、後者の安全規制に関する組織を分離独立させたものといえよう。原子力安全委員会は、安全規制について、①原子炉設置許可段階において、行政庁の行った審査（一次審査）の結果に対して、二次審査を行う（ダブルチェック）、②上記の二次審査における基準として基本的な安全審査指針を策定する、③行政庁の行う規制活動をチェックする、④原子力緊急事態に対応するという役割を担っている（原子力委員会および原子力安全委員会設置法13条、16条、19条、20条の2参照）。

　この機能的な組織の分離は、原子力行政機関の領域では、その推進にあたる機関として経済産業省の外局として設置された「資源エネルギー庁」が、安全規制に関する機関として、資源エネルギー庁の「特別の機関」として設置された「原子力安全・保安院」（以下「保安院」と略記する）が区別される（経済産業省設置法15条以下、20条参照）。重要なことは、原子力政策の推進機関と、その方向に対して緊張関係に立つ安全規制機関が、同じ経済産業省（以下「経産省」と略記する）に設置されているというこ

---

[6] 吉岡斉「原子力安全規制を麻痺させた安全神話」石橋克彦編『原発を終わらせる』（岩波書店・2011年）137頁以下、同著・前掲注4）89頁・117頁・186頁・307頁以下、長谷川公一『脱原子力社会へ』（岩波書店・2011年）26頁以下等参照。

とである。ここに基本的な問題が存するが、この点についても、後に触れる機会もあろう。

(ii)原子力開発促進事業法

原子力基本法は、原子力の開発機関として、「独立行政法人日本原子力研究開発機構」について規定し（7条）、それに基づいて同機構名の法律が制定されている。当初は、「原子力研究所」（原研）と「原子燃料公社」（原燃）を置くものとし、それについては、別に法律で定めるものとされていた。しかし、1967年に、「動力炉・核燃料開発事業団」（動燃）の新設により、前者は廃止され、後者は吸収されたが、動燃も1998年には、上記の高速増殖炉「もんじゅ」事故（1995年）に始まる一連の事故の責任を負う形で廃止され、「核燃料サイクル開発機構」へと衣替えし、さらに、2005年には、日本原子力研究所を統合して、上記の機構に至っている。

(iii)原子力規制法

原子力基本法は、原子力に関する鉱物の開発取得、核燃料物質の管理、原子炉の管理および放射線による障害の防止等、原子力行政の実施上必要な措置についての根拠規定をおき（8条〜16条、20条）、それに基づいて、原子力規制法は、「核原料物質、核燃料物質及び原子炉の規制に関する法律」（原子炉等規制法）（昭和32年法166）と「放射性同位元素等による放射線障害の防止に関する法律」（放射線障害防止法）（昭和32年法167）の二つの法律とその関連法によって構成されている。

前者は、主として核物質や原子力施設を規制する基本的な法律である。原発の規制は、原子力施設と発電施設の両面から行われているので、発電施設にかかわるところは「電気事業法」による規制も受けることになる。後者は、放射性同位元素の利用にかかる規制の基本的な法律である。

(iv)原子力救済法

原子力基本法は、補償について規定しているが（21条）、損害賠償についての規定はない。原子力損害賠償制度については、1961年（昭和36年）に、「原子力損害の賠償に関する法律」（原子力損害賠償法）と「原子力損

害賠償補償契約に関する法律」が制定された。

　以上、大急ぎで、原子力基本法を根幹とする原子力法制を概観したが、そこから、原子力法制は、原子力基本法によって根拠づけられた各事項の個別法律がほぼ昭和30年代前半までに成立し、一つの法体系として極めて急速にかつ詳細に形成されたことが知られる[7]。しかしながら、原子力の災害対策については、原子力基本法に特別の規定はなく、また原子力に特別の法律も制定されなかった。しかるに、1999年9月末の東海村JCO臨界事故を契機に、原子力災害の特殊性に応じた特別の対処の必要性が痛感され、急遽、同年12月に「原子力災害対策特別措置法」が制定された。本稿で直接かかわるのは本法であるから、項を改めて、次にやや立ち入ってその特質を概要しよう。

3　原子力災害対策特別措置法の特質

(1) 原子力災害の特殊性と特別法としての原子力災害対策特別措置法

　原子力災害対策特別措置法（以下「原災法」と略記する）は、その名称から知られるように、災害対策基本法（以下「災対法」と略記する）に対する特別法としての性格を有する。原子力災害は、普通の自然災害や事故とは異なる特殊性を有するからである。

　原子力災害の特殊性とは、略、以下のことが理解されている[8]。

　①放射線および放射性物質の放出は五感に感じられず、その被害も一定期間経過した後に身体に影響が生じる場合がある等目に見えない形で生じることがあるので、迅速かつ広域的な対応を講じることが必要となる。②災害対策を実効的に行うためには、専門的な知見に基づく特別の訓練や装

---

[7] なお、原子力施設の立地に関する法律や電源3法のような助成に関する法律等も原子力法の一分野として論じられるが、ここでは立ち入らない。

[8] 原子力防災法令研究会編著『原子力災害対策特別措置法解説』（大成出版社・2000年）21頁以下等参照。

備が必要となる。③災害の防止のためには、原則的には事故の原因者であり、また事故が発生した施設について熟知している事業者の責任ある対応が必要である。

　本法律が、第1条において、「原子力災害の特殊性にかんがみ」というのは、上記のような特殊性を踏まえたものであり、それに継いで、「原子力災害の予防に関する原子力事業者の義務等、原子力緊急事態宣言の発出及び原子力災害対策本部の設置等並びに緊急事態応急対策の実施その他原子力災害に関する事項について特別の措置を定めることにより、核原料物質、核燃料物質及び原子炉の規制に関する法律（昭和三十二年法律第百六十六号。以下「規制法」という。）、災害対策基本法（昭和三十六年法律第二百二十三号）その他原子力災害の防止に関する法律と相まって、原子力災害に対する対策の強化を図り、もって原子力災害から国民の生命、身体及び財産を保護することを目的とする」と規定している。ここから、本法律が、原子炉等規制法の特別法としての性格をも有することが知られる。

(2) JCO臨界事故以前の災害対策と原子力災害対策特別措置法の特質

　JCO臨界事故は、高速実験炉「常陽」の炉心に装荷するためのウラン燃料加工中に生じた我が国初の臨界事故で、従業員2名が急性放射線障害でその後死亡し、また多数の周辺住民の避難が実施された点において深刻な事故となった。しかし、当時において、原子力災害に対して何の対策も講じられていなかったかというと、無論そうではない。

　1979年の米国のスリーマイル島原発事故を契機として、わが国でも、原子力災害に特有の防災対策の充実化が図られた。国の中央防災会議において、「原子力発電所等に係わる当面とるべき措置について」が決定され、また、原子力安全委員会では、「原子力発電所等周辺の防災対策について」（通称「防災指針」）が決定され、それに基づいて原発等の所在する自治体でも、地域ごとに「原子力防災計画」を作成することになった。そして、その後も国際放射線防護委員会（ICRP）の勧告や国際原子力機関（IAEA）

の報告書等を参照して数次にわたり改訂され、1997年には、災害対策基本法に基づく「防災基本計画」に「第10編原子力災害対策編」が追加され、それを受けて国の各行政機関は「防災業務計画」を、地方自治体は「地域防災計画」を定め、それに基づいて原子力防災対策を実施することになっていた[9]。

にもかかわらず、JCO臨界事故において、(i)迅速な初期動作の確保、(ii)国と地方公共団体との有機的な連携の確保、(iii)国の緊急時対応体制の強化、(iv)原子力事業者の責務の明確化等といった課題が顕在化した。原災法は、かかる課題を解決すべく制定された。以下、それに即して、その特質を概要しよう[10]。

(i) **迅速な初期動作の確保**

災害対策においては、初期動作が決定的な意味をもつが、JCO臨界事故において、この点についての欠陥が露呈されたので、迅速な初期動作を確保するために一連の措置がとられた。

①一定の異常事態が生じた場合には、それを通報することが原子力事業者に義務づけられ（10条1項）、罰則によって補強されている（41条2号）。②通報を受けた主務大臣は、原子力防災専門官や原子力事業者に対する指示等の初期動作を開始し、あらかじめ定められた異常事態に至ったときは、直ちに内閣総理大臣に報告する（15条1項）。③内閣総理大臣は、それを受けて、直ちに「原子力緊急事態宣言」を発出し（15条2項）、内閣総理大臣を本部長とする「原子力災害対策本部」を設置する（16条、17条）。

ここから知られるように、通報や原子力緊急事態宣言の発出に係る基準をあらかじめ明確に定め、またそれが発出された場合には、対策本部が必ず設置されることにより、緊急時における初期動作において、判断要素を

---

[9] 日本原子力学会JCO事故調査委員会『JCO臨界事故　その全貌の解明――事実・要因・対応――』（東海大学出版会・2005年）251頁以下参照。

[10] 以下の論述は、概ね、原子力防災法令研究会編著・前掲注8) 9頁以下、日本原子力学会JCO事故調査委員会・前掲注9) 272頁以下による。なお、高橋滋「原子炉等規制法の改正と原子力災害対策特別措置法の制定」ジュリスト1186号（2000年）32頁以下等参照。

極力少なくし、国として迅速な対応がはかれるように工夫されている。

(ii)国と地方公共団体との有機的な連携の確保

国と地方公共団体との有機的な連携を確保するために、まず①平時より、国の原子力防災専門官（30条）が原子力事業所の所在する地域に駐在し、事業者に対する指導や地方公共団体と連携した活動をするものとされている。②加えて、緊急時に上記の通報があった場合には、要請に応じて専門的な知識を有する国の職員が地方公共団体に派遣される（10条2項）。③原子力緊急事態が発生した場合には、国、都道府県、市町村長等の関係者が一堂に会して、情報の共有化や緊急事態応急対策について相互に協力するため、主務大臣によりあらかじめ指定された「緊急事態応急対策拠点施設」（オフサイトセンター）に（12条)、国の「原子力災害現地対策本部」が設置される（17条8項・10項）。さらに、国の災害対策本部と、緊急事態応急対策実施地区を管轄する都道府県や市町村の災害対策本部等の連携を高めるために、この施設のなかに「原子力災害合同対策協議会」が設置される（23条）。④国（主務大臣）が定める計画に基づき、国、地方公共団体、原子力事業者等が共同して実践的な防災訓練を実施する（13条）。

(iii)国の緊急時対応体制の強化

緊急時に国が実効的に対応しうるよう、①原子力災害対策本部長には、関係行政機関、地方自治体、原子力事業者等に対して必要な指示を行う強力な権限が与えられ（20条3項）。また自衛隊に対する派遣要請の権限も認められる（同4項）。②上記本部長の主要な権限が委任される原子力災害現地対策本部長には、現地における実質的な責任者として、関係諸機関の調整や指示を行い、総力を結集して緊急事態応急対策を実施しうるように仕組まれている（17条8〜13項）。③緊急時における原子力安全委員会の関与、例えば原子力災害対策本部長への助言（20条6項）、地方の防災会議への資料・情報の提供その他の協力（28条1項）等が、明記された。

(iv)原子力事業者の責務の明確化

①原子力事業者に対して、原子力災害の発生や拡大の防止等に必要な業

務が的確に行われるように「原子力事業者防災業務計画」の作成が義務づけられた（7条）。②また、原子力事業者は、この業務を行うために原子力防災組織を設置し、これを統括する「原子力防災管理者」を選任し、要員・機材を備えなければならない（8条、9条、11条）。③法所定の事態が生じた場合に、原子力防災管理者に対して、関係機関に通報することが義務付けられ（10条1項）、放射線測定設備の設置等も定められた（11条）。④これらの義務の履行を確保するため、主務大臣の措置命令が規定され（8条・9条・11条）、措置命令違反、さらに法義務違反には、罰則が定められた（40条）。⑤原子力事業者に対する立入権・質問権が、主務大臣だけでなく、所在地の知事、市町村長、関係隣接知事にも与えられている（32条）。

(3) 緊急事態法制の一環としての性格

近代憲法は、戦争・内乱・恐慌・大規模な自然災害や事故等、平常時の統治機構をもってしては対処しえない緊急事態において、国家の存立を保全し、公の安全と秩序を維持・回復するために、一時的に、平常の立憲主義的統治機構を一部変更して一定の国家機関に権力の集中を認め、人権保障規定の停止などの緊急措置をとりうる規定を有するのが普通である。平常時の憲法から区別して、緊急事態憲法といわれる。日本国憲法は、占領下で成立した憲法として、当然のことながら——緊急権はすべて占領軍の掌握するとこであったから——、かかる規定は含まなかったし、講和条約による主権回復後も憲法改正は行われてこなかったことから、現在も含まれていない。しかし、緊急事態それ自体は、ひとつの経験事実であるから、それについての対処は避けられず、現に、憲法に明示の根拠規定がないまま条約や法律によって規定されてきた[11]。

本稿で問題となる災対法も、まさに「災害緊急事態」という一章を設け、「災害緊急事態の布告」の制度を採用し、そこにおける「緊急災害対策本

---

11) 拙稿「緊急権と抵抗権」樋口陽一編『講座憲法学1憲法と憲法学』（日本評論社・1995年）214頁以下参照。

部の設置」や「緊急措置」を規定し（105条以下）、その特別法としての原災法も、「原子力緊急事態宣言」の制度をとっている（15条）。

　かようにして、原災法に基づく原子力緊急事態宣言の制度も、体系的には本来、緊急事態法制の一環としての性格をもつということを常に顧慮する必要がある。

II　福島第一原発事故の経緯と関係諸機関の対処について
　　――住民保護を目的とする避難指示、警戒区域設定等を中心に

1　緊急災害対策本部の設置と原子力緊急事態宣言の発出

　3月11日14時46分、東日本大震災が発生し、東京電力福島第一原発の1号機原子炉が自動停止し、47分には2号、3号機原子炉も自動停止した[12]。14時50分には官邸の危機管理センターに対策室が設置され、緊急参集チームが召集される。地震発生時、菅首相をはじめ全閣僚は参議院の決算委員会に出席していたが、委員会は直ちに休憩となり、菅首相らは官邸に戻り、15時14分には、災対法28条の2第1項に基づき、首相を本部長とする「緊急災害対策本部」が設置された。同37分には対策本部の初会合が開かれ、緊急救助に政府が総力を上げて取り組むこと等を内容とする「災害応急対策に関する基本方針」を決定。その間、15時27分には津波の第1波が、同35分には第2波が押し寄せ、37分から41分にかけて1号機、3号機、2号機と順に全交流電源を喪失していった。

　16時過ぎには、同本部の第二回会合が全閣僚出席のもとに開催、55分

---

[12]　以下の論述は、概ね2011年3月12日付および同日以降の毎日新聞によるが、その際、朝日新聞、読売新聞、福島民報等をも参照している。このことをここで一括明記し、以下――特に特集等で引用するものを除いて――逐一引用はしない。また近時公表された東京電力福島原子力発電所における事故調査・検証委員会[政府事故調]『中間報告（本文編）』（平成23年12月26日）の特に45頁・263頁・452頁・465頁以下を参照したが、ここで一括明記し、本節では逐一引用しない。

から首相は震災後初の記者会見において、「国民の皆様の安全を確保し、被害を最小限に抑えるため、政府として総力を挙げて取り組」むとし、国民に向けて「落ち着いて行動されるよう心からお願い申し上げます」と呼びかけた[13]。

その間、東電では、16時36分、1号・2号機の緊急炉心冷却装置が注水不能となり、放射能が外部に漏れる危険があるとして、原災法15条1項2号に該当する緊急事態（15条事象）を保安院に通報、それを受けて主務大臣（経産省大臣）は菅首相にその旨を報告し（15条1項）、首相は、19時3分「原子力緊急事態宣言」を発令し（15条2項）、首相を本部長とする「原子力災害対策本部」を設置した（16条）。現地では、オフサイトセンターに「原子力災害現地対策本部」が設置された（17条8項・10項）。

枝野官房長官は、記者会見において、原子力緊急事態宣言が発せられた旨を公表し、「現在のところ、放射性物質による施設の外部への影響は確認されておりません。したがって、対象区域内の居住者、滞在者は現時点では直ちに特別な行動を起こす必要はありません。あわてて避難を始めることなく、それぞれの自宅や現在の居場所で待機……してください」と述べた。

なお、防衛省では、14時50分に災害対策本部を設置、18時に防衛相は自衛隊に大規模震災災害派遣の命令、19時30分には法令上初の原子力災害派遣の命令を出した[14]。

2 避難等の指示とその範囲拡大の経緯

(1) 半径3km圏内の避難指示と3〜10km圏内の屋内退避指示

しかるに、その後、同11日21時23分に突如として、政府は、原災法に

---

[13] 菅首相、枝野内閣官房長官の会見等や各種の「指示」「告示」等の公文書については、首相官邸等各関係機関のホームページによった。一括明記しておきたい。

[14] 防衛省『平成23年版　日本の防衛　──防衛白書──』（ぎょうせい・平成23年）2頁以下参照。

基づいて、第一原発から半径3km圏内の住民に避難の指示を、3～10km圏内の住民に屋内退避の指示を出した。この指示は、関係自治体の長に向けられたもので、住民に対する避難の指示等は関係市町村長が災対法に基づいて行うことになる（60条1項）。官房長官は、「念のための指示」と述べた。

原子力緊急事態宣言が発出された際、避難等の必要はないとされたのに、それから2時間少しの後に、なぜ突如として上記の避難等の指示がなされたのか、「念のため」というのみで、その理由は何も述べられていない。保安院の後日（6月6日）の説明によれば、同日17時には1号機炉心は露出、20時には炉心溶融が始まっていたという。とまれ、22時前には、半径3km圏内にある大熊町、双葉町では避難指示を受けて、暗闇の中で避難が実施された。

(2) 半径10km圏内の避難指示への拡大

翌12日0時57分、東電は1号機の格納容器圧力異常上昇を確認し、法15条事象として通報、官邸でベント（弁開放）を決し、1時半には海江田経産相は東電にベントを指示するが、しかし、5時半には官邸でベントがなされていないことを確認する。菅首相は、後にインタビューで、「官邸にいる東電の責任者は東電本店に伝えるだけなので、（現場とは）ワンクッションある。結局は、伝言ゲームだった」と述懐している[15]。

そのような状況の中で、「指示したベントが行われず、安全委の班目委員長が『容器が破裂する恐れがある』と発言し、急きょ範囲の拡大を決めた」といわれる。5時44分、半径10kmへの避難指示の拡大がなされた。官房長官は、上記の1号機の状況を述べた上で、「10km圏外に出ていただいているというのは、まさに万全を期すためでございます」と述べた。

10km圏内とは、具体的には、浪江、双葉、大熊、富岡の4町で約5万人、

---

15) 「検証大震災　菅前首相の証言　国難　手探りの日々」毎日新聞（2011年9月7日付14-5面）。なお、9月6付朝日新聞（1面・3面）、読売新聞（2面・33面）等参照。

連絡に手間取り、住民は大きな混乱に陥った。

なお、同日7時45分、福島第二原発にも「原子力緊急事態宣言」が発出され、半径3km圏内の避難、10km圏内の屋内退避が指示された。

(3) 半径20km圏内の避難指示への更なる拡大

上記「伝言ゲーム」に業を煮やした首相は、「おれが現場と直接話す」と官房長官らに伝え、現地視察を決意する。同12日早朝6時過ぎヘリで現地に飛び、現地で指揮をとる東電武藤副社長、吉田第一原発所長と協議、ベントを要請、首相は宮城県の視察に向かうが、東電では10時17分よりベント作業を開始し、14時30分ベント成功が確認される。一方、首相は、10時47分に視察を終えて官邸に戻り、15時より与野党党首会談中に、同36分に1号機で水素爆発が生じる。東電から官邸に連絡があったのは、50分後の4時26分であり、「白煙が上がっていることを確認した」という内容であった。16時17分に東電は敷地境界付近で高い放射線量を測定、15条事象として通報される。

政府は、18時25分、避難指示を半径20km圏内に拡大した。具体的には、富岡町、双葉町、大熊町、浪江町、川内村、楢葉町、南相馬市、田村市、葛尾村の2市6町2村、避難対象者約8万人、周辺地域で自主的に避難していた人を含めて、12万人以上が避難したといわれる。

官房長官は、「このたびの［水素］爆発は原子炉のある格納容器内のものではなく、したがって、放射性物質が大量に漏れ出すものではありません」と繰り返し、「万が一にもの対応策」であると述べた。

菅首相は、後のインタビューで「状況が把握できなかった。何が起きるかわからないなかで、かなり幅を持たせて拡大していった。格納容器が壊れたら、ものすごい量の放射性物質が出るわけだ。いろんな危険性、可能性を含めて考えた」。「生活を含めた受け入れ態勢をどうするかという問題があって、20キロという範囲を決めた」と述懐している。なお、第二原発でも、避難のため半径10km圏内からの立ち退きの指示がなされた。

因みに、避難指示決定の際、政府は、放射性物質の飛散に関するデータ

を使っていない。原子力安全委員会が「緊急時迅速放射能影響予測ネットワークシステム」(SPEEDI)のデータを公表するのは3月23日のことである。

(4) 半径20～30km圏内に屋内退避の要請

14日午前11時には、3号機原子炉建屋でも水素爆発が生じた。

翌15日の夜中午前3時ころ、菅首相は、海江田経産相より「東電が第一原発から撤退したいという意向を持っている」との連絡を受け、官邸に東電の社長を呼んで質し、政府と東電の統合連絡本部の設置を提案、5時35分に東電本社に乗り込んで、「福島原子力発電所事故対策統合本部」を設置、その席上、放置すれば原子炉等の崩壊により「日本の国が成り立たなくなる」とし、「あなたたちしかいないでしょう。撤退などありえない、覚悟を決めてください」と迫った。危機に際し民間の東電を事実上政府の指揮下に置くが如きで、もとより法律上想定された措置ではない。

同15日6時10分には2号機格納容器で爆発事故があり、14分には、4号機原子炉建屋で爆発があり、9時38分には火災が発生した。付近の放射線量は、一般人の年間被曝限度の400倍に対する400mSvを記録し、関東地域にも飛散し、大気中の放射線量は7～110倍になったといわれる。

かくて、11時、菅首相は緊急記者会見で高濃度放射性物質の放出を発表し、半径20～30km圏内の屋内退避を要請した。具体的には、一部が避難指定となっている南相馬、浪江、広野、葛尾、川内、田村の6市町村に加え、飯舘、いわきの両市村の8市町村で、住民は13万6千人、圏内に避難している住民を含めると14万人程度になると見られた。

そこでも首相が力説したように、その後も原子炉の注水への総力を挙げての取り組みが続けられ(特に17日朝の陸自ヘリでの放水は内外に我が国の必死の覚悟を示す象徴的効果をもつものであった)、世界を震撼させた原発事故も、21日にはようやく首相が「光明が見えてきた」と語るまでになった。

(5) 自主避難の促進(事実上の勧告)

3月25日、文科省は、第一原発から北西約30kmの地点で高濃度の放

射線を測定し、原子力安全委員会は、放射性物質の拡散が収まる見通しが立たないことを受けて、現在「屋内退避」の要請が出されている20〜30km県内の住民が「自主的に避難することが望ましい」との助言を、原子力災害対策本部にした。これを受けて、政府は、同日、自主避難を促す方針を表明した。

自主避難要請は、世界的にも前例のない措置で、それにより、これまで屋内退避で安全対策は十分としていた圏内の住民に、新たに自主避難を促したことから、政府の突然の方針転換に不安と困惑が広がった。

3　「計画的避難区域」、「緊急時避難準備区域」設定の方針

4月11日、震災から1か月ということで、まずは官房長官から原発周辺地域の避難の見直しとして、「計画的避難区域」と「緊急時避難準備区域」を新たに設定するとの方針が表明させた。

「計画的避難区域」とは、半径20kmより外部の区域で、気象条件や地理的条件によって、事故発生から1年以内に積算放射線量が20mSvに達するおそれのある地域で、これは、国際放射線防護委員会（ICRP）と国際原子力機関（IAEA）の緊急時被曝状況における放射線防護の基準値、年間20〜100mSv基準値を考慮して設定されたものである。具体的には、葛尾村、浪江町、飯舘村の3町村の全域、そして川俣町の一部、南相馬市の一部が該当し、計画避難は、概ね1ヶ月を目途に実行されるのが望ましいとされる。

また「緊急時避難準備区域」とは、現在屋内退避区域となっている半径20ｋｍから30ｋｍの区域について、上記の「計画的避難区域」に該当しない地域であって、事故の状況が安定の方向に向かっているとはいえ、悪化する可能性も否定しえないので、その際には緊急的に屋内退避ないし避難を求められる可能性があり、この区域では、特に子供、妊婦、要介護者、入院患者等は入らないことが求められ、保育所、幼稚園、小中学校および

高等学校は休園・休校となる。具体的には、広野町、楢葉町、川内村の3町村の全域、そして田村市の一部、南相馬市の一部が該当する。

　翌日菅首相は、記者会見のなかで上記の見直しについても言及し、「健康上の影響を勘案して、そうした観点から判断した」ことを明らかにした。

4　「警戒区域」の設定

　政府は、4月21日、半径20km圏内の地域について、22日午前0時から「警戒区域」に設定することを指示した。この指示は、原災法20条3項に基づいて原子力災害対策本部長たる首相によりなされたものであるが、それは、福島県知事および区域内の市町村長に対して、同法28条2項において読み替えられた災対法63条1項（「原子力緊急事態宣言があった時から原子力緊急事態解除宣言があるまでの間において、人の生命又は身体に対する危険を防止するために特に必要があると認めるときは、市町村長は、警戒区域を設定し、緊急事態応急対策に従事する者以外の者に対して当該区域への立入りを制限し、若しくは禁止し、又は当該区域からの退去を命ずることができる。」下線部が読替部分）に基づいて「警戒区域」を設定し、一時的な立ち入りを認める場合を除き、立ち入りの禁止または退去命令を指示したものである。それには罰則がある（116条2号）。

　菅首相は、「住民の皆様の安全・健康を最も重視して決断をした」としているが、憲法のレベルでいえば、人の生命・身体の安全のために、居住移転の自由・職業選択の自由、財産権を制限したということになろう。災対法に基づくかかる基本権の制約が許されるのは、もとより緊急事態における措置だからである。

　官房長官は、記者会見で、避難住民の一時帰宅について、①一世帯一人に限る、②バスで集団移動し、安全上必要な装備をする、③在宅時間は2時間程とするとの方針を明らかにし、1～2ヶ月で一巡し、その後も一時帰宅を続けるとの考え方を示した。原発から3km圏内については、当初

は一時帰宅の対象から除外されていたが、その後8月9日には認められるに至った。

5 「計画的避難区域」、「緊急時避難準備区域」の設定

　翌日の4月22日には、「計画的避難区域」および「緊急時避難準備区域」の設定について、原災法20条3項に基づき原子力災害対策本部長たる首相により、福島県知事および関係市町村長に対して指示が出された。それらは、先に述べたように、すでに4月11日に官房長官よりその方針が発表されていたところであるが、いわば予告期間において関係自治体との調整を経て、正式に決定されたものである（同時に以前の半径20〜30kmの屋内退避指示は解除）。
　かかる区域の設定は、「警戒区域」とは異なり、罰則による強制はない。
　菅首相は、それについても、「住民の皆様の安全・健康を最も重視して決断をした」としており、そこには憲法上基本権の制限として、先の「警戒区域」と原理上同じ問題が存する。
　なお、「緊急時避難準備区域」は、9月30日に解除された。

6 「特定避難勧奨地点」の設定

　政府の原子力災害対策本部は、6月16日、福島第一原発から20km以上離れた地域で、事故発生後1年間の積算線量が20mSvを超えると推定される特定の地点を「特定避難勧奨地点」に指定し、自治体を通じ住居単位でそこで居住する住民に避難の支援や特に妊婦や子供のいる家庭に避難を促すとの方針を明らかにした。
　今回調査対象とされたのは、福島県伊達市霊山町の石田地区と上小国地区、南相馬市原町区大原地区であったが、6月30に福島県伊達市の4地区中の104地点（113世帯）に対して「特定避難勧奨地点」を設定し、ま

た、その後のモニタリングの結果を踏まえて、11月25日に伊達市の13地点（15世帯）に同設定をした。

Ⅲ 原子力災害対処法制の問題点と課題

1 避難指示等の対処の特質と問題点の所在

　以上、今般の福島第一原発事故の経緯と関係諸機関、特に政府の対処のあり方を、住民保護を目的とする避難指示等に焦点を当てて考察したが、かかる政府の対処について、各方面からいろいろな不満や不平、批判が寄せられている。それは、現象的には、要するに、避難指示等の範囲が次から次へとめまぐるしく拡大され、対処がすべからく後手にまわり、しかも、何の理由の説明もなく、避難住民の間に極度の不安と混乱をもたらし、震災被害に加えて著しい苦難を強いたことによるものとみられる。そこに今回の避難等の対処のあり方の特質の一斑があらわれているが、それは、先の考察からも明らかなように、事故それ自体に対する対処の不手際と密接に関係し、いわばそれと表裏一体の関係にあるといえよう。そして、その不手際は、略、次のところに露見しているとみられる。

　第一は、事故それ自体の対処について、政府は主導的な指揮体制を確立しえず、福島第一原発の事業者たる東京電力の判断に委ねたことに基因する。東電は、事故の深刻さを過小評価し、情報を十分に開示しなかった。

　第二は、それと密接に関係するが、事故をめぐる情報について、最も重要な情報の共有ということが、国と東電、県・市町村相互の間で確立しえなかったということである。3月15日早朝、菅首相が東電本社に乗り込んで情報伝達の不満を述べ、「統合本部」を創設して、その改善に努めたが、もとより法令上想定されたものではなかった。

　第三は、菅首相を本部長とする原子力災害対策本部における重要な意思決定は、首相執務室のある官邸5階に招集された関係国務大臣、保安院長、

安全委員長、東電の少数の幹部等よりなる法令上規定のない会議においてなされた。「政府が総力を挙げて事態の対応に取り組まなければならないときに、官邸5階と地下の緊急参集チームとの間のコミュニケーションのあり様は不十分なものであった」[16]。加えて、正規の行政組織とは別に、首相の意向により上記の「統合本部」等「本部」と名をもつ機関や私的な「助言チーム」等が林立されたことも、権限関係を不明確なものにし政府の総力結集を妨げる要因となった。つまりは、総力結集の要となるべき「官僚機構をうまく使いこなせなかった」[17]のである。

2　制度上の問題点

以上のような事故対処の不手際と、それと表裏の関係にある避難指示等の後手・混乱は、何に基因するか。それには、菅首相をはじめ、衝に当たった閣僚の指導力の欠如や、東電社長や役員の事故対処のあり方等々、個人的な資質や能力に由来するところもあろう。その責任はそれとして今後とも厳しく追及されなくてはならないが、しかしここで問題とするのは、そのような個人的な資質や責任を超えて、制度それ自体に問題がなかったかということである。このような見地から、上記の不手際や後手・混乱を見るとき、幾つかの制度上の問題点が浮かび上がってくる。

第一は、原子力緊急事態宣言が発出されたとき、オフサイトセンターに原子力災害現地対策本部が設置され、それが現地の司令塔となって関係自治体、原子力事業者等と情報を共有しつつ緊急事態応急対策を推進するシステムが構想されていた。そして、現に今回の事故に際しても設置されたが、しかし殆ど機能しなかった[18]。

---

[16]　政府事故調査・検証委員会・前掲注12）470頁。
[17]　片山善博「『政治主導』はどこへ向かうのか」『世界』2011年12月号40頁。
[18]　政府事故調査・検証委員会・前掲注12）467頁以下・482頁以下参照。

そもそも、「防災指針」では、原子力事故の際に「防災対策を重点的に充実すべき地域の範囲（EPZ）」は、原子炉から半径8〜10kmと規定されており、したがって、オフサイトセンターは、おおむね原子炉施設から5kmのところに設置されていた。実際、福島第一原発でも5km地点にある大熊町オフサイトセンターに現地対策本部が設置されたが、しかし、15日にはオフサイトセンターは、福島県庁に退避した。その退去の主たる理由は、何と施設には放射性物質を遮断する空気浄化フィルターが設置されておらず、放射線量の上昇により退去せざるをえなかったからだという。

第二は、ここから、原子力防災計画が、今回の事故からみて、極めて非現実的な想定のもとに策定されていたことが浮かび上がってくる。現に、福島県でも、国の「防災指針」に即して、地域防災計画原子力災害対策編において、原発から半径8〜10kmの重点地域については避難等の項目があり、その地域内の双葉町・大熊町・富岡町・浪江町においては原子力災害対策編が作成されることになっていたが、10km以遠の区域、例えば南相馬市をはじめ、飯舘村や川俣町では原子力災害対策編そのものが作成されていなかった。これでは、国の避難等の指示が遅れただけでなく、二転三転と拡大され、関係市町村に困惑と混乱をもたらしたのも、けだし当然というべきであろう[19]。

また、二転三転した避難指示等の基準となったのは、国際放射線防護委員会（ICRP）が一般の人の被曝限度について、緊急時には参考レベルを年20mSv〜100mSvの範囲で、事故収束後においては参考レベル年1mSv〜20mSvの範囲で設定することを勧告していることを考慮して、20mSvを基準としたものであった。しかし、法令では、明確に1mSv以下と定められているのであって、明らかにそれに反し、20mSvというのはそれ自体「極めて危険な水準」である。政府は、そのことの説明を十分にしない

---

19) 福島県防災会議『福島県地域防災計画　原子力災害対策編（平成21年度修正）』2頁・12頁・54頁以下、福島民報2011年3月12付およびその後の関係記事参照。

で採用したが、もし本来の基準にすれば、福島県の大半や宮城県・茨城県等の一部をも含む広大な範囲を無人化せざるを得ず、それは国として多分受け入れられず、「国家の崩壊を食い止めるためには住民を被曝させるしかない。そういう選択を国家がしたのだ」といわれる所以である[20]。

　第三は、政府が当初になぜ災害対策基本法（災対法）28条の2により「緊急災害対策本部」を設置し、105条以下の定めるところにより「災害緊急事態の布告」の制度を用いなかったかという問題である[21]。3月22日、参議院予算委員会で自民党議員により、なぜ災害緊急事態の布告を適用しないのかとの質疑に対して、政府は、現在は国会開会中で109条の規定する「国会の閉会中」の状況ではないこと、また「国民の権利義務を大きく規制するという非常に強い措置であるといったことも踏まえて適切な判断が必要」と述べ、官房長官も同旨の発言をしている。しかし、政府の主導的な指揮体制の欠如や初動対処の遅延をこの制度を採らなかったことによるとの見方もあり、これについては後に言及しよう。

3　問題点の基因と背景

　上記のような問題点は何に基因するか。それには幾つかの要因が考えられる。

（1）原子力災害対策特別措置法（原災法）の内在的限界

　上記の避難指示等の法的根拠となったのは、原災法であるが、先に言及したように、それは、1999年9月に起きたJCO臨界事故をきっかけとして、その年の暮れに早急に制定された。その事故自体が、極めて特殊なもので、高速実験炉「常陽」の燃料加工の際に生じたもので、通例の商業用の原発

---

[20]　小出裕章『原発はいらない』（幻冬舎ルネッサンス・2011年）86頁・217頁、同『原発と放射能』（河出書房新社・2011年）64頁・152頁以下、小出裕章・黒部信一『原発・放射能　子どもが危ない』（文藝春秋・2011年）98頁以下・198頁等参照。

[21]　この論点については、さしあたり湯淺墾道・林紘一郎「『災害緊急事態』の概念とスムーズな適用」『情報セキュリティ総合科学』3号（2011年）32頁以下参照。

事故に関するものではなかった。しかも、原子力安全委員会の事故調査委員会において、もっぱら事故の原因は逸脱した作業方法によって臨界事故を起こし被曝・死亡した作業員らとそれを認めていたJCOの責任によるものとされ、国の責任には言及されることなく、異例のスピードで事件が総括された[22]。このような事故とその評価と並行して原災法が制定されたのであった。

そうであれば、先に指摘したように、同法とそれに基づく規則や指針等により設定された「EPZ」といい、オフサイトセンターといい、およそ非現実的な取り扱いがなされていたとしても、何ら怪しむに足りない。

要するに、今般のような過酷事故対策は当初より原災法の規律対象とはされず、欠落していたのである。ここに、原災法の内在的限界がある。

(2) 原子力組織法・規制法上の構造的欠陥

原子力の安全規制について最高の地位にある筈の原子力安全委員会が今般の事故に関してどのような役割を果たしたか。その実は単なる権威づけの道具に過ぎないことを白日の下に曝すことになったのではないか[23]。

他方、原発の安全規制について第一次的に責任を担う保安院はどうであったか。原子力災害対策本部の事務局は、「経済産業省緊急時対応センター（ERC）」に設置されるが、保安院はそこで情報収集・提供の中枢を担うべき機関であり、事故当初には頻繁にテレビに登場して一躍有名となったが、その双方において真の働きはどうであったか。そのいずれの役割においても、積極性・能動性に欠け、十分な働きをしたとはいえまい[24]。そもそも、原発の積極的推進とその安全統制という相互に緊張関係にある二つの作用を、同じ経産省に設置して両者を統合する仕組み自体に問題があったのではないか。

---

[22] 原子力安全委員会・ウラン加工工場臨界事故調査委員会報告（平成11年12月24日）。なお七沢潔『東海村臨界事故への道』（岩波書店・2005年）7頁以下参照。

[23] 政府事故調査・検証委員会『中間報告（本文編）』61頁以下・462頁以下参照。

[24] 同・55頁以下・455頁以下・499頁以下参照。

(3) 災害緊急事態体制の不備・欠缺

「原発震災」という概念がある。それは、「地震によって原発の大事故と大量の放射能放出が生じて、通常の震災と放射能災害が複合・増幅し合う破局的災害」[25]を意味するが、地震列島の我が国において強い説得力をもち、今回の福島原発事故は、幸い最悪の破局的事態は免れたものの、まさにその出現となった。

この点において、先に言及したように、制度上用意された災害緊急事態の布告の制度を採らないまま安易に対策本部の設置を認める緊急災害対策制度それ自体（緊急事態法制を回避して平常時体制を装った緊急災害対策という形容矛盾的制度）に問題が存するのではないか。このことは、自然災害と原発事故という人災が複合・増幅して出現する原発震災には、特にあてはまり、この点において原災法だけでなく、その一般法としての災対法それ自体にも不備があるのではないか。そして、この問題は、およそ緊急権に関する規定を欠く日本国憲法のあり方にも連なる問題である[26]。

(4) 諸要因の背後にあるもの——「原子力安全神話」と「原子力村」

以上、われわれは、原子力災害対処の制度上の問題点が、原災法の内在的限界としてそれ自体に胚胎していること、そして原子力組織法・規制法にも構造上根本的な不備・欠陥があること、さらに「原発震災」という複合的な重大事態を想定しなければならない我が国にとって、災害緊急事態それ自体の体制に不備があり、ひいては緊急事態全般に対する憲法上の欠缺にも連なる要因のあることを見た。

そして、このような要因の背後には、いわゆる「原子力安全神話」と称せられる、おそらくは我が国特有の精神構造の存することは否定し得ない。これは、ある論者によって、「原子炉などの核施設が重大な損傷を受

---

[25] 石橋克彦「まさに『原発震災』だ」『世界』(2011年5月号) 128頁。なお同「原発震災」『原発と震災』(「科学」編集部編・岩波書店・2011年、初出1997年) 4頁、同「地震列島の原発」同編・前掲注6) 120頁参照。

[26] 拙稿・前掲注11) 224頁以下参照。

け大量の放射性物質が外部へ放出される事故は現実的には決して起こらないとする思い込み」[27]と再定義されが、かかる「安全神話」形成には、その主体となった「原子力村」[28]の存在は見過ごしえない。重要なことは、「原子力村」が、共通の組織的利益の維持追求によりしっかりと支えられていること、そして、そこには、「日本では事故は起きないというか、起っては困るということは起こらない、と考えて社会のシステムも法律もつくられる」[29]という日本特有の不思議な精神構造が存するということである。かかる精神構造がどのような政治神学に由来するか[30]、遺憾ながら現在のところ筆者は模索中で未だ解明しうるに至ってないが、かつての「軍国主義」と「神州不滅」がそうであったが、その結果が敗戦であったように、今回の原発事故も、「原子力村」といい、「安全神話」といい、戦前と全く同じ精神構造に驚くばかりである[31]。

4 現行法制の課題

かくて、現行法制の課題も明らかになる。

それは、何よりも、「原子力村」を解体し、「原子力安全神話」を打破することであろう。もとより、それは、いずれも、強固な政・官・経・学の結び付きに言論界をも巻き込んで、半世紀以上にわたって築き上げられたものであるから、容易なことではない。まして、それが我が国特有の政治神学に由来するとすれば、絶望的にすら思える。しかし、それを変えな

---

27) 吉岡斉「原子力安全規制を麻痺させた安全神話」前掲注6) 135頁。同『新版原子力の社会史』前掲注4) 389頁。
28) 同143頁。なお、「原子力ムラ」は二つの異なった意味で用いられることがあり、その分析として開沼博『「フクシマ」論』（青土社・2011年）13頁・163頁・292頁以下参照。
29) 高橋滋・前掲注5) 14頁。
30) 「政治神学」の概念については、拙稿「『政治神学』雑感」長尾龍一編『カール・シュミット著作集Ⅰ』（慈学社・2007年）425頁以下参照。
31) かかる類比は、論理構造をやや異にするが、石橋克彦・前掲注25) 126頁以下にも見られ、注目に値する。

ければ、いくら制度をいじってみても、結局は同じことを繰り返すだけで、何も変わらないであろう。

　未だ事故の原因が十分に解明されていない段階で多くのことは語れないが、すでに示唆したことから、以下の三点は、具体的な課題として指摘しうるであろう。

　第一は、原災法とそれに基づく諸法令・指針等の改正・改訂である。それらは、今回のような過酷事故には何の用意もなく、全く歯が立たなかった。徹底的な事故調査を踏まえて、全般にわたって抜本的に見直す必要がある。それは、EPZやオフサイトセンター、避難等に関する非現実な規定に限ったことではない。

　第二は、安全規制機関の再構築である。このことは、すでに、閣議決定で、環境省の外局として「原子力規制庁」(仮称)の設置の方向が示されている。他方ではしかし、アメリカ的な独立行政委員会構想も有力であり、自民党でも対案としてかかる構想がなされていると伝えられている。帰趨を注目したい。

　第三は、緊急事態法制の統合の課題である。国家の任務は何よりも自国の安全と平和を守り、公の安全と秩序を維持して、その下で生活する国民の生命・自由・財産を保障することにあるとすれば、憲法は、単に平常時においてだけでなく、緊急時においても実効性をもつものでなければならない。そのためには、これまで個々の緊急事態ごとに必要に迫られていわば泥縄式に積み重ねられてきた個別法律の錯綜を全体として体系的に整序・統合する憲法上の根拠規定が必要である。今回の大震災と原発事故はそのことを明確にしたのではないか。

5　もう一つの選択の可能性——原子力基本法の改正と憲法

　しかしながら、かかる課題が仮に達成されたとしても、問題すべてが解決されるわけではない。第一に、仮に安全性の技術が可能な限り高められ

たとしても、地震列島の我が国において、万が一の原発震災発生の蓋然性は完全には否定しえない 。第二に、仮にそのようなリスクを完璧なまでに抑えられたと仮定しよう。しかし、それによっても、依然として核分裂生成物処理の問題が残っている。それは「死の灰」ともいわれるが、人類は、いままでそれを「無」にする方法を発見していないし、おそらくは未来永劫、その見込みはないともいわれている[32]。

そうすると、われわれは、いまや、原子力の平和利用、少なくとも原発による利用を断念するかどうかの転轍点に立っているのかも知れない。仮に転轍を切り替えて脱原発化への路線を進むとすれば、法制度的には、原子力の平和利用の推進を前提とする原子力基本法それ自体の見直しは避けられないであろう[33]。

そして、それは、原子力の平和利用が単に立法政策の選択の問題にとどまらず、窮極的には憲法上の問題とならざるをえないであろう。ある論者はいう、「原発というのは、そこに住む人間の生活や人生、故郷を根こそぎ奪いとってしまう」[34]。また、ある論者はいう、「原子力は平和的に利用可能なのか、考えなおすときがやって来た。人々が原子炉の爆発と放射能に怯え、不安におののきながら暮らすことは、とうてい平和とは言えない」[35]。あるいはまた、ある論者はいう、「7万人の人が自宅を離れてさまよっているときに、国会は一体何をやっているのですか」[36]。

これを私なりに憲法論に翻訳すれば、こうなる。憲法は、人間が生存しうる一定の自然的環境を前提とするが、それを根こそぎ破壊する現実性をもつ原子力の利用は、たといそれが平和利用であり、エネルギー確保のた

---

[32] 代表的な見解として、小出裕章『原発はいらない』前掲注20）73頁参照。

[33] それを示唆するものとして、伴英幸「原子力政策は変わらなければならない」『世界』2011年5月号173頁。

[34] 小出裕章・黒部信一・前掲注20）179頁（小出）。

[35] 山口幸夫「原発のない新しい時代に踏みだそう」石橋克彦編前掲注6）239頁。

[36] 児玉龍彦『内部被曝の真実』（幻冬社・2011年）28頁。

めに絶大な威力をもつにしても、憲法の依って立つ条件・基盤そのものを破壊する故に、憲法の存立と両立せず、違憲である、と。それは、憲法13条・22条・29条というような個別の条項に違反するというよりはむしろ、憲法の拠って立つ条件・基盤そのものを破壊するが故に違憲なのである[37]。

おわりに

　政府は、昨年（2011年）12月16日に福島原発事故の収束宣言を内外に高らかに謳い上げた。しかし、賠償は遅々として進まず、除染の目途も必ずしも明確でなく、その困難さがいよいよ深まるばかりである。当の被災自治体自体が、収束宣言に異を唱え、撤回を求めていることに事態の深刻さが象徴されている。

　本稿は、事故当初の避難指示等を中心に検討したが、今や場面は、賠償の実施、除染へと推移している。その意味では復興の段階ともいいうるが、それには3.11以後の新たな被曝世界に見合った「希望」の（壮大な文明論的）物語が必要であろう。この点において、福島についていえば、東北学の提唱者である民俗学者赤坂憲雄氏の「福島県自然エネルギー特区構想」[38]が示唆的であるが、そのような問題をも含めて今後の進展をしっかり見極める必要がある。今後の課題としたい。

---

[37] この論点にかかわる論考として、樋口陽一「東日本大震災が見せたもの」2011年8月9日付毎日新聞（「〈3.11〉後に考える　『国家』と『近代』」法学セミナー683号（2011年）36頁）、岩間昭道「日本国憲法と非常事態・環境保全」ジュリスト1427号（2011年）15頁、小山剛「震災と基本権保護義務」法学教室372号（2011年）4頁、石川健治「緊急事態」同7頁、駒村圭吾・中島徹「［誌上対談］3.11大震災と憲法の役割」法学セミナー682号（2011年）4頁、松平徳仁「緊急事態における避難」同30頁等参照。

[38] 赤坂憲雄・小熊英二・山内明美『「東北」再生』（イースト・プレス・2011年）4頁・69頁以下、山折哲雄・赤坂憲雄『反欲望の時代へ　大震災の惨禍を越えて』（東海教育研究所／東海大学出版会・2011年）112頁以下参照。

※本論文は、平成24（2012）年1月末時点での筆者の見解である。

第3章 東日本大震災と危機管理の欠落
――課題と立法提言

浜谷　英博

はじめに

　国家にとって最大の使命と責任は、人為的自然的を問わず、あらゆる災害から所属する国民の生命と財産を擁護することにある。その際、自然災害の発生自体を未然に防ぐことは不可能であるが、被害を最小限にとどめるための方策には、対応する人知と能力によって差異の生ずることも否定できない。いずれにせよ、その限りを尽くして防災と減災にあたる他ないが、今回の東日本大震災に際し、「想定外」があたかも免罪符のように語られる実態に、人災を覆い隠す要素が数多く潜んではいないだろうか。

　本章では、かかる大震災における政府対応の課題を最初に指摘した上で、その根源的原因がどこに在るのかについて言及し、新たに浮かび上がった法的問題点を憲法と関係法律から論じ、住民保護の原点に立って国民保護法上の課題にも触れてみたい。

I　東日本大震災における政府対応の課題

1　対応の不作為

(1) 災害緊急事態の布告

　一般に国家の緊急事態に際しては、自国の憲法に関係条項を設けているのが諸外国の通例であるが、わが国では警察法と災害対策基本法に関係条項が規定されているのみである。

　まず警察法には第6章「緊急事態の特別措置」として、第71条「布告」、第72条「内閣総理大臣の統制」、第73条「長官の命令、指揮等」、第74条「国会の承認及び布告の廃止」、第75条「国家公安委員会の助言義務」の条項が置かれている。とりわけ緊急事態の布告に関して第71条は、大規模な災害や騒乱その他の緊急事態に際して治安維持の必要性が生じた場合に、内閣総理大臣は国家公安委員会の勧告に基づき、緊急事態の布告を発

することができると明記されている。

　そして災害対策基本法には、第8章「災害緊急事態」として6カ条が置かれている。とりわけ第105条1項は「災害緊急事態の布告」について、次のように規定している。

　「非常災害が発生し、かつ、当該災害が国の経済及び公共の福祉に重大な影響を及ぼすべき異常かつ激甚なものである場合において、当該災害に係る災害応急対策を推進するための特別の必要があると認めるときは、内閣総理大臣は、閣議にかけて、関係地域の全部又は一部について災害緊急事態の布告を発することができる。」

　続いて第106条には「国会の承認及び布告の廃止」、第107条には「災害緊急事態における緊急災害対策本部の設置」、第109条には「緊急措置」、そして第109条の2には、災害緊急事態における海外からの支援受け入れについて、必要な措置を政令で可能とすることが規定されている。なお、第108条は削除されている。

　つまり、大規模災害に際して内閣総理大臣は、災害緊急事態を布告することができ、布告後は必要な緊急措置を政令で定めることが可能（第109条）とされている。もちろん政令のドラフトが平時から整備されていることが大前提であるが、具体的には、供給不足になった生活必需物資の配給・譲渡・引渡しの制限や禁止（第109条1項1号）、災害応急対策や災害復旧または国民生活の安定のために必要な物の価格または役務その他の給付の対価の最高額の決定（同2号）、賃金や災害補償給付金等を除く金銭債務の支払い延期および権利の保存期間の延長（同3号）など、主として経済的統制が一部可能となる。

　今回の東日本大震災が、災害の規模や程度の甚大さ、地域的広範性などから当該規定の大規模災害に該当することは明らかであるため、発災から10日余り経った3月22日の参議院予算委員会で、佐藤正久議員（自民党）により政府に対して「布告」の要請と布告しない理由が質された。

　答弁に立った内閣府参事官は、政令で定める緊急措置の実施要件として、

「国会が閉会中又は衆議院が解散中であり、かつ、臨時会の召集を決定し、又は参議院の緊急集会を求めてその措置をまついとまがないとき」(災害対策基本法第109条1項)との制約があり、今回は国会も開会中であること、また、かかる政令での緊急措置は、「国民の権利義務を大きく規制する非常に強い措置であり、適切かつ慎重な判断が必要である」との見解を示し、災害緊急事態の布告を見送った理由とした。

しかしながら、法律上の布告要件を満たさなかった点は事実としても、何も政令で緊急措置を定めることにこだわる必要はない。とりあえず災害緊急事態の布告を発した後、政令で列記されている内容を盛り込んだ法律案を開会中の国会に緊急上程すれば足りることである。野党としても、布告自体に同意する(国会承認)からには、各種関係法律案にも基本的に同意せざるを得ないであろうし、布告に不同意であるならば、布告から20日以内に付議される国会承認の際に反対を貫けばいいはずである。ところが実態は、震災後1カ月を経過した時点でかかる法案は審議されておらず、阪神淡路大震災の際とは著しい差異を示している。

これらの諸点から判断する限り、布告見送りの最大の理由は、一部の国民の権利を制限してでも被災地域の緊急支援を実施しようとする強力な意思を、政府自身が自信をもって示せなかったことに加えて、このような確固とした意思を示すべき官邸自体の指揮系統が危機的状況に陥り、司令塔としての機能を果敢に発揮できなかったこと、この2点に尽きよう。権力というものが、倒すべき対象でしかなかった民主党国会議員の多くが構成する政権では、緊急事態における人権制約や権力集中を合理的に根拠づける発想に乏しく、具体的行動に躊躇する側面が無かったとは言い難い。

(2) 安全保障会議の招集

1956年に設置された国防会議の廃止に伴って、安全保障会議は1986年の安全保障会議設置法に基づいて設置され、内閣総理大臣の諮問機関として機能している。国防に関する重要事項のほか、重大緊急事態への対処に関する重要事項を審議する機関として、内閣に設置されている。(安全保

障会議設置法第1条)

　正規の議員としては、議長たる内閣総理大臣、内閣法第9条によりあらかじめ指定された国務大臣、総務大臣、外務大臣、財務大臣、経済産業大臣、国土交通大臣、防衛大臣、内閣官房長官および国家公安委員会委員長の合計10名で構成される。

　内閣総理大臣が同会議に諮問しなければならない必要的諮問事項は、次の通りである。(同法第2条1項)
一　国防の基本方針
二　防衛計画の大綱
三　前号の計画に関連する産業等の調整計画の大綱
四　武力攻撃事態等(武力攻撃事態および武力攻撃予測事態等をいう。以下同じ。)への対処に関する基本的な方針
五　内閣総理大臣が必要と認める武力攻撃事態等への対処に関する重要事項
六　内閣総理大臣が必要と認める周辺事態への対処に関する重要事項
七　内閣総理大臣が必要と認める自衛隊法(昭和29年法律第165号)第3条第2項第2号の自衛隊の活動に関する重要事項
八　その他内閣総理大臣が必要と認める国防に関する重要事項
九　内閣総理大臣が必要と認める重大緊急事態(武力攻撃事態等、周辺事態及び前2号の規定によりこれらの規定に掲げる重要事項としてその対処措置につき諮るべき事態以外の緊急事態であって、我が国の安全に重大な影響を及ぼす恐れがあるもののうち、通常の緊急事態対処体制によっては適切に対処することが困難な事態をいう。以下同じ。)への対処に関する重要事項

　上記の事項は、あくまで必要的諮問事項として列挙されたものであり、安全保障会議の設置目的にかなう事項(国防に関する重要事項および重大緊急事態への対処に関する重要事項)であれば、上記の事項に限定される

ものではない。東日本大震災が安全保障会議設置法第2条9号に該当することは明らかであるし、国防上の重要事項にも配慮しなければならない要素を含むものとすれば、第2条8号にも該当するはずである。

　東日本大震災への対応に関しては、海外への正確かつ迅速な情報発信の欠如が指摘された。その原因の一つに、外務省の情報発信機能が今ひとつ的確性に欠けていた点を重視する向きもある。

　震災対応に関する一例として、官邸に設置された対策本部や各種対策会議およびワーキンググループやプロジェクトチームは合計で20を超えていたが、その中に外務大臣が入っていない組織も少なくない。したがって日本の対外的情報発信力が的確だったとは言えず、とりわけ原発事故に関しても国際社会の誤報や曲解に対して、必ずしも必要にして十分な対応ができていたとはいえない。原発事故の被害や事故対応の情報などに関して、インターネットやソーシャルネットワークシステムを中心に事実に反する誇大化された情報が氾濫し、海外メディアを中心に誤情報が独り歩きした事実は看過できない。仮に安全保障会議で、これらの対応に外務省の役割が重視され何らかの手が打たれていたとすれば、諸外国からの誤解は相当程度軽減されていたことは疑いない。

　また防衛大臣は、一時10万7000人を超えた自衛隊の大規模災害派遣への対応に加え、日本周辺における中国・ロシアを中心とした偵察行動や挑発行為への対処に追われた。頻繁に繰り返される中国機やロシア機の挑発行動に対するスクランブル事案も多く、弱みに付け込む外交政策上の常套手段は、大震災に対する支援行為とは次元を異にして続けられた。

　このような事態に際しても内閣総理大臣が安全保障会議を招集せず、総理からの諮問も各議員からの意見具申も無かった事実は、原発事故対応でパニックに陥り、国防と震災対処措置等との同時対処がなされていたのか疑問が残るばかりか、国家の司令塔としての機能を果たすべき官邸自体が、まさに危機的状況だった事実を如実に物語っている。

2 その他の課題

(1) 内閣危機管理監の機能不全

　官邸機能の危機的状況で特徴的だったのは、阪神淡路大震災の教訓から新設された「内閣危機管理監」の存在がまったく目立たず、十分に機能しなかったことである。

　内閣危機管理監制度は、1998年、内閣の危機管理能力の向上を目指して内閣法を改正し、内閣官房に新設された特別職の国家公務員である。発災時は4代目（2008年5月16日～2011年12月27日）で、初代から元警視総監をはじめとした警察官僚OBが起用されている。2012年1月現在、元警視総監が5代目（2011年12月27日～）として発令されている。

　内閣危機管理監は内閣官房長官や副長官を助ける危機管理専門の行政官であり、危機発生時においては首相の補佐役として、情報収集や省庁間の総合調整機能を果たす強力な権限が付与されており、政府の初動措置等への第一次判断を下すことが期待されていた[1]。

　ところが内閣危機管理監は官僚機構の一員でもあり、民主党政権下では当初から既存の官僚組織が排除されていたことなども手伝って、危機管理監自身も信頼感を醸成するには至っていなかったと言われている。ちなみに、危機管理監が首相と執務室で面談したのは、震災後1カ月間で2度ほどといわれており、首相の補佐役として心もとない限りである。

　また、危機管理監の指揮下にある危機管理センターには約100人の公務員が配されているが、原発事故対応にほとんどの人員がかかり切りになり、当の危機管理監自身も原発事故対応をめぐる日米の調整会議に連日拘束され、センターを空けることが多かったとされている。

　したがって震災および被災者対応は当然手薄にならざるを得ず、物資輸

---

[1] 富井幸雄執筆分「第6章　安全保障会議」、西修・浜谷英博・高井晋・松浦一夫・富井幸雄『日本の安全保障法制』（内外出版、2001年）、106～107頁参照。

送等の司令塔になるはずの危機管理センターにはほとんど情報が集まらない状況だったことが明らかになっている。現地調整をする余裕もなく、満足な情報収集もしないままで各省庁に指示だけを一方的に出す危機管理センターを筆頭に、官邸中枢の混乱と機能不全の状況は想像に難くない。

確かに、緊急対策として優先順位が高い原発事故対応に集中することも理解できるが、危機管理体制は常に総合的な発想でなければ意味をなさない。つまり震災の被災者対応にも、国民の生命がかかっているからである。

(2) 内閣官房参与の緊急増員

官邸の混乱に拍車をかけ政府の責任の所在をさらに見えにくくしたのが、首相のブレーンと呼ばれる内閣官房参与の存在である。

内閣官房参与とは、首相を補佐する機関である内閣官房の役職の一つであり、政策立案に関する首相の相談役として、首相に対して直接意見を言ったり助言をしたりする非常勤の国家公務員である。首相自らが任意で任命し、報酬は人事院規則9-1（非常勤職員の給与）に従って支給される。各省庁にも同様の制度があり、報酬は平均的に1日2万円台であるが、内閣官房の場合、最高額が例外的に5万1500円の事例もあるほか、省庁によっては無給の場合もある。

内閣官房参与の人数に制限はなく、通常は複数名が起用されており、内閣府や官邸に一人ずつ執務室が用意される。機密事項などを把握したうえで首相に適切な助言をすることから、一般の国家公務員と同様の守秘義務が課される。

震災後20日も経たないうちに菅首相は6名の参与を任命し、合計で過去最多の15名にも増員された。新規6名のうちの5名は原子力関係の専門家である。東京電力・原子力安全保安院・原子力安全委員会への不信感をあらわにした首相が、東電福島第1原発の事故対応に関しセカンドオピニオン、サードオピニオンを求めるためと言われているが、実際、参与との面会時には官僚を同席させないことが多かったという。

しかし、いかに参与が首相に直接意見が言えるからといって、実際に事故対応を行うのは東電であり、監督官庁も経産省であること、さらにラン

ダムに入ってくる知見や情報および判断や助言は、必ずしも事の本質を正確に把握できないことなどから、政府内の意思決定ラインは複雑を極めていたと思われる。

Ⅱ　緊急事態法制の遅滞と課題

1　日本国憲法制定過程の特異性

　先に述べた自然災害時における緊急対応措置を根拠づける法制は、有事法制の遅れに比較すれば、戦後の早い段階から整備が進んでいた。1947年には災害救助法、1961年には災害対策基本法が制定され、災害対応に関する基本的枠組みは出来上がった。その後1978年には大規模地震対策特別措置法、1999年には原子力災害対策特別措置法も成立した。

　これらの法整備の進捗は、わが国が"災害大国"と呼ばれ、各種自然条件からの必要性はもとより、災害を身近に感ずる国民の経験則の蓄積が反映したものと言えよう。しかしながら、国家を挙げて対応する必要がある激甚かつ大規模な災害に対して、諸外国で一般的に行われているような国家緊急事態宣言等に関する憲法条項が、わが国には存在しない。

　ここでは、日本国憲法に緊急事態対処条項が欠落した歴史的事由を確認し、唯一「緊急」の文字が使われている参議院の緊急集会条項（日本国憲法第54条2項および3項）の実態について検討しておきたい。

(1) 緊急事態条項見送りの経緯

　現行憲法のドラフトがGHQ草案であることは歴史的に確認されているが、当時検討されていた日本側の草案には、緊急事態に対応した条文が存在していた。そこでは、衆議院の解散時や他の理由で国会を召集することができない場合であって、公共の安全を保持するための緊急時には、内閣が、国会の事後承認を条件として、法律や予算に代わる閣令を制定することができるとされていた。

しかし、憲法制定時の日米間における交渉時に総司令部側は、緊急事態関連条項が日本の再軍備に道を開くとの懸念からか、それを認めなかった。そして、非常の場合は、「憲法に明文を設けておかなくとも委任立法を活用すればよいとし、また、それで対応し得ないときは、内閣のエマージェンシー・パワーによって処理すればよい」との考え方を示していた[2]。つまり日本国憲法草案を作成した総司令部側は、緊急事態の発生時には、「必要性の原則」等による英米法流の発想で対処可能であると考えていたわけである。そのため緊急事態対処条項の必要性を主張する日本側との交渉の結果、日本側の申し入れは拒否され同条項を設けることはできなかったのである。

(2) 参議院の緊急集会条項の挿入

　ただ日本側の再三の要望によって、参議院の緊急集会条項が現行憲法における緊急事態対処の一方策として挿入されることになった。当時、日米交渉の最前線にあった法制局第一部長によれば、「3回にわたってしつこく談じ込み、」「あるときは…中略…座り込みに近いことまでやって、ようやく3度目に目的を達することができた[3]」と述懐されている。

　しかし、このようにして挿入された日本国憲法第54条2項および3項であるが、未曾有の大規模災害によって、そもそも参議院議員が登院できないような事態には全く対処不能である。また、両院が構成されている時期であっても、天災地変によって両院議員とも登院できないような事態、すなわち国会としての機能が果たせない事態等が発生した場合には、国政上緊急な法律も予算も成立させようがないわけである。結局のところ、当該条項は、衆議院の解散によって衆議院が未構成の場合だけに対応する平時の臨時措置に過ぎないことになる[4]。

　大日本帝国憲法では、緊急事態に際し、勅令によって立法および財政上

---

[2] 高柳賢三・大友一郎・田中英夫編著『日本国憲法制定の過程――連合国総司令部側の記録による――』(有斐閣、1972年)、205頁参照。

[3] 佐藤達夫『日本国憲法誕生記』中公文庫(中央公論新社、1999年)、81頁引用。

[4] 井出成三『正しい憲法　正しい解釈』(善本社、1976年)、134〜135頁参照。

の例外措置をとることが認められる緊急勅令条項（第8条）、戦争・災害・事件などの非常事態に対処するための戒厳大権（第14条）と非常大権（第31条）、そして緊急の際、勅令による緊急財政処分の権限（第70条）などが認められていた。つまり、国家や国民のため、行政の責任を直接担当している内閣のみによって必要かつ応急的な暫定措置をとり、次期の国会における承認を条件に、事態に対処する方法が規定されていた。

　いずれにせよ、激甚かつ大規模な震災等による国家緊急事態の発生に際して、参議院の緊急集会条項だけではいかんともしがたく、必要かつ応急的な暫定措置に関する憲法条項を用意していないことは、現行憲法の重大な欠陥の一つだと言うほかない。

2　「強い国会・弱い内閣」の克服と内閣府設置法の制定

(1)　「強い国会・弱い内閣」の課題

　旧憲法時代のいわゆる超然内閣は、「強い内閣・弱い国会」の典型であった。そもそも内閣に関する憲法条項はなく、各国務大臣も天皇を輔弼するのみで、帝国議会に対しての責任も保持せず信任も必要とされていなかった。その反動として、様々な反省の中から現行憲法の内閣は行政権の主体として、国会に対する連帯責任と国会の信任を必要としている。このような強い議会統制の下では、憲法上の例外規定でも制定されていない限り、議会に諮るいとまのない緊急対応事案に際しては機能不全に陥ることも想像に難くない。

　事実、阪神淡路大震災（1995年1月）や能登半島沖不審工作船事件（1999年3月）における海上警備行動の発令など、未曾有の大規模災害時や相次ぐ国家安全保障上の緊急対応時などにおいて、関係する諸権限の内閣への一時的集中や迅速かつ効果的な対応策の必要性などが、ことある毎に指摘され続けてきた。

　その結果、国家の危機管理政策の遂行には、指揮命令系統の一元化や情

報の収集と管理、権力の一時的集中などが必要不可欠であるとの認識が高まり、その機能を内閣に付与する方向で検討が進められた。要するに、諸外国の事例等によっても、緊急事態対応能力を向上させるためには内閣権限の強化が必要であり、現行憲法を前提としながらも制度改革が不可欠であるとの結論に達したのである。

(2) 内閣府設置法の制定

先の経緯を経て、内閣機能を強化し首相や内閣官房を補佐するため、内閣府設置法（1999年7月16日　法律第89号）に基づく内閣府が新設（2001年1月設置）された。わが国を取り巻く国際安全保障環境の変化を背景にしながら、内閣の迅速かつ効果的な政策を打ち出す上でも必要な各省庁との総合調整は重要である。政府全体として、首相を中心とした関係行政機関の緊密な連携を図り、効果的な行政を推し進めていくために、内閣府は他省庁より上位に位置づけられている。

同時に内閣府は、内閣を補佐しながら行政各部の政策的統一性や総合調整を図り、内閣の機動性を維持するための役割も保持している。内閣が、時宜にかなった特徴ある政策を果敢に打ち出す上では、このような制度改革はまさに時代の要請でもあった。

また内閣府には、他省庁と同様に特命担当大臣や副大臣（3名）、大臣政務官（3名）が置かれている。

Ⅲ　立憲主義憲法と国家緊急事態

1　法治体制と国家緊急事態

近代の法治国家は、あらゆる緊急事態への対応も法治体制の下で処理する方針を確立している。つまり、超法規的措置を基本的には認めず、かつ限りなく少なくすることを基本としている。緊急事態に際しては、"やり足りなさを無くし、やりすぎを防ぐ"姿勢を肝要としているが、これは、

やり足りない場合もやりすぎの場合も、いずれも被害者は国民一般であるとの強い思いからである。

したがって、各国が憲法体制の中に緊急権規定を組み込んでいる主たる理由としては、次のような諸点が挙げられている。

①平和時の法治主義機構は、危機に対応する機能を持たない。

②（国家的危機の場合に）例外措置を要求する局面が予測される以上、始めから憲法体系のなかに合法的な制度としてそれを組み込んでおくことが、非常の措置を非合法なものとしないためにも合理的である。

③緊急権を憲法的に実定化することによって、その発動の条件や期間や形式等を定めて、無制約な緊急権の濫用を防止する機能を期待しうる[5]。

平時と非常時では、国家機能の発揮や権限行使に際し付与されるべき各種の条件が異なるため、上記の理由は当然の要素である。平時に十分な論議と国民的理解を得た上で、国家の行動に適正な制約を設け、国民の人権制限にもあらかじめ的確な限界を設けておくことは、近代法治国家にとって必然的なあり方である。

2　90年以降制定の諸外国憲法に見る緊急事態対応条項の現状

1990年以降に制定された各国憲法は、2008年12月現在で93カ国を数えている。この中で国家緊急事態条項を持たない憲法はなく、93カ国すべての憲法に導入（100％）されている。この現状は、他の条項の導入率に比べても突出した割合になっている。

たとえば国家緊急事態条項と並んで高い導入率になっているのは「平和主義条項」であるが、当該条項でも91カ国（97.8％）であり、次に「政党条項」が84カ国（90.3％）と9割台で続いている。8割台の導入率になっ

---

[5] 小林直樹『国家緊急権――非常事態における法と政治――』（学陽書房、1979年）、46～48頁参照。

ている条項は、「環境の権利・保護条項」が81カ国（87.1％）、「家庭の保護条項」が77カ国（82.8％）、「プライバシー権」が75カ国（80.6％）である。続いて高い導入率になっている条項としては、「国民投票」が64カ国（68.9％）、「憲法裁判所」が58カ国（62.4％）、「知る権利」が45カ国（48.4％）などである[6]。

このような動向を見れば、一方で平和主義を揚げ、他方で緊急事態対処の根拠を自国の憲法に置くことは一般的な憲法構造となっており、国家を挙げて対応しようとする姿勢と国民の強い意思を読み取ることができる。

Ⅳ　日本国憲法の各種改正試案と国家緊急事態条項

1　内閣憲法調査会報告書（1964年）における非常事態条項

古くは戦後、防衛庁が設置され陸・海・空自衛隊が発足した1954年、旧自由党（吉田茂総裁）の憲法調査会が「憲法改正要綱」を公表（同年11月）し、その中で非常事態宣言と内閣の緊急命令権の創設を提唱していた。他方、7年にわたる体系的な議論の積み重ねによる具体的検討結果として、1964年に公表された「内閣憲法調査会報告書」（会長：高柳賢三・東京大学教授）の中で、非常事態規定創設論は同調査会の多数意見として明記されている[7]。

それによれば、非常事態規定創設論の論拠としては、以下の3点に集約される。

① 非常事態に対処する措置は、成文憲法の下においては憲法に明文の規定がなければ許されないこと、

② かりに、憲法に規定がなくとも、必要な措置をとりうるということが、

---

[6] 西修『現代世界の憲法動向』（成文堂、2011年）、95～97頁参照。
[7] 憲法調査会『憲法調査会報告書』（昭和39（1964）年7月）、783～784頁参照。

法的ないし理論的にはいいうるとしても、憲法上の根拠を欠く場合にその措置をとることは、現実政治の問題としては不可能であること、
③ 非常事態にとりうる措置を憲法に規定することによって、その場合における権力乱用の危険を防止することができること、である。

同調査会報告書では、少数意見としての非常事態規定創設論への反対論も併記されており、以下の３点に集約される。
① 現行憲法の下においても、非常事態に対処する措置をとることは不可能であること、
② 非常事態を憲法に明文化することは、かえって権力乱用の危険を生むおそれがあること、
③ 非常事態に関する規定を憲法に設けようとする試みは、不必要な政治的混乱を発生せしめるおそれがあること、などが主張されている。

このような両主張は、国家観の相違を背景とした権力自体への認識や民主主義の成熟度に関する認識の相違に遠因がある。すなわち、国家が国民の生命財産を擁護するための装置であり、そのための民主制度が日本社会に十分根付いているとする立場からは「憲法に明記すべし」と結論するが、反対に国家権力は人権の侵害主体になる傾向が強く、日本社会には未だ民主主義が十分根付いていないとする立場からは、「憲法に明記すれば、権力乱用のおそれがあり独裁につながる」ことを懸念する向きが多い。

いずれにせよ同報告の内容は、戦後20年足らずしか経過していない当時の政治状況の中で、民主制度の定着度に相当程度の認識格差があった証左であろうが、多数意見が非常事態規定創設論であった事実は、憲法上の欠陥としての認識が高まっていたことの実態も示している。

2　近年における憲法改正試案

(1)　読売新聞社の憲法改正試案における国家緊急事態条項

読売新聞社は2000年、独自の第二次憲法改正試案を公表し、その中で

国家の緊急事態に関して次のような諸点を示している。

まず国家の緊急事態とは、外国からの侵略、大規模テロ、騒乱、大規模自然災害、原発関連施設での重大かつ広範囲な事故またはそれらの切迫した事態をいう。その緊急事態にあたって内閣総理大臣は、「全国又は一部地域について、緊急事態の宣言を発する」（同試案第88条1項）ことができ、その際、「自衛のための軍隊のほか、警察、消防等の治安関係機関を一時的に統制し、それぞれの機関の長を直接に指揮監督でき」、それ「以外の国の機関、地方自治体その他の行政機関に、必要な指示及び命令を行うことができる。」（同試案同条3項）その他、国会承認と宣言の解除（同試案第89条）、総理大臣の緊急措置および基本的人権の制限（同試案90条）を置いている。具体的には、国民の基本的人権を必要最小限の範囲で制限することができ、内閣総理大臣は、緊急事態宣言を発した後、「国民の生命・身体または財産を守るためにやむを得ないと法律が認める範囲内で、身体、通信、居住および移転の自由ならびに財産権を制限する緊急の措置をとることができる」（同試案90条1項）として、制限できる人権を列挙している。

(2) 世界平和研究所の憲法改正試案における国家緊急事態条項

2005年1月、世界平和研究所が憲法改正試案を提起した。いわゆる中曽根試案と呼ばれるもので、緊急事態宣言条項が盛り込まれている。同試案では、重大な緊急事態に際して、「内閣総理大臣は、…中略…緊急事態の宣言を発する」ことができ、その場合は「『防衛軍』のほか、警察、海上保安、消防その他の行政機関を統制するとともに、地方公共団体の長を直接指示することができる。」（同試案第87条）その他、国会承認と宣言の解除（同試案第88条）、憲法が保障する自由および権利を制限する緊急措置、基本的人権の尊重および公正な手続き（同試案89条）などが盛り込まれている。

(3) 鳩山由紀夫元首相の「新憲法試案」における国家緊急事態条項

2005年2月に刊行された鳩山元首相の『新憲法試案』[8]でも、国家緊急事態宣言条項が存し、「国家の存立と国民の生命の安全が危殆に瀕する恐れのある事態に際しては」、内閣総理大臣は「国家緊急事態を宣言し、必要に応じて緊急命令を発することができる」（同試案105条1項）としている。特徴的なのは、国会の承認（同条2項）とともに同宣言に30日間の有効期間（国会の事前承認による延長が可能）が設けられており（同条4項）、さらに国会による同宣言の強制終了条項（同条5項）も置かれている。

(4) 創憲会議の「新憲法草案」における国家緊急事態条項

2005年10月、民主党内の旧民社党系の議員や政策提言団体などで作られた創憲会議の提起した「新憲法草案」では、緊急事態を3分野に分類し、「防衛緊急事態、治安緊急事態、災害緊急事態において」（同草案第87条1項）、「内閣総理大臣は、……緊急事態の宣言を発し、軍隊、警察、消防その他国および地方自治体のすべての機関に対し、直接に、必要な措置を命ずることができる」（同条2項）とする。また内閣総理大臣は、同宣言を発した後15日以内に国会の承認を求め（同条3項）、命ずる措置は「国民の生命、自由および財産を保護するために必要な最小限のものでなければならない」（同条5項）ことが明記された[9]。

近年における憲法改正試案に共通しているのは、いずれの場合も国会関与条項があり、何らかの手段によって国会の民主統制が図られていることである。典型的な形式としては、首相の決断と命令が下された後、一定期

---

[8] 鳩山由紀夫『新憲法試案──尊厳ある日本を創る──』（PHP研究所、2005年）、192〜193頁参照。

[9] 創憲会議[編]『国を創る　憲法を創る──新憲法草案──』（一藝社、2006年）、80〜81頁参照。

間内に国会に付議してその承認を求め、不承認の場合には宣言自体が失効する方式が採用されている。

3 衆議院・参議院の「憲法調査会報告書」における緊急事態条項

2005年4月、5年にわたって審議が行われてきた衆参の憲法調査会が、各々その報告書をまとめて公表した。その中で緊急事態条項については、衆参とも賛否両論が併記され、各院としての集約された結論は出されていない。

ただ衆議院は、非常事態に関する事項を憲法に規定すべきか否かについては、規定すべきであるとの意見が多く述べられたとしている。その論拠は、①非常事態においては内閣総理大臣に対し権限を集中し…中略…人権を平常時よりも制約することが必要となる場合があり、そのような措置を発動し得る要件、手続および効果は憲法事項であるべきこと、②国民の生命・財産等を保護することは国家の最大の義務であり、非常事態においてはすべてに優先してこの義務を履行すべきであり、非常事態への対処に関する重要事項は憲法に規定すべきであること、③地域紛争、…中略…テロリズムの蔓延等、現代社会は多様な危険を内包して…中略…おり、非常事態への対処規定が設けられていないのは、憲法の欠陥であること、④憲法に非常事態に関する規定を設けた上で、基本的人権の保護との間で法益の均衡を図る必要があること、⑤非常事態への対処に当たっては、為政者に超法規的措置の発動を誘発することが多く、それを防止するためには非常事態に関する規定が必要であること、等々である。

これに対し憲法に規定すべきではないとする論拠は、現行憲法を改正すべきではないとする考え方を背景に、①現行憲法が非常事態への対処について明文規定を持たないことの意義、すなわち非常事態を生じさせないよう努力すべきことが規範としてあること、②非常事態法制を比較法的に検討するとしても、国ごとの憲法的・地政学的条件を念頭に置く必要がある

こと、等々である[10]。

　これに対し参議院は、憲法に非常事態規定を置くことに積極的な意見として、①ドイツが戦後、緊急事態の規定を設ける憲法改正を行ったことに鑑み、憲法上、緊急権や緊急事態に関する規定がないのは憲法の欠缺であること、②近代国家の果たすべき最低限の義務は国民の生命・財産を守ることだが、日本国憲法は事実上これを放てきし、国家としての脅威や非常時の備えを想定することも否定してきたこと、③国家非常事態の宣言および国家緊急権の行使は、国会の民主統制下に置くことを憲法上明記しておく必要があること、等々が述べられている。

　また憲法に非常事態規定を置くことに消極的な意見としては、①緊急事態は突然起こるものではなく、危機回避の平和的外交こそが必要であること、②緊急事態法制がないという憲法の沈黙は、法の欠陥ではなく、平和主義と積極的にリンクするものであるとの意見は示唆的であること、③緊急事態については、ぎりぎりの段階まで法規に則った形で対応すべきであり、憲法に明文の国家緊急権規定を入れることは、ぎりぎりの努力の部分を放棄してしまうことにつながること、などが主張された[11]。

　また同年10月、民主党憲法調査会が「憲法提言」を、自民党が「新憲法草案」をまとめて公表したが、いずれも緊急事態条項についての言及を回避している。その理由としては、緊急事態への備えを具体的に明記することにより、両党内にいる反対派との余計な軋轢を懸念し、さらに行政府の独走を嫌う慎重論やいわゆる護憲派に配慮したものと言われているが、まさに的外れの理由に他ならない。今回の東日本大震災等を目の当たりにして、国民の生命と財産を擁護するために、緊急事態対応条項の必要性を再認識したに違いない。人知の及ばない災害に対し、人知の及ぶ範囲で法や制度の整備を怠らないことは、行政をあずかる者すべての義務と責任で

---

[10]　衆議院『憲法調査会報告書』、463〜464頁参照。
[11]　参議院『憲法調査会報告書』、99〜100頁参照。

ある。

V 国家緊急事態への対処と民主統制

1 災害緊急事態の布告と国会関与の課題

(1) 災害緊急事態の布告と国会承認

災害対策基本法第105条「災害緊急事態の布告」は前述の通りであるが、同法第106条は次のように規定している。

> 1項「内閣総理大臣は、前条の規定により災害緊急事態の布告を発したときは、これを発した日から20日以内に国会に付議して、その布告を発したことについて承認を求めなければならない。ただし、国会が閉会中の場合又は衆議院が解散されている場合は、その後最初に召集される国会において、すみやかに、その承認を求めなければならない。」
> 2項「内閣総理大臣は、前項の場合において不承認の議決があったとき、国会が災害緊急事態の布告の廃止を議決したとき、又は当該布告の必要がなくなったときは、すみやかに、当該布告を廃止しなければならない。」

行政府の責任によって発令された災害緊急事態の布告が、立法府による承認によって民主統制がかけられることに異論はない。ただ第106条では、国会承認を求めて国会に付議するでデッドラインとして、「布告を発した日から20日以内」と定められているだけで、実際の国会承認が行われる期限までは、条文上要求されてはいない。その理由は、国会審議を事実上拘束することにつながるため、国権の最高機関である国会の主体性を尊重する意味からの配慮と言えなくもない。しかし民主主義的正当性を担保す

る上で国会関与の重要性を説くからには、可及的速やかに国家による承認もしくは不承認の結論を出すこともまた国会の使命であり責務である。

　ちなみに、本条文には国会の事前承認手続きが定められていない。事態の発生が突発的かつ対応に緊急性を要する自然災害であることに加え、軍事的行動や手段を用いる性格のものではないことに鑑みれば、事後承認手続きのみを定めていることは妥当である。

　また、2項における「不承認の議決」は、事実上、国会における「拒否権の発動」であり、同項における「布告の廃止を議決」することは、布告の効力の「強制終了」である。

(2) 緊急事態における対処と国会承認のあり方

　従来の国会審議の過程で国会による民主統制や文民統制（シビリアン・コントロール）が問題になる際には、決まって国会承認が政策決定の「事前であるか、事後であるか」がその主要論点になってきた。その議論の背景には、事前承認ならば民主統制に実効性が担保され、事後承認ならば行政府の独断専行を許容する結果になる、といった漠然とした認識があったように思われる。

　しかし、軍事行動に対する国会承認の際にはことさらであるが、どのような場合でも事前に得られる情報には質量ともに限界がある。また、一度付与した承認には白紙委任的効果もあって、事実上その取り消しは困難である。したがって、事前承認にこだわるよりは、一度与えた承認を取り消すための効果的な法的手段を制度化することの方が、より実効性に富んだ的確な民主統制を可能にすると思われる。それが筆者の提唱する「国会拒否権制度」である。

2　国会拒否権制度の導入

　大統領制と比較して、わが国が採用する議院内閣制は、行政権の主体たる内閣と立法権の主体たる国会との強い関連性ないし緊密性のあることが

制度的特徴である。とりわけ内閣が国会に対して連帯責任を有し、国会の信任を必要としていることは、行政の執行に対する国会のチェック機能を確立する上での明確な法的根拠となろう。

とりわけ緊急を要する危機的事態に際しては、行政府による迅速な決断と的確な民主統制をどのように両立させるかが肝要である。行政府と立法府との役割分担によるバランスのとれた共同判断にいかなる道を開くかは、困難ではあるが重要な制度的課題である。その手段の一つとして、国会拒否権制度の導入を核とした段階的な国会関与手続きを検討してみたい。

第1は、国会の積極的承認行為である。場合によっては、布告に対する支持決議の可決という手段もあろう。

第2は、期限留保付き承認である。つまり災害対策基本法第106条によれば、当初から布告が承認されなかった場合を除き、布告が廃止される場合として「国会による廃止の議決」と「必要がなくなったとき」が定められているのみで、原則的には無期限である。したがって、法律上、布告に有効期限（デッドライン）を規定しておくことも検討課題となろう。必要性に応じてデッドラインは延長することも可能とし、有効期限内は随時、布告対象地域の変更や追加や削除をすることもでき、さらに各種の付帯決議を付けて政府を督励することもできる。

第3は、最も積極的な国会の否認の意思を表明する国会拒否権の行使である。これは行政府の政策が執行された場合には、いつでも行使を可能とする。一度承認を与えた政府の行動に対しても、当初の条件が大幅に変更された場合や新たな情報によって改めて政策評価が必要とされた場合などは、国会拒否権の対象になろう。同法第106条の場合は、2項の「国会が災害緊急事態の布告の廃止を議決したとき」が、これに該当する。

Ⅵ　住民保護と国民保護法上の課題

1　国と地方公共団体の責務

(1) 国・地方公共団体の役割分担

　国と地方公共団体は、自然災害や有事など、地域住民にとってのあらゆる緊急事態に際し、一体のものとして協力し合い、各々の役割を誠実に果たすことによって住民保護の実効性を高めることが使命である。したがって、災害対策基本法では第1章総則に、また国民保護法でも第1章総則の第1節通則に、国および地方公共団体の責務がそれぞれ規定されている。

　まず災害対策基本法では、災害に対する市町村中心主義が貫かれており、災害の発生した現場に最も近い市町村が対応にあたり、その規模に応じて都道府県さらに国が対応にあたるため、国・都道府県・市町村と三つに分けて責務が規定されている。

　国の責務としては、「国土並びに国民の生命、身体及び財産を災害から保護する使命を有」し、「組織及び機能のすべてをあげて防災に関し万全の措置を講ずる」（災害対策基本法第3条1項）ことが求められている。そして、その責務を遂行するため、「災害予防、災害応急対策及び災害復旧の基本となるべき計画を作成し、…中略…実施するとともに、地方公共団体…中略…等が処理する防災に関する事務又は業務の実施の推進とその総合調整を行い、及び災害に係る経費負担の適正化を図らなければならない。」（同条2項）

　都道府県の責務としては、「当該都道府県の地域並びに…中略…住民の生命、身体及び財産を保護するため、関係機関及び他の地方公共団体の協力を得て、当該都道府県の地域に係る防災に関する計画を作成し、…中略…実施するとともに、その区域内の市町村…中略…が処理する防災に関する事務又は業務の実施を助け、かつ、その総合調整を行う責務を有する。」（同法第4条1項）

市町村の責務としては、「基礎的な地方公共団体として、当該市町村の地域並びに当該市町村の住民の生命、身体及び財産を災害から保護するため、関係機関及び他の地方公共団体の協力を得て、当該市町村の地域に係る防災に関する計画を作成し、及び法令に基づきこれを実施する責務を有する。」（同法第5条1項）そして「市町村長は、…中略…消防機関、水防団等の組織の整備並びに当該市町村の区域内の公共的団体等の防災に関する組織及び住民の隣保協同の精神に基づく自発的な防災組織（自主防災組織）の充実を図り、市町村の有するすべての機能を十分に発揮するように努めなければならない。」（同条2項）

　その上で、地方公共団体は、都道府県の責務および市町村の「責務を十分に果たすため必要があるときは、相互に協力するように努めなければならない。」（同法第5条の2）とも規定している。

　これに対し国民保護法は、国と地方公共団体の責務を第3条で一括して規定している。災害と異なり、人為的な緊急事態においては重要な情報を国が把握している場合が多い。したがって、災害とは反対に国側から地方公共団体に対し、広域的に警戒警報や第一報がもたらされることも想定されるため、都道府県および市町村を分ける必然性はないからである。

　まず国の責務としては、「国民の安全を確保するため、…中略…国民の保護のための措置の実施に関する基本的な方針を定めるとともに、武力攻撃事態等においては、その組織及び機能のすべてを挙げて自ら国民の保護のための措置を的確かつ迅速に実施し、又は地方公共団体…中略…が実施する国民の保護のための措置を的確かつ迅速に支援し、…中略…国費による適切な措置を講ずること等により、国全体として万全の態勢を整備する責務を有する。」（国民保護法第3条1項）とする。

　そして地方公共団体の責務としては、「国があらかじめ定める国民の保護のための措置の実施に関する基本的な方針に基づき、武力攻撃事態等においては、自ら国民の保護のための措置を的確かつ迅速に実施し、及び当該地方公共団体の区域において関係機関が実施する国民の保護のための措

置を総合的に推進する責務を有する。」(同条2項) と規定されている。

その上で、地域住民の生命および財産を擁護するために相互に分担された役割を果たすために、「国、地方公共団体…中略…は、国民の保護のための措置を実施するに当たっては、相互に連携協力し、その的確かつ迅速な実施に万全を期さなければならない。」(同条4項) ことも明記されている。

また人為的な緊急事態に際して、国全体を挙げて国民の生命および財産を保護するために、「新聞、放送、インターネットその他の適切な方法により」(同法第8条2項) 国民に対して正確な情報を迅速に提供しなければならない。

(2) 基本的人権の尊重

災害対策基本法には規定されていないが、国民保護法には、基本的人権の尊重に関する明文規定があり、「国民の保護のための措置を実施するに当たっては、日本国憲法の保障する国民の自由と権利が尊重されなければならない。」(第5条1項) とする特徴的な条文がある。さらに付け加えて、国民保護措置の実施に際しては「国民の自由と権利に制限が加えられるときであっても、その制限は当該国民の保護のための措置を実施するため必要最小限のものに限られ、かつ、公正かつ適正な手続きの下に行われるものとし、いやしくも国民を差別的に取り扱い、並びに思想および良心の自由並びに表現の自由を侵すものであってはならない。」(第5条2項) とまで規定した。

この内容は、すべての法律の適用にあたって当然の配慮を述べたものであり、特段の明記のない他の法律が、これら配慮を免れ得る性質のものではない。つまり、条文への明記によってこのような配慮が義務付けられるのではなく、立憲主義を標榜する民主社会においては、このような配慮のない法律が憲法の下で排除されるに過ぎないのである。とりわけ国民保護法が適用される背景と状況は、国民の生命と財産が危殆にさらされる恐れのある緊急事態であり、一時的に権利の制約さえ受け入れざるを得ない実態を想定しているのであり、当該条文は危機の実態と意識との間に相当の

違和感を禁じえない。

加えて国民保護法には、国民保護措置の実施に伴う損失補償、不服申立てまたは訴訟など、「国民の権利利益の救済に係る手続について、できる限り迅速に処理するよう努めなければならない」（第6条）との規定や国民保護措置の実施に当たっては、「高齢者、障害者その他特に配慮を要する者の保護について留意しなければならない」（第9条1項）との留意事項までが規定されている。徹底して国民の基本的人権についての配慮を明記する一方、国民の協力については義務化を排して努力を求めるにとどめ、強制力を否定しているところに諸外国との決定的な差異が認められる。

(3) 国民の協力と責務

災害対策基本法には、「住民等の責務」としての規定があり、「地方公共団体の区域内の公共的団体、防災上重要な施設の管理者その他…中略…防災に関する責務を有する者は、…中略…誠実にその責務を果たさなければならない。」（同法第7条1項）と同時に、「地方公共団体の住民は、自ら災害に備えるための手段を講ずるとともに、自発的な防災活動に参加する等防災に寄与するように努めなければならない。」（同条2項）と規定されている。

また災害救助法には、「都道府県知事は、救助を行うため、特に必要があると認めるときは、医療、土木建築工事又は輸送関係者を、…中略…救助に関する業務に従事させることができる。」（同法第24条1項）旨の規定および「都道府県知事は、救助を要する者及びその近隣の者を救助に関する業務に協力させることができる。」（同法第25条）旨の規定がある。

いずれも地域住民の責務および協力義務として、条文に明記されていることが特徴である。

これに対し国民保護法は、「国民の協力等」としての規定を設け、国民が国民保護法に基づく国民保護措置の実施に関して「協力を要請されたときは、必要な協力をするよう努めるものとする。」（同法第4条1項）とした。さらにこの協力は「国民の自発的な意思にゆだねられるものであって、そ

の要請に当たって強制にわたることがあってはならない。」(同条2項)と規定したのである。人命救助や物資の輸送や負傷者の搬送に関して、諸外国では市民防護組織(民間防衛組織)による活動が活発で、一定年齢の間は同組織への参加が義務付けられているのとは対照的である。人道的道義的活動に労を惜しまない日本の国民性に期待しての条文であるとの声もある中で、自発的活動によって住民の被害が最小限に抑えられればこれに越したことはないし、東日本大震災時の被災住民の行動を見るにつけ一定程度の期待は持たれよう。しかし、あたかもこの規定が足かせになって多くの措置が遅れ、結果的に被害を拡大したのであれば、"何のための国民保護法だったか"という疑問が残る。諸外国で参加が義務付けられているいわゆる住民共助組織への参加など、一定程度の権利の制約や義務の負担が法定されたとしても、事態の重大性に鑑みて大方の国民の理解は得られるものと思われる。

2　国および地方公共団体と国民保護

(1) 国の実施する国民保護措置

　国は、国民保護に関する対処基本方針および基本指針に基づき、次の措置を実施しなければならない。(同法第10条1項)

①警報の発令、避難措置の指示、その他の住民避難措置
②救援および応援の指示、安否情報の収集および提供、その他の避難住民等の救援措置
③武力攻撃災害への対処措置に係る指示、生活関連等施設の安全確保措置、危険物質等に係る武力攻撃災害の発生防止措置、放射性物質等による汚染の拡大防止措置、被災情報の公表、その他の武力攻撃災害への対処措置
④生活関連物資等の価格の安定措置、その他の国民生活の安定措置
⑤武力攻撃災害の復旧措置

(2) 都道府県の実施する国民保護措置

都道府県知事は、対処基本方針およびその他の法令に基づき、各々定められている都道府県国民保護計画に従い、当該都道府県の区域に係る以下の国民保護措置を実施しなければならない。(同法第11条1項)

①住民に対する避難の指示、避難住民の誘導措置、都道府県の区域を超える住民避難措置、その他の住民避難措置
②救援の実施、安否情報の収集および提供、その他の避難住民等の救援措置
③武力攻撃災害の防除および軽減、緊急通報の発令、退避の指示、警戒区域の設定、保健衛生の確保、被災情報の収集、その他の武力攻撃災害への対処措置
④生活関連物資等の価格安定等の措置、その他の国民生活の安定措置
⑤武力攻撃災害の復旧措置

当該武力攻撃災害については、各都道府県の区域を越えた被災や単一の都道府県では対応不能な被災程度も想定されるとともに、避難措置が複数の都道府県にまたがる場合もあり、相互の協力が必要不可欠である。そのため当該都道府県知事は、当該区域における国民保護措置を実施するため必要がある場合には、「他の都道府県知事に対し、応援を求めることができる。この場合において、応援を求められた都道府県知事等は、正当な理由がない限り、応援を拒んではならない。」(同法第12条1項) これらの応援に従事する関係者は、応援を求めた知事の指揮下で行動し、警察官にあっても「当該応援を求めた都道府県の公安委員会の管理の下にその職権を行うものとする。」(同条2項) と規定されている。

(3) 市町村の実施する国民保護措置

市町村長は、対処基本方針およびその他の法令に基づき、各々定められている市町村国民保護計画に従い、市町村の区域に係る以下の国民保護措置を実施しなければならない。(同法第16条1項)

①警報の伝達、避難実施要領の策定、関係機関の調整、その他の住民避難

措置
② 救援の実施、安否情報の収集および提供、その他の避難住民等の救援措置
③ 退避の指示、警戒区域の設定、消防、廃棄物の処理、被災情報の収集、その他の武力攻撃災害への対処措置
④ 水の安定的供給、その他の国民生活の安定措置
⑤ 武力攻撃災害の復旧措置

　武力攻撃災害の規模によって市町村長は、当該市町村の区域に係る国民保護措置を的確かつ迅速に実施するため、都道府県知事等に対し必要な要請をすることができる。(同条4項) また市町村長は、当該区域内の国民保護措置を実施するため必要がある場合には、「他の市町村長等に応援を求めることができる。この場合において、応援を求められた市町村長等は、正当な理由がない限り、応援を拒んではならない。」(同法第17条1項) これらの応援に従事する関係者は、応援を求めた市町村長等の指揮下で行動するものとしている。(同条2項)

　加えて市町村長は、当該市町村の区域に係る国民保護措置を実施するため、「必要があると認めるときは、都道府県知事等に対し、応援を求めることができる。」(同法第18条1項) つまり当該条項は、武力攻撃災害および関連する避難および救援の地域的規模や程度によって、さらに広域的対応を必要とするときに対処している。

3　国家緊急事態と国民保護の課題

(1) 住民共助組織の拡充

　諸外国においては、文民の保護を底辺で基盤的に支える組織としていわゆる民間防衛組織 (Civil Defense) がある。民間防衛とは、ジュネーヴ条約第1追加議定書第61条 (a) に規定された活動で、「敵対行為又は災害の危険から文民たる住民を保護し、文民たる住民が敵対行為又は災害の直接

的影響から回復することを援助し、また文民たる住民の生存のために必要な条件を提供することを意図した次の人道的任務の一部又は全部を遂行すること」と定義され、その具体的任務として「警報、立退き、避難所の管理、灯火管制装置の管理、救助、応急手当を含む医療上の役務及び宗教上の援助、消防、危険地帯の探知および表示、汚染の除去及び類似の防護措置、応急の宿泊施設及び供給品の提供、被災地における秩序の回復及び維持のための応急支援、不可欠の公共施設の応急修理、死者の応急処理、生存に不可欠な物の保存のための援助、上記の任務のいずれかを実施するために必要な補充的活動」（山手、香西、松井編『ベーシック条約集』第四版（東信堂、2003年））等々が列挙されている。

　これらの規定から、民間防衛活動とは、民間人が自らのできる範囲で相互支援を行う人道的活動である。周知のように有事の際の軍隊には、本来任務としての軍事行動による敵の排除が求められることから、余力がない限り直接的な住民保護活動には加われない。つまり諸外国の多くが民間防衛活動への参加義務を国民に課しているのは、国家緊急事態時においては国民にも一定の自助・共助の努力を求め、国家の総力を挙げた体制で対応する必要を認めているからに他ならない。

　また同組織の創設が第二次大戦直後という時代を背景とすることから、その目的は、一義的には戦時における文民保護にあった。しかし平時においても、各種の災害に際しての避難・救援活動にその有用性が認識され、一定年齢の間は参加が義務化されているのが実情である。

　その点わが国の国民保護法は、国民の協力に関する基本姿勢を第4条に規定し、国民保護法上の協力要請に国民は「必要な協力をするよう努めるものとする」（同条1項）とした。加えてこの協力は、「国民の自発的な意思にゆだねられるものであって」、「強制にわたることがあってはならない」（同条2項）と規定した。

　国民保護法の制定過程でも、これら住民共助組織の必要性に関する議論は散見されたが、第二次大戦中の隣組や自警団などの負のイメージが払拭

しきれず、必要性や有用性についての詳細な議論に立ち入ることができないまま条文化されなかった。しかし、有事の際の実態を考慮すれば、このような組織の存在は洋の東西を問わず変わるものではない。これを一定の条件下での参加を義務化した住民共助組織として整備しなければ、有事に対応した国民保護体制を完成したことにはならない[12]。

　わが国で住民共助組織に最も類似した組織としては自主防災組織がある。同組織は、東南海沖地震に対する備えが早くから進む東海・中部地方で組織率が高い半面、西日本では全国平均を下回る地域もあり、必要性の認識には相当の温度差がある。また、組織率の高さばかりに目を奪われ、その人的構成や質的内容にかなりの格差があることにも注意が必要である。とりわけ地方には高齢化した組織が多く、その機動性や有効性が懸念されるものも少なくないからである。近年では、これらに代わるボランティア団体としてのNPO法人などが設立され、自衛隊や警察・消防のOBをはじめ、地方自治体の危機管理部門OBなども参加した新たな組織も生まれている。国防、治安、防災などの危機管理全般にわたる経験者によって組織される団体だけに、実効性に富んだ活動が期待される。

　いずれにせよ住民共助組織は、自然災害にも有事における国民保護にも必要な住民レベルでの相互協力組織である。町内会はもとより、会社や事業所、学校、一棟毎のビル内など、生活する人々が活動するあらゆる団体毎に縦横に組織化されることが重要で、各組織内での訓練も不可欠である。災害用の避難と有事における避難には相違もあり、訓練によって対応の違いを身体に記憶させる必要もある。欧米各国や韓国などで、これらの相違にも配慮した訓練が一年に数回行われている実情を見るにつけ、緊急事態における対応の違いを実感する。

---

[12]　浜谷英博「国民保護法の理念と実践——地方自治体の取組みと今後の課題」、防衛法学会編『防衛法研究』第29号（2005年）、77頁参照。

(2) 地域的緊急事態管理機構（REMA）の創設
①概要

　住民の安全を確保するための正確な情報を迅速に提供し、当該地方公共団体の地域内はもとより、隣接する地方公共団体との緊密な連絡や情報共有は、ことのほか重要である。現在、基礎自治体としての市町村や広域自治体としての都道府県に設けられている危機管理担当部門を連携させ、避難や救援に関する措置を広域的かつ効率的に実施するため、平時からの訓練によってその能力を向上させておくことが要請される。その機能を既存の部局に持たせ、同時に既存の組織・資材や人的資源を有効活用しながら効果的活動を行える組織の創設も検討されるべきである。

　言うまでもなく、財政赤字が国と地方とを合わせて1000兆円にも達する昨今、新たな官庁を創設して公務員を増員することなどは非現実的である。米国のFEMA（Federal Emergency Management Agency）の機能や役割を既存の組織に持たせ、人的資源をそのまま利用した上で、いわゆるコーディネート機関として機能させる日本版FEMA、すなわち地域的緊急事態管理機構（Regional Emergency Management Agency = REMA）の創設を提案してみたい。当該組織は、地域住民の生命・財産の保護を主目的とし、効率的な避難・救援活動を行うための機能を重視するため、前述の住民共助組織との機能的協力体制を組むことも可能であり、平時には自然災害時の住民保護に、有事には国民保護法上の諸活動の両方に有用な地方公共団体の機構である。

　まず5ないし6都道府県に政令指定都市を加えたエリアを、必ず太平洋側と日本海側にまたがった形で構成する。その理由は、津波や豪雨や風水害など従来発生した大災害が、日本の地理的条件や地形なども影響して、太平洋側もしくは日本海側のいずれか一方に集中して発生している現状への配慮による。その上で、各都道府県および政令指定都市の危機管理担当部局には、新たにコーディネート機関としての組織および対処機能を再構成し、訓練等を通じてブラッシュアップしていくことが望まれる。

当該組織の構成員には、警察および消防の関係者が含まれていることを必須要件とする。（警察や消防などは、独自に広域協力体制確立のための協議や訓練を経て、すでに実績をあげている実態もある。）期間を定めて持ち回りで担当する幹事県は、必ず太平洋側と日本海側に各1県（優先権をあらかじめ指定）の合計2県を配置し、被災状況が明らかになり次第、被災を免れた幹事県がコーディネーターとして各種の必要な指示を速やかに発し、エリア内の他の各都道府県に被害の実態情報を提供するとともに、被災の規模によっては隣接するエリアにも必要な支援を要請するものとする。

機能の内容としては、各都道府県が有する諸機能を事前登録し、幹事県が必要な機能を選択して速やかに要請できる体制を整えておく。たとえば警察・消防・自治体職員などの人的資源のうち、他の各種地域の緊急事態に派遣できる人数と所要時間、輸送能力や通信・情報機能、捜索救助や復旧作業、被災者介護や健康医療サービス、食糧やエネルギー確保、危険物処理機能等々、各都道府県と政令指定都市が有する能力から緊急事態に振り向けられる程度を申告しておくのである。あらかじめ各都道府県と政令指定都市を縦軸に、各種機能を横軸にして一覧表にしておくことが望ましい。

もちろん、各都道府県と政令指定都市が有する機能には限界があり、それを超えるような被災状況に際しては、隣接エリアからの支援や全国的な支援体制の構築や自衛隊派遣も欠かせない。ただ、人命救助には対応の迅速性が最優先されなければならず、そのため、被災の少ない近隣地域からの派遣が効果的であることは言うまでもない。地形や道路事情、点在する集落の現況などの地域特性を熟知した救援活動の有用性は計り知れない。また、激甚かつ壊滅的な被災の状況によって、被災した都道府県からの要請を待たずに、被災を免れた各都道府県（幹事県）が判断することができるような配慮も必要である。

②具体的事例

このような発想に関して、地域によってはすでに具体的検討に着手して

いる実例もある。それは2011年7月に長野市で開催された中部圏知事会議の際に協議された「東日本大震災を踏まえた中部圏の連携強化について」である。資料によれば、まず、東日本大震災で浮かび上がった全国レベルと各圏域ブロックレベルにおける主な課題が挙げられている。前者としては、国や各都道府県等からの情報提供や支援要請が、全国知事会事務局に一気に寄せられたため、調整機能が十分に果たせなかったこと、後者としては、対外的な応援要請を行う「幹事県」とブロック内で応援調整する「応援県」とが異なっていたことから、その役割分担および対応すべき内容が必ずしも明確ではなかったため混乱が生じた点に加え、複数県が同時に被災したため、幹事県で全体調整することが困難を極めたことなどである。

　また、中部圏全体としての機動的な支援体制を取らなかった点や広域応援スキームに対する認識が十分ではなかった点などが反省点として指摘されている。その上で、幹事県は各年度で持ち回りであり、必ずしも被災した都道府県や市町村の近隣ではない場合もあることから、主たる応援都道府県市町村は、優先順位を付けて複数を想定しておく方が効率的ではないか等の点が、今後の検討課題とされている。検討の際には、同時被災の可能性が少ない太平洋側と日本海側にリスク分散することも重要な視点とされており、今後の論議の行方が注目される。

　2010年12月1日に設立された関西広域連合の実施事務の重要分野にも広域防災が掲げられ、関西広域防災計画の策定に伴う災害発生時の応援体制の強化が挙げられているが、その区域外における災害応援体制の具体的活動に、被災県を分担して支援するカウンターパート方式がある。東日本大震災に際しては岩手県を大阪府と和歌山県が、宮城県を兵庫県と鳥取県と徳島県が、福島県を京都府と滋賀県がそれぞれ支援体制を組んだ。たとえば宮城県を支援する兵庫県は、気仙沼市、石巻市および南三陸町に現地支援本部を設けて、自治体業務をはじめ支援要請の集約や避難所の運営、物資や人員配分などに関する支援を行った。

ただ、遠隔地域からの支援や連携は、長期にわたる継続的な各種支援には効果的であろうが、人命救助をはじめ捜索・救援などの緊急支援には、やはり近接地域からの人的物的支援が効率的であることは論をまたない。全国的な広域連合の創設が相次げば、各エリア内のREMAと広域連合との連携体制が組まれ、時間を追って変化する被災地や被災者の要請に対応し、最も必要な支援が必要な地域に効率的かつ効果的に行き届くことになろう。

また、中部9県1市「災害時等の応援に関する協定」およびその「実施細目」によれば、第2条に「主たる応援県市は、被災県市の被災地に最も交通至便な隣接県市とする。ただし、広範囲な災害の場合は、隣接県市の間で速やかに協議した上、決定するものとする」と定められ、主たる応援県市の救援対策本部の業務としては、

(1) 被災県市の情報収集と状況把握
(2) 災害応急措置等に必要な物資、人員、その他要請内容の把握
(3) 要請内容の協定県市への適切な仕分け（コーディネート）

等々が、8項目にわたって明示されている。

このように、地域的にはすでに枠組みが設定されており、より実効性のある組織改革と見直し論議が進めば、まさに地域住民の安全と安心に貢献するという地方公共団体の最大の使命が、地域主導の発想の下に具現化されることになろう。

おわりに

災害対策基本法における災害対応の基本は市町村中心主義であり、地方公共団体の存在が前提となっている。国民保護法も同様であるが、ただ場合によっては、最も情報が集約される国による指示や判断が先行することもある。しかし、こちらも原則的には地方公共団体の存在を前提とし、地

方公共団体の崩壊ないしは機能不全を想定した規定はない。各法律もすべて国・都道府県・市町村の役割を個別に列挙し、各々役割分担の上対応することが規定されている。ところが東日本大震災では、市町村の長が被災または職場離脱を余儀なくされ支援要請等が不可能な事態ないし地方公共団体の庁舎が被災し自治体事務が機能不全に陥った事案など、従来の想定にない状況が生じた。

また災害対策基本法は、総理を緊急災害対策本部長とし、緊急災害対策本部を中心として災害応急対策を実施することを規定している。（同法第28条の3）しかし緊急災害対策本部長の総合調整が円滑に実施できなかった場合には、それ以上の指揮監督権はなく、事実上権限行使は不可能になる。そこで運用の混同防止のため、緊急災害対策本部長の権限（同法第28条の6）の次に、総理の是正措置に関する規定を設ける必要が指摘されている[13]。

その他、災害対策基本法上の課題として第109条の2は、「災害緊急事態に際し法律の規定によっては被災者の救助に係る海外からの支援を緊急かつ円滑に受け入れることができない場合において、……内閣は、当該受入れについて必要な措置をとるため、政令を制定することができる」と規定するが、平時からその基準を確定して政令のドラフトが出来上がっていなければ、明らかに混乱が生ずる。とりわけ米軍以外の外国軍隊に関しては、あらかじめ慎重な考慮が必要である。

これらの諸点を考慮すれば、いずれにせよ近い将来、地方自治法をはじめとして災害対策基本法、国民保護法等の一部改正の必要性が高まることは必至であろう。

---

[13] 武力攻撃事態対処法第14条には対策本部長の権限が規定され、第15条には内閣総理大臣の権限として、「(対策本部長)の総合調整に基づく所要の対処措置が実施されないときは、……関係する地方公共団体の長等に対し、当該対処措置を実施するべきことを指示することができる」と規定し、是正措置の権限が明記されている。

第Ⅱ部
諸外国の災害対処・危機管理法制とその最近の動向

第4章
米国における災害支援
――特に軍の果たす役割とその法的位置づけについて

永野　秀雄

はじめに

　米国の連邦制度は、州政府の自治権を尊重する一方で、国全体としての活動については連邦政府が対応するというシステムである。このように統治システムが重層化している場合、災害等に対しても、州と連邦政府の役割分担が問題となる。

　実際に災害が起きた場合、地方自治体、州、連邦政府による災害対応所要能力が、初期段階では不足することをモデルとして示したのが次の図1である。

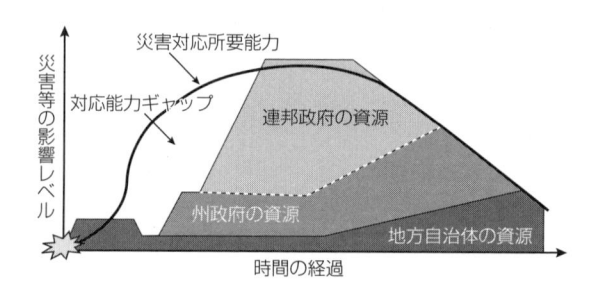

図1：災害等に対する国家的準備における災害対応所要能力とこれに不足する対応能力ギャップ[1]

　図1に示したように、災害が起きた場合、通常は、地方自治体、州、連邦政府の順で対応のための資源が投入される。また、警察・消防等だけでは対応しきれず、軍の派遣が必要となる場合がある。米国では、いくつかのハリケーンによる大災害に連邦政府が十分に対処し得なかったことから、図1に示された対応能力ギャップを埋めるための制度が構築されてきた。このような制度の中には、わが国にも参考になる点がある。

　本稿では、このような米国の制度につき、法的側面に重点をおいて、①

---

[1] United States Government Accountability Office, Measuring Disaster Preparedness: FEMA Has Made Limited Progress in Assessing National Capabilities (GAO-11-260T)(Mar. 17, 2011) at 2. なお、〈図1〉中の日本語は、筆者が訳したものである。

軍の災害救助等への動員に関する規制、②災害救助に関して中心的な役割を果たすスタフォード法の内容、③緊急事態に対応する管理制度、④災害に備える国家演習の順に検討し、最後に、⑤これらの米国の制度のうち、わが国にも参考になる諸点について提案を行いたい。

I 軍の災害救助等への動員に関する規制

1 連邦憲法上の位置づけ

米国の連邦憲法では、①連邦憲法2条2節では文民たる大統領が軍の最高司令官であると規定し、②同1条8節15項では、連邦議会に、反乱を鎮圧し侵略を撃退するために民兵（現代の州兵）を招集する立法を定める権限を付与している。また、③同第1条8節16項において、連邦議会に民兵の編成等にかかわる立法を定める権限を付与するとともに、各州に対しては、将校を任命し、連邦法に基づいて民兵を訓練する権限を留保している[2]。

このように、連邦憲法においても、連邦軍と州軍とのバランスをとる規定が置かれているが、これだけではわが国の読者にはわかりづらい。そこで、次に、災害時に最も近くに存在する州軍（州兵）が、災害等の事態にどのような形で動員されるかについて説明する。

2 州軍の動員とその地位

米国において、州軍が動員される場合には[3]、以下に示す表1にあるよ

---

[2] *See* U.S. Const. art. II, §2, cl. 1; art.I, §8, cl. 15; art. I, §8, cl. 16.
[3] 州兵が、州軍のみならず、連邦正規軍に編入される場合（U.S. National Guard）に対応して、ある個人がある州の州軍に入隊すると、当該個人は同時に連邦正規軍にも編入される。*See* Pepich v. Dep't. of Def., 496 U.S. 334, 345 (1990). この「同時入隊（dual enlistment）」の制度の下で、州兵は、州の構成員または連邦軍の構成員のいずれとしても任務を遂行すること

うに、3つの類型が存在している[4]。

　第1類型は、州軍がまさに州の軍隊として、森林火災や洪水、あるいは暴動等に対応して治安維持や人命救助等のために出動するものである。州政府のトップである知事は、軍事問題に関して最高顧問を務める上級幕僚を通じて、州軍を指揮統括する。このような州軍による災害等の対応に必要となる財源は、州が負担する。なお、州軍の派遣に関する任務等については、州法が定めていることから、各州により違いが生じる。

　第2類型は、合衆国法典32編502条(f)項に基づき、州兵が、知事の指揮・管理の下にありながらも、国防訓練または連邦法で定められた任務のために動員される場合である[5]。この類型の場合、州兵が国外に派遣されることはない。本類型における訓練・任務の遂行に必要となる費用は、連邦政府により負担される。この類型の具体的事例としては、全米同時多発テロ後の空港警備、ハリケーン・カトリーナに関する救済活動、南西国境の警備等が挙げられる。

　最後の第3類型は、合衆国法典10編の諸条項に基づき、大統領が州軍の動員を決定し、指揮命令・管理を行う形態である。これに要する費用は、当然のことながら連邦政府が負担する。この場合、州兵が派遣される地域には、制限がなく、国外にも派遣される。この類型の具体例としては、領空主権の確保、ミサイル防衛、国防総省施設の防衛等がある。

　なお、表1の再下段にある州軍による法執行機能の遂行の可否については、4「民警団法と暴動対策法の適用関係」のところで説明したい。

　　が可能となる。*Id.* at 346. なお、第3類型のように、州兵が連邦軍として招集された場合には、州兵としての責務から解かれることになる。*Id.*

[4] Homeland Security: Enhanced National Guard Readiness for Civil Support Missions May Depend on DOD's Implementation of the 2008 National Defense Authorization Act (GAO-08-311)(Apr. 2008) at 10.

[5] 32 U.S.C. §502(f) (1980).

表1：州軍の動員に関する3類型

	第1類型	第2類型	第3類型
州軍に対する指揮命令及び管理権限を有する者	州知事	州知事	大統領
動員に関する法的根拠	州法	合衆国法典32編	合衆国法典10編の諸条項
州軍を動員する場合の財源	州政府	連邦政府	連邦政府
派遣される地域	州法に規定された地域	米国内	世界各地
任務	州法の規定による	国防訓練または連邦法で認められた任務	訓練及び動員後の任務
米国内での任務の事例	森林火災、洪水、暴動	全米同時多発テロ後の空港警備、ハリケーン・カトリーナに関する救済活動、南西国境の警備	領空主権の確保、ミサイル防衛、国防総省施設の防衛
州軍による法執行機能の遂行の可否	可能	可能	民警団法の制限に服する

3　州軍の他州への災害援助参加に関する特別法

これまで、州軍の動員について、1つの州と連邦政府との関係について述べてきた。しかし、州相互間でも、災害援助を目的として、自州の州軍を他州に派遣する制度が整備されているので、ここで紹介しておきたい[6]。

まず、この制度の背景について述べておく。連邦政府は、1992年にフロリダに襲来したハリケーン・アンドリューに対して、十分な災害対応をとれなかった。この事態に不満をもった南部諸州の州知事が、州間で相互援助を行うことを目的として、1993年に南部地域緊急管理援助協定を締結し、自州の州兵を含めた要員を、災害を受けた州に派遣できる体制を整

---

[6] ここで紹介する地域緊急管理援助協定については、以下のHPを参照のこと。See Emergency Management Assistance Compact, http://www.emacweb.org.

えた。

　その後、同協定を締結した南部諸州知事会が、全米の州、プエルトリコ、ワシントンD.C.等のうち、同協定に参加を希望する州等を受け入れる決議を行った。そして、1995年、全米の州等が参加して締結されたのが、地域緊急管理援助協定である。この協定は、連邦議会の上院・下院による共同決議により、連邦法となっている[7]。

　なお、この協定の下で派遣された州軍は、被災地となった州知事の指揮命令下に入るので、以下で説明する民警団法による規制を受けない。このため、当該州知事は、暴動鎮圧等といった法執行機能を遂行するために、他州の州軍を用いることができる。

4　民警団法と暴動対策法の適用関係

　大規模な災害が発生した場合、地方自治体の警察や自州の州軍だけでは、災害に対する救援活動に十分に対応することができなかったり、災害に起因した暴動等を鎮圧できない事態が生じることがある。

　ここでは、州政府が暴動等を鎮圧できない場合、連邦軍の派遣に対して、どのような制約があるのかについて解説する。

(1) 民警団法

　わが国と同様、米国でも、通常の法執行機能を担うのは警察であり、軍を国内の治安維持のために出動させることは、原則として禁止されている。米国では、民警団法[8]が、原則として、連邦軍[9]を法執行のために動員す

---

[7] Emergency Management Assistance Compact, Pub. L. No. 104-321, 110 Stat. 3877 (1996).

[8] Posse Comitatus Act, 18 U.S.C. § 1385 (2006).

[9] 民警団法の連邦軍に対する適用については、軍授権法（Army Authorization Act）の改正により成立したことから、制定当初、同法で規定されている陸軍と空軍にだけ適用があると解釈されていた。しかし、現在では、連邦軍を法執行のために動員することを禁じるルールは、国防総省規則に基づき、陸軍、空軍のみならず、海軍及び海兵隊にも適用される。*See* DoD Cooperation with Civilian Law Enforcement Officials, DoD Directive 5525.5 (Dec. 20, 1989). なお、国土安全保障省に属する沿岸警備隊は、通常の法執行機能を果たしている場合

ることを禁止している。ただし、州軍の動員まで禁止しているわけではないので、この点につき説明しておきたい。

上記表1の最下段にある州軍による法執行機能の遂行の可否の欄に示したように、民警団法の下では、州軍が州知事の指揮管理下にある場合（第1類型と第2類型）には適用されない。つまり、民警団法の下においても、州知事は、暴動鎮圧等のために州軍を用いることができる。これに対して、第3類型の場合には、大統領によって動員された州兵は、連邦軍に編入され、各州知事はその指揮権を失うことから、民警団法の適用を受け、法執行機能を行うことはできないことになる。

(2) 暴動対策法

それでは、州で生じた大規模な暴動等について、大統領が連邦軍を投入することが全くできないかというと、そうではない。民警団法では、連邦議会に、この制約に関する例外を定める権限を付与している[10]。そして、この例外のひとつとして制定された暴動対策法（Insurrection Act）[11]では、法執行を目的とした連邦軍の投入が認められているのである。

この暴動対策法は、連邦憲法1条8節[12]に基づき、1807年に制定された法律である。同法は、大統領に、米国内の軍を、一定の条件の下で法執行機能にあたる職務を行うために派遣する権限を与えている。同法に基づき、大統領がこの権限を発動すると、民警団法による連邦軍を国内法の執行のために用いてはならないという制限はなくなり、連邦軍は、大統領の指揮のもとで、連邦法・州法に違反した米国市民を逮捕する等の法執行活動を行うことができるようになる。

しかし、州の自治を重視する米国にあっては、連邦政府が、州で起きた

には、民警団法の適用を受けることはない。See 14 U.S.C. 2 (1994). その一方で、沿岸警備隊が海軍の任務を行う場合には、連邦軍として位置づけられる。See 14 U.S.C. 1, 3 (1977); 14 U.S.C. 3 (1977). したがって、原則として、後者の場合には民警団法の適用を受けることになる。

10) 18 U.S.C. § 1385 (1887).

11) 10 U.S.C. §§ 331-333 (2008).

12) U.S. Const. art. 1, § 8.

事案について連邦軍を投入するのは、あくまで例外的な場合に限られるべきであると考えられてきた。このような考え方にたって、暴動対策法では、大統領が連邦軍を法執行を目的として州に派遣できる場合を以下の3つに限定している。すなわち、①州で起きた暴動の鎮圧につき、州政府が、州議会または州知事のいずれかをとおして、大統領にその要請を行った場合[13]、②大統領が、当該州における通常の法執行手続によっては、合衆国の法を執行することが不可能であると決定した場合[14]、③市民が、連邦憲法および法により付与された権利、特権等を奪われ、当該州の政府がこれらを保護することができない場合、または、その保護のための法執行を拒否している場合である[15]。このように、大統領による連邦軍の法執行を目的とした派遣について、州政府からの要請が必要となるのは①の場合だけで、②と③の場合には、大統領は自らの判断だけで、これを行うことができる。

　しかし、南北戦争以後、暴動対策法が適用された事例は限られており、また、そのほとんどが州政府の要請により派遣されたものである。近年の事案としては、1992年にジョージH.W.ブッシュ大統領が、カリフォルニア州知事の要請により、ロス暴動（ロドニー・キング事件による暴動）を鎮圧することを目的として、約4000人の連邦陸軍と海兵隊員を派遣した事例が有名である。なお、南北戦争後、暴動対策法を州政府からの要請なしに発動したのは、1950年代と60年代において南部における公立学校における人種統合を実施するためになされた事案だけである。

---

[13]　10 U.S.C. § 331.

[14]　*Id.* § 332.

[15]　*Id.* § 333.

Ⅱ スタフォード法

1 スタフォード法の概要

スタフォード法（スタフォード災害救助及び緊急支援法)[16]は、連邦政府が、災害により発生した損害等を軽減する責任を果たすために、州および地方自治体に対して、秩序ある継続的な援助を提供することを目的とした法律である[17]。

スタフォード法では、大災害（major disaster）により影響を受けた州の知事が、大統領に、「大災害」または「緊急事態（emergency）」の宣言を要請し、大統領は、その裁量により、このいずれかの宣言を行うことができる[18]。この大統領の宣言がなされた場合、連邦行政機関は、州・地方自治体に対して、当該災害に対応するために、その人員、設備等の資源による援助、警報の発令、医療・食料の配布、人命救助、予防的な避難等を行うことになる[19]。なお、このような州や地方自治体への援助を行う上で中心的な役割を果たしているのが、連邦緊急事態管理庁である。

その後、同法は、連邦政府の長期的な支出を削減するために、州に減災計画を策定させることなどを目的として制定された2000年連邦災害軽減法[20]と、2006年ペットの避難と輸送に関する基準法[21]により改正されて

---

[16] Robert T. Stafford Disaster and Relief Emergency Act, 42 U.S.C. § 5121 et seq.(2006). このスタフォード法は、1974年災害救助法（Disaster Relief Act of 1974, Pub. L. No. 93-288, 88 Stat. 143 (amending 42 U.S.C. §§ 5121-5206)）が1988年に大きく改正されて成立した立法である。

[17] 42 U.S.C. § 5121(b).

[18] Id. § 5170.

[19] Id. § 5170a.

[20] Disaster Mitigation Act of 2000, Pub. L. No. 106-390, 114 Stat. 1558-59, § 322 (2000) (codified at 42 U.S.C. § 5165 (2006)).

[21] Pets Evacuation and Transportation Standards Act of 2006, Pub. L. No. 109-308, 120 Stat. 1725 (2006).

いる。

　スタフォード法は、「第1編　立法者意思、宣言、及び、定義」、「第2編　災害準備及び災害軽減に関する大統領権限」、「第3編　大災害及び緊急援助に関する行政規定」、「第4編　大災害援助」、「第5編　緊急援助」、「第6編　緊急準備（かつての1950年民事防衛法[22]に該当する部分）」、「第7編　雑則」の各編から構成されている。上記の第4編と第5編に規定された大統領権限のうち、大統領宣言に関する権限以外は、ジョージ・W・ブッシュ大統領が出した大統領命令により国土安全保障長官に委任されている[23]。

　国土安全保障省は、スタフォード法に規定されている業務を、大統領の委任に基づいて執行する行政機関である。同省は、2001年の全米同時多発テロ事件後、このような大規模な災害に対応することを目的として、22の行政機関と17万人もの人員を統合して2002年に創設された巨大な行政官庁である[24]。この国土安全保障省の創設に伴い、災害により影響を受けた州や地方自治体への援助を行うことを責務とする連邦行政機関である連邦緊急事態管理庁も、同省に統合された。しかし、2005年8月に襲来したハリケーン・カトリーナに対して、連邦緊急事態管理庁は、十分な対応を行うことができなかった。このため、連邦議会は、連邦緊急事態管理庁の組織改編を規定した2006年ポスト・カトリーナ緊急事態管理改革法[25]を制定している。

---

[22]　*See* Federal Civil Defense Act of 1950, Pub. L. No. 81-920, *repealed in part by* Pub. L. No. 103-337, *reinstated in part as* Title VI of the Robert T. Stafford Disaster Relief and Emergency Assistance Act, 42 U.S.C. §§5195-5197(q) (2000).

[23]　*See* Exec.Order No. 13286, 68 Fed. Reg. 10623 (Feb. 28. 2003) at §52.

[24]　*See* Homeland Security Act, Pub. L. No. 107-296, 116 Stat. 2135 (2002).

[25]　Post-Katrina Emergency Management Reform Act of 2006, Pub. L. No. 109-295, 120 Stat. 1355, 1394 (2006) (codified at 6 U.S.C. § 701 (2006)).

2 スタフォード法と民警団法・暴動対策法との関係

すでにスタフォード法の解説で述べたように、大災害が起き、大統領による「大災害」または「緊急事態」の宣言がなされた後に、連邦行政機関は、当該災害への対応を行うことになる。この責務については、国防総省の場合も変わりはない。

しかし、スタフォード法は、民警団法の例外を定めた法律ではない。すなわち、スタフォード法の下で、州知事の要請により大統領が災害派遣に関する宣言を行い、連邦軍が災害地域に派遣された場合であっても、法執行機能に携わることはできない。あくまでも、暴動対策法に基づく大統領の決定が必要となる。このため、スタフォード法に基づき派遣された連邦軍は、当該地域において州政府が統制できない暴動等に直面したとしても、これを鎮圧することができないという問題が生じる。この問題が、ハリケーン・カトリーナ襲来の際に現実のものとなった。

この問題を解決するため、2007年国防授権法の1076条において[26]、暴動対策法を「治安回復執行法」という名称に変更するとともに、その333条の内容を全面的に改訂し、大統領が、一定の条件の下で、「自然災害、伝染病、その他の重大な公衆衛生上の緊急事態、テロリストによる攻撃又は事件」の結果として生じた国内の暴動状態に対して州等が治安を維持できない場合には、大統領が連邦軍及び連邦軍化した州軍を投入することができるとの改正を行った。しかし、全50州の州知事が、本改正により大統領権限が大きくなりすぎたとの批判を行い、連邦議会における十分な議論もなかったことから、不満が残った。

このため、翌年には、2008年国防授権法の1076条[27]により、上記の2007年国防授権法の1076条は全て削除され、元どおりの暴動対策法の条

---

[26] John Warner National Defense Authorization Act of 2007, Pub. L. No. 109-364, § 1076, 120 Stat. 2083, 2405 (2006).

[27] National Defense Authorization Act of 2008, Pub. L. No. 110-181, § 1076 (2008).

文に戻された。このように州政府と連邦政府との緊張関係は、今も米国における災害対策を左右していると言える。

Ⅲ　緊急事態に対応する管理制度

2001年の全米同時多発テロ事件後、このような国家的な緊急事態に対応するために国土安全保障省が創設され、行政機関としての統合が行われた。また、このような危機的状況に対応するための計画と指針の策定も急務となった。

以下では、ブッシュ政権下で制定された主な制度について概説する。

1　国土安全保障会議の創設と役割

国土安全保障会議（United States Homeland Security Council）は、全米同時多発テロ直後の2001年10月に、ブッシュ大統領による大統領令13228号[28]により設立された機関である。同会議の運営及び付属会議等は、国土安全保障に関する大統領指令1号により規定されている[29]。その後、同会議は、2002年国土安全保障法により立法上の根拠を得るに至っている[30]。

この国土安全保障会議は、大統領に国土安全保障に関する事項を助言すること等を目的とする会議である[31]。同会議の位置づけは、国家安全保障会議（National Security Council）と同列で、国土安全保障問題を管轄

---

[28] Establishing the Office of Homeland Security and the Homeland Security Council, Exec. Order No. 13228, 66 Fed. Reg. 51,813 (Oct. 8, 2001).

[29] U.S. Homeland Security Presidential Directive-1, 37 PUB. PAPERS 44 (Nov. 5, 2001).

[30] *See* Homeland Security Act of 2002, P.L. 107-296, §901-06, 116 Stat. 2135 (2002).

[31] *Id.* at §902.

している[32]。このため、その構成員は、大統領、副大統領はもちろんのこと、国土安全保障長官、司法長官、国防長官、その他大統領により指名された関係閣僚により構成されている[33]。

2 国土安全保障指令第5号に基づく緊急事態管理制度

(1) 連邦災害時管理制度

2003年2月、ブッシュ大統領は、緊急事態における管理体制を築くため、国土安全保障指令5号「国内での事態の管理」[34]を公布した。同指令は、テロリストによる攻撃、大規模災害、及び、その他の緊急事態に対応するための単一かつ包括的な管理制度を構築することを目的としている。

この制度において、連邦政府で主たる責任を負うのは、国土安全保障長官である。同長官は、この管理制度を、連邦政府、州政府、及び地方自治体が国内での事態に対して効果的かつ効率的に準備、対応、復旧を行うための連邦災害時管理制度（National Incident Management System）[35] を策定し、国土安全保障会議に提出して審査を受けた上で、これを運営する義務を負っている。これが、本制度の基本となる大綱レベルのものである。ただし、その内容の中には具体的なものもあり、注目に値する点もある。たとえば、災害時における統一的な通信システムの構築に関して、テロリストによる攻撃などに対応する場合、その機密保持の必要性から、関連する全ての機関及び要員が通信等につき暗号を用いることが求められていることは参考になる。

最初の連邦災害時管理制度は、2004年に策定され、その後、災害時に

---

[32] See id. at § 906.

[33] Id. at § 903. なお、国土安全保障会議の全構成員については、上記大統領令13228号5条を参照のこと。

[34] Homeland Security Presidential Directive No. HSPD-5 (2003).

[35] See U.S. Department of Homeland Security, *National Incident Management System* (Dec. 2008).

おける経験やステークホルダーの意見等を取り入れ、2008年に改定されている。

なお、国防長官は、国土安全保障指令5号において、大統領による命令、または、一定の状況と法に基づき、軍事的準備を行うことが適切な場合、文民である責任者等に対して軍事的支援を行う義務があり、この支援を行う場合の指揮権を有すると規定されている。また、国防長官と国土安全保障長官には、国防省と国土安全保障省との間の協力・調整を行うための適切な関係とメカニズムを構築する義務が課されている。

(2) 連邦対応計画

国土安全保障長官は、この連邦災害時管理制度に基づき、国家レベルにおける具体的な規定と手続とを定める連邦対応計画 (National Response Plan) を策定し、国土安全保障会議に提出して審査を受けた上で、これを運営する責任を負っている。

この連邦対応計画に対応する形で、州および地方自治体は、様々なレベルで緊急管理プランをもっている。州等などに大きな差異があるものの、緊急管理に関する基本的な構造に違いはない。

この連邦対応計画は、ハリケーン・カトリーナ等への対応において十分な対応がとれなかったこと、また、国土安全保障省の組織変更などを理由に、2006年に改定されている。

(3) 国家対応枠組み

その後、2008年に、この連邦対応計画は、国家対応枠組み (National Response Framework) という名称に改定された。また、政府関連機関のみならず、民間セクターやNGO等との協働関係を正面から規定している点に特徴がある。

国防総省は、この国家対応枠組みにおいて、連邦緊急事態管理庁が全米を10の区域に分け、それぞれに設置されている現地統合事務所に、1人ずつ国防総省との連絡を担当する国防調整官 (Defense Coordinating Officer) を任命し派遣している。また、国防総省は、緊急事態の種類や複

雑性により、州軍を連邦軍として動員した場合における指揮命令を行う責任者として、統合タスクフォース司令官（Joint Task Force Commander）を任命することができる。

3　国土安全保障指令第8号

ブッシュ大統領が2003年12月に出した国土安全保障指令第8号[36]では、国内のテロ攻撃、主要な災害、その他の緊急事態に対応するために、州政府と地方自治体に、このような緊急事態に対応するための準備等を促進させ、また、連邦政府からの支援を提供するための国家準備目標（National Preparedness Goal）を策定するように命じている。なお、この国家準備目標は、2005年に改正されている。

国家準備目標では、その連邦計画の中心となる15の国家計画シナリオが策定され、これが8つの主要シナリオの中に分類されている[37]。各シナリオは、2年ごとに、最も可能性が高く、あるいは、米国に対して最も脅威となりうる事態を特定するために危険性解析を用いて更新されている。

本指令の特徴のひとつは、国家準備目標を達成するために包括的な訓練・演習計画を策定するとともに、その改善を命じていることにある。国土安全保障長官には、①保健福祉長官、司法長官、その他の適切な連邦行政機関、及び、州と地方自治体と連携して、この訓練・演習計画の策定等にあたる義務と、②他の適切な連邦行政機関と連携しながら、国土防衛準備関連演習を実施するための国家計画と複数年にわたる計画システムを策定する責任が課されている。また、③この演習のための国家計画の策定にあたっては、州、地方公共団体、適切な民間団体と最大限協調した上で行

---

[36] Homeland Security Presidential Directive No. HSPD-8 (2003).

[37] *See* Homeland Security Presidential Directive 8, "National Preparedness," Annex I (National Planning). なお、この主要シナリオと国家計画シナリオとの関係については、以下を参照のこと。*See* U.S. Department of Homeland Security, *National Response Framework* (Jan. 2008) at 75.

うことが求められている。

　なお、本指令は、連邦行政機関の長に、国家準備目標の設定の支援等を行う義務を課している。その一方で、本指令には、国防総省の軍事力に関する指揮命令、管理、訓練等に関する国防長官の権限を制限するものではないとする注意規定が置かれている。このように本指令は、国防総省に軍事力の行使等についての義務を課すものではない。このため、本指令では、国防総省に対しては、国内の危機的状況において、文民である政府責任者等を支援するために利用可能な国防総省の組織と機能に関する情報を国土安全保障長官に提供してもらうよう要請するにとどめている。

Ⅳ　災害に備える国家演習

　これまで見てきたように、米国における災害救助制度では、連邦災害時管理制度、連邦対応計画、国家準備目標といった構造的な制度設計がうまく策定されている。また、国家準備目標の中で定められている包括的な訓練・演習計画については、見るべきものがある。

　ここでは、わが国においても参考になる①国家演習プログラム、②国防総省による国家演習プログラムへの参画、③北部コマンドの役割につき概説したい。

1　国家演習プログラム

(1)　政府高官参加演習

　現在の国家演習プログラムは、1998年に連邦上院歳出予算委員会において、同年のテロ対策演習に「行政機関のトップのうち、全面的に参加した者がほとんどいない」ことが指摘され、「翌1999年会計年度における演習には、実際のテロ事案が発生した場合に…対応するすべての主要な責任者が参加して実施されなければならない」と主張されたことから始まって

いる[38]。

　この主張を受けて始まったのが、政府高官参加演習（Top Officials (TOPOFF) exercise）であり、連邦政府高官及び関係者が全面的に参加して、約2年おきに異なった想定の下で実施された[39]。同演習は、ブッシュ政権の下で、①2000年政府高官参加演習（バイオテロと化学テロを想定し、2000年5月17日から24日にかけて6500人以上が参加）、②第2次政府高官参加演習（放射性物質拡散兵器と肺ペストによる攻撃を想定し、2003年5月12日から16日にかけて約8500人が参加）、③第3次政府高官参加演習（生物化学兵器が多数の地点で用いられたとの想定の下、2005年4月4日から8日にかけて約1万人が参加）、④第4次政府高官参加演習（発電所の近くで放射性物質拡散兵器が爆発したと想定し、2007年10月15日から19日にかけて約1万5千人が参加）の計4回が実施された。

(2) 国家演習プログラム

　上述した政府高官参加演習は、2008年に大統領府メモ「国家演習プログラム（National Exercise Program）」により、さらに総合的な演習計画に改定された[40]。

　現在は、連邦緊急事態管理庁が2011年3月18日に公表した「国家演習プログラム」が根拠となっており、これに基づく演習は2013年1月から開始される。このうち、国家レベル演習（National-Level Exercise）は、2年に1度行われる最高レベルの演習である。

　これまで行われた国家レベル演習は、①2009年国家レベル演習（これまでの緊急事態への対応を想定した演習とは異なり、連邦政府が、初めてテロ予防に焦点をしぼって実施した大規模演習で、2009年7月27日から

---

[38] United States Senate, Departments of Commerce, Justice, and State, *The Judiciary, and Related Agencies Appropriation Bill, 1999*, report to accompany S. 2260, 105th Cong., 2nd sess., S.Rept. 105-235 (Washington: GPO, 1998), p.14.

[39] *See* DOJ and FEMA, *Justice Department, Federal Emergency Management Agency to Conduct Domestic Counterterrorism Exercises*, Apr. 27, 2000.

[40] White House, National Exercise Program (NEP charter).

31日にかけて実施された)、②2010年国家レベル演習（手製核爆発兵器の使用を含むテロリストによる攻撃シナリオに対して、連邦政府と州等の準備・対応・連携に関する評価等を行うための演習で、2010年5月17日から18日にかけて実施された)、③2011年国家レベル演習（壊滅的な被害をもたらす地震を想定したシナリオに基づきその初期対応と災害復旧能力を検証する演習で、2011年5月に実施された）が行われてきた。

なお、国家演習プログラムの一環として、機密演習（Classified Exercise）または、通常の演習の一部に機密化された部分が含まれている。

これまで述べてきた「国家演習プログラム」は、連邦行政機関や、特定地域の連邦行政機関相互の参加等を規準に優先順位をつけて、4つの階層付けがなされている。この4階層については、以下の表2を参照のこと。

2　国防総省による国家演習プログラムへの参画

軍事演習は、歴史的に、各軍による策定、計画、実施、評価がなされてきた。しかし、近年になって、複数の軍が参加する統合演習に重点が置かれるようになった。国防総省が国家演習プログラムに参加するのは、通常、この統合演習が国家演習プログラムと関連付けられている場合である。この点について、以下で簡単に説明しておきたい。

国防総省は、国家演習プログラムの政策策定に直接的に関与している。具体的には、演習の優先順位、日程、修正措置について勧告を行う部門に、国防長官府と統合参謀本部スタッフから複数の代表を出して対応している。また、国防総省は、年に2回、世界統合演習日程会議（Worldwide Joint Training and Scheduling Conference (WJTSC)）を開催し、統合軍から出された演習計画と日程を調整している。これらの会議において最終的に

---

41)　National Preparedness: FEMA Has Made Progress, but Needs to Complete and Integrate Planning, Exercise, and Assessment Efforts (GAO-09-369)(Apr. 2009) at 36.

表2：国家演習プログラムにおける4階層[41]

第1層（Tier I）	ホワイトハウスの命令に基づくもので、連邦政府全般の戦略及び政策立案に焦点が当てられている。連邦行政機関は、これに全面的に参加する。毎年、5つの第1層レベルの演習が行われている（そのうち1つが国家レベル演習で、その他の4つが高度レベル演習である）。この国家レベルの演習が、かつての政府高官参加演習を受け継いだものとなっている。
第2層（Tier II）	連邦行政機関の命令に基づくもので、連邦政府全般の戦略及び政策立案に焦点が当てられている。連邦行政機関は、その人員による参加若しくはシミュレーションを通じて参加する。この第2層レベルの演習は、毎年3つまでしか行うことができない。
第3層（Tier III）	上記の2つのレベル以外の連邦行政機関による演習で、地域的演習、戦術的または組織的側面に焦点が置かれている。毎年行う演習の数については、個別行政機関の必要性に基づくものであることから、回数に関する制限はない。
第4層（Tier IV）	第4層は連邦レベルの演習はなく、州や地方自治体、または民間部門等に焦点が置かれているものである。このレベルの演習への連邦行政機関の参加は、義務化されていない。毎年行う演習の数については、個別行政機関の必要性に基づくものであることから、回数に関する制限はない。

　調整された日程が、毎年12月、国土安全保障省に対して、国家演習日程（National Exercise Schedule）を策定するために提出されているのである。

　このような日程調整がなされることから、国防総省が行う大規模演習の多くは、国土安全保障省の国家演習、特に国家レベル演習と一致するのである。

　なお、最後に、国防総省の参加する国家演習レベルが第1層から第4層の構造のうち、どの部分に該当するのかについて、言及しておきたい。現在の国防総省における国家演習プログラムへの参画についての方針と内部における手続については、国防総省指針3020.47号「国防総省による国家演習プログラムへの参画」[42]が規定している。この指針では、国防長官は、国家演習プログラムのうち、第1階層の演習のうち同省に適用のある演習

---

42) DoD Instruction: DoD Participation in the National Exercise Program (NEP), DoDI 3020.47 (2009).

と、第2階層の演習で同省が中心となる適切な演習について、積極的に参加するとの規定が置かれている。このため、同省が参加する国家演習レベルの層は、これら上位の層のものが多くなると考えられる。

3 北部コマンドの役割

　2001年の全米同時多発テロ事件後、国土安全保障省が創設されたことはすでに述べた。国防総省は、ブッシュ大統領に、国土防衛を目的とした最初の統合軍（combatant command）として北部コマンド（Northern Command (NORTHCOM)）を創設することを提案した。ブッシュ大統領は、これを承認し、2002年10月1日、同コマンドは創設された。

　北部コマンドの主たる任務は、北アメリカの防衛と民間支援活動（civil support operation）にある。同コマンドの責任地域は、米国本土、アラスカ、カナダ、メキシコ、及び、その沿岸部からの500海里の海域・空域に加え、メキシコ湾、フロリダ海峡、カリブ海諸島域の一部、及び、アメリカ領ヴァージン諸島となっている。なお、北部コマンド司令官は、カナダ、メキシコ、及び、バハマ国との戦域防衛協力に関する責任を負っている。

　北部コマンドの司令官は大将であるが、他の統合軍と同様、本コマンドに常勤になっている兵力はそれほど多くない。しかし、国家指揮権限（National Command Authority）をもつ大統領及び国防長官が、具体的な北アメリカ防衛活動または民間支援活動を命じたとき、各軍から戦力が派遣され、または、支援がなされる。なお、本コマンドの司令官は、北米航空宇宙防衛司令部（North American Aerospace Defense Command (NORAD)）の司令官を兼任している。

　北部コマンドによる民間支援には、火災、台風、洪水、地震等による国内における災害救助支援が含まれている。また、麻薬組織に対する作戦や、大量破壊兵器がテロリストにより用いられた場合における民間支援も含ま

れている。北部コマンドが、当該事象が発生した場合にその主務官庁に支援を行うのは、国防総省から命令があった場合である。国防総省は、戦闘部隊司令官が、連邦政府の他の省庁との協力関係を築くために、統合省庁間協力グループ（Joint Interagency Coordination Group）を設置しているが[43]、北部コマンドもこれに参加し、国土安全保障省及び州軍との強い連携関係を維持している。

なお、国防総省が国家演習プログラムに参加する場合には、主に北部コマンドと州軍を主体とした参加になる。

おわりに——わが国への提言

これまで米国における災害支援について解説してきたが、この中で、わが国にも参考になる点がいくつかあるので、指摘しておきたい。

第1に、ホワイトハウスの命令の下、行政機関のトップが全面的に参加する第1層の国家演習プログラムは参考になる。わが国でも、防衛省総合防災訓練等が行われているが、米国の第1層の国家演習プログラムと比べると限定的である。このため、今後予想される大規模地震や各種テロ対策を含め、内閣官房において、行政機関の長、防衛省、警察庁、消防庁、国土交通省（海上保安庁）、総務省、環境省等が全面的に参加する日本版の第1層国家演習プログラムを、複数のシミュレーションの下に策定し、早急に実施すべきであると考える。大規模地震の発生確率が上昇していることから、早急に計画策定を行い、来年度の予算において、その実現を担保すべきである。

第2に、このような演習や実際の災害派遣について、米国では、連邦災

---

[43] See United States Joint Forces Command Joint, The Commander's Handbook for the Joint Interagency Coordination Group (Mar. 2007), http://www.dtic.mil/doctrine/doctrine/jwfc/jiacg_hanbook.pdf.

害時管理制度において、関連機関相互の統一的な通信システムが構築されており、さらに、テロ攻撃を受けた場合等に備えて、機密保持のための暗号を用いる運用が確立している。わが国でも、通信関係に関する一定の統合運用はなされていると思われるが、今後は米国の災害救助・支援制度を参考にして、内閣を頂点とした、自衛隊、警察、消防、海上保安庁等の実力組織間における機密要件を満たした統合通信システムを導入し、その具体的な運用、テスト、実施訓練を行うべきである。

　第3に、米国の北部コマンドの実力には、着目すべきところがある。わが国には、優れた中央即応集団があるが、今後予想される大規模地震等に備え、その規模、設備等を大幅に強化すべきであると考えられる。また、東日本大震災後、自衛隊は最大で10万人を超える災害派遣等をおこなったが、これでは「国防の基本方針」等に定められた国防の任務を十分に果たすことに支障が生じる恐れがある。このため、自衛官の定員の充足率を100％にすることはもとより、大規模災害時にも国防の任務を十分に果たしうるように、わが国が整備すべき防衛力につき全面的な見直しを行うべきである。

[邦語参考文献]

　国土交通省国土技術政策総合研究所『ハリケーン・カトリーナ災害を契機とした米国の危機管理体制の改編に関する調査』国総研資料598号（2010年）、青山公三「米国における災害対応・復興の法システム」法律時報81巻9号48頁以下、清水隆雄「米軍の国内出動—民警団法とその例外—」レファレンス679号7頁以下、鈴木滋「米国の『国家安全保障』と州兵の役割—9.11同時多発テロ以降の活動を中心に」レファレンス630号53頁以下、鈴木康彦『註釈アメリカ合衆国憲法』（国際書院、2000年）、土屋恵司「アメリカ合衆国の連邦緊急事態管理庁FEMAの機構再編」外国の立法232号3頁以下。

[英語参考文献]

William Banks, *Who's in Charge: The Role of the Military in Disaster Response*, 26 MISS. C. L. REV. 75 (2006 / 2007); Michael Greenberger, *Yes, Virginia: The President Can Deploy Federal Troops to Prevent the Loss of a Major American City from a Devastating Natural Catastrophe*, 26 MISS. C. L. REV. 107 (2006 / 2007); William Knight, *Homeland Security: Roles and Missions for United States Northern Command*, Cong. Res. Serv. RL34342 (June. 3, 2008); Francis X. McCarthy, *Federal Stafford Act Disaster Assistance: Presidential Declarations, Eligible Activities, and Funding*, Cong. Res. Serv. RL33053 (June 7, 2011); Sean McGrane, *Katrina, Federalism, and Military Law Enforcement: A New Exception to the Posse Comitatus Act*, 108 MICH. L. REV. 1309 (2010); R. Eric Petersen, Lawrence Kapp, Edward C. Liu & David Randall Peterman, *Homeland Emergency Preparedness and the National Exercise Program: Background, Policy Implications, and Issues for Congress*, Cong. Res. Serv. RL34737 (Nov. 10, 2008); Timothy E. Steigelman, *New Model for Disaster Relief: A Solution to the Posse Comitatus Conundrum*, 57 NAVAL L. REV. 105 (2009); Lisa Grow Sun, *Disaster Mythology and the Law*, 96 CORNELL L. REV. 1131 (2011); Homeland Defense: U.S. Northern Command Has a Strong Exercise Program, but Involvement of Interagency Partners and States Can Be Improved (GAO-09-849)(Sept. 2009).

[参照HP]

U.S. Northern Command (USNORTHCOM), http://www.northcom.mil.

第5章 英国の災害対処・危機管理法制
―― 21世紀型リスクへの対応

山崎　元泰

はじめに——「民間防衛」から「レジリエンス」へ

　ほぼ毎年のように風水害に見舞われ、さらには地震多発地帯である日本では、災害対策に関連した法制が、はたして十分なものであったかどうかの問題はさておき、比較的早くから存在していた。対照的に、安全保障上の脅威や有事への対応に関しては整備が遅れ、冷戦が終結した後になってようやく、朝鮮半島核危機の勃発などを背景に周辺事態法や武力攻撃事態対処法、さらには国民保護法のような、緊急事態対処や文民保護を目的とした有事法制が順次成立していった。この背景には、有事法制のみならず安全保障自体に関する議論が戦後日本で長らくタブー視されてきた、という要因を指摘できる。

　一方、ちょうどこれと逆の動きを示したのが英国である。日本と比べるとそれほど自然災害の多くない英国では、長年にわたって安全保障上の脅威こそがとりわけ重視されていた。そのため英国では、戦時における文民保護や緊急事態への政府対応に関する法律は、もとからいくつか存在していた。しかし日本の災害対策基本法にあたるような、防災および災害対処のための包括的な法律は、従来、英国には存在していなかったのである[1]。そこで大規模災害時に英国では、本来は戦時下での住民保護を主眼とした、いわゆる「民間防衛」（Civil Defence）という枠組みのなかで、住民保護への対応がなされていたのである。

　しかし次節で詳しく見るように、冷戦が終結し、全面核戦争や英国本土への直接的な軍事攻撃の脅威は遠のいた。その一方で、これまでの伝統的な脅威とは違う、新しいタイプの様々なリスクが、市民生活の安全を脅かす存在として強く認識されるようになったのである。それはたとえば、凶

---

[1] 谷澤叙彦「英国の緊急事態法制」『自治実務セミナー』第42巻第2号（2003年3月）33頁、務台俊介「英国の危機管理の制度と運用」『近代消防』第46巻第3号（2008年3月）93頁。

悪で狂信的な国際テロ集団の登場、グローバル化による新型感染症の世界的流行の恐れ、地球温暖化による異常気象の頻発、ネットワーク化の進展によってサイバー攻撃が社会経済活動へ大きな混乱をもたらす危険性、などといったものであり、これらに対する政府の危機管理能力がますます問われるようになっていった。

そうした状況のなかで、従来のような民間防衛のなかの国民保護という位置づけから、政府の政策重点が多様な「民間緊急事態」(Civil Contingencies) への対処、そして「レジリエンス」(Resilience) の向上へとシフトしていくことになったのである[2]。

このレジリエンスとは耳慣れない言葉であるが、「強靭性」や「回復力」などと訳される。英国では危機管理分野におけるある種のキーワードとなっており、政府の政策文書類はもちろんのこと、シンクタンクの研究レポートなどでも繰り返し登場している[3]。

英国の内閣府はそのホームページで、レジリエンスを「ある事態によって引き起こされた被害に持ちこたえるコミュニティやサービス、あるいはインフラの能力」[4]と定義し、別の文書では、「機能や構造、あるいはアイデンティティを受容可能なレベルに維持するための、個人やコミュニティ、あるいはシステムの能力」[5]と説明している。要するに、緊急事態を耐え抜き早期に復旧できること、そしてそのための能力や制度を整備しておくことが、レジリエンスの目的というわけである。

---

[2] Paul Cornish, *Domestic Security, Civil Contingencies and Resilience in the United Kingdom: A Guide to Policy*, (London: Chatam House, June 2007), p. 5.

[3] たとえば、前出のチャタム・ハウス（王立国際問題研究所）のレポートのほかにも、RUSI（王立統合軍防衛安全保障問題研究所）による以下のレポートなどもある。Jennifer Cole and Laurence Marzell, *Combined Effect: A New Approach to Resilience: The Case for a Capability and Consequence-based Approach to Resilience and Emergency Planning*, (London: Royal United Services Institute, December 2010).

[4] Cabinet Office, 'National Recovery Guidance - Glossary of Terms', <http://www.cabinetoffice.gov.uk/content/national-recovery-guidance-glossary-terms>.

[5] Cabinet Office, *Strategic National Framework on Community Resilience*, (March 2011), p. 4.

その重要な特徴は、危機が発生してからの対処という従来の受動的な姿勢をあらため、緊急事態への抵抗力を日ごろから高めておこうとしている点、そして政府はもちろんのことであるが、国民生活に直結した重要なサービスの提供機関・企業、さらにはコミュニティや一般市民までも積極的な関与を奨励していることである。

　このような取り組みの支柱となっているのが、新たに制定された「2004年民間緊急事態法」(CCA: Civil Contingencies Act 2004) である。この法律は、従来から存在していた民間防衛法と非常事態法を合わせたような性格を持ち、21世紀の現在、市民生活を脅かす恐れのある多様なリスクへの柔軟かつ有効な対処を意図したものである。

　こうして日本とは逆に、英国では比較的最近になって災害をも正規に含んだ緊急事態対応の法的枠組みが整備されたわけである。しかしそれは日本の災害法制と異なり、天災ばかりでなくテロ攻撃や大事故なども含めた、幅広いリスクが対象として含まれているという点で、非常に興味深い。

　本章が目的とするのは、このような英国の災害対処や危機管理に関わる法制度の概要を解説することである。まず英国政府による様々なリスクに対する見方を明らかにし、次に大規模災害や緊急事態の対処に関わる法と制度を検討する。最後に英国型モデルの長所や弱点について日本と比較しつつ簡単に考察し、結びとしたい。

I　英国政府のリスク認識

　すでに少し触れたように、冷戦時代、英国の平和と安全に対する最大の脅威は、核戦争の危険や諸外国（特に東側諸国）による軍事攻撃の可能性であった。しかし東西冷戦が終結すると、イラクやアフガニスタンのように英国軍が海外展開する機会は非常に増えたが、英国本土が諸外国の正規軍から直接的な脅威にさらされる、という事態は考えにくくなった。

　このような危険にかわって、特に2001年9月11日の米国同時多発テロ

事件以降クローズアップされるようになったのが、国際テロリズムの脅威である。英国自身も2005年7月7日に、ロンドンで地下鉄3ヵ所、バス1台が自爆テロリスト4名によって、ほぼ同時に爆破されるという同時多発テロを経験している。

さらにテロ事件ばかりでなく、口蹄疫の大流行や洪水被害の頻発といった事態を受け、伝統的な意味での安全保障上の脅威ばかりではなく、社会生活や経済活動に深刻なダメージを与えるようなリスクを包括的にとらえ、これに対する十分な備えを行うことの重要性が広く認識されるようになっていった。

そこで2005年以降、英政府は5年先までの間に国が直面する可能性のある深刻なリスクに関して、各省庁からの情報をもとに「国家リスク評価」（NRA: National Risk Assessment）と呼ばれる査定を毎年実施するようになった。

NRAの策定においては、まず考えうるリスクを洗い出し、次にそれぞれのリスクが起こる確率と予想される影響を査定する。確率に関しては歴史的・統計的・科学的データを活用し、また影響の見積もりに関しては、死傷者数・社会的混乱の度合い・経済的損失などが考慮される。

なお、この文書にはテロの脅威に関する諜報機関の情報なども含まれているので、機密扱いとなっている。政府がこのような見積もりにしたがって、内部的に危機管理体制の構築を進めるのはある種、当然のことかもしれない。しかし非常に興味深いのは、このNRAにもとづいて、国民用に公開版が作成されていることである。

この一般向け「国家リスク一覧」（NRR: National Risk Register）は、内閣府のホームページから誰でも簡単に閲覧できるようになっている[6]。2008年に初めてNRRが公表され、その後2010年に改訂版が出されている。

内閣府はこのような見積もりをあえて一般に公開することで、政府や関

---

[6] <http://www.cabinetoffice.gov.uk/resource-library/national-risk-register>.

係機関ばかりでなく、ビジネス界やコミュニティ、さらに各個人も非常時に対する備えを怠らないように促しているのである。ある意味、日本の国や自治体が公表しているハザードマップに近い考えのものと言えるかもしれないが、ここに含まれているのは、天災だけではないという大きな違いがある。

　すなわちNRRでは主に、①自然災害、②大事故、③悪意ある攻撃、以上3種が取り上げられている。日本ではこれらはそれぞれ別個のものとして、法的にも政策的にも扱われる傾向があるが、英国では防災や対テロが国民や社会の保護という観点から、統一的な枠組みのなかでとらえられているわけである[7]。

　なおリスクのなかには、洪水のように地形によって被害地域が限定されたり、あるいは地元にある産業や施設の種類によって、予想される事故の種類が違ってきたりすることもありうる。そのため、各地域に特化した「コミュニティ・リスク一覧」（CRR: Community Risk Register）というものが、全国版のNRRを参考にしつつ作成されることになっている。後述するように2004年民間緊急事態法は、地元の関係機関にその作成に協力するよう求めている。

　さて、ここでは2010年版の国家リスク一覧の内容をごく簡単に紹介したい。

　リスクというものは、起こる可能性の高いものと低いもの、起きた場合の影響が大きいものと小さいものがある。それをもとに作成されたのが図-1である。右に位置すればするほど発生の可能性が高いとみなされ、また上の方に行けば行くほどその影響や被害が大きいことになる。その意味で、英政府は感染症の世界的流行、いわゆる「パンデミック」を市民生活へのもっとも大きな危険と見なしていることが、図から容易に理解できる。

　以下、個々のリスクに関して、英政府の見方に関する概要、そして過去

---

[7] ただし、日常的に起こっているような事故や犯罪は、ここからは除かれている。

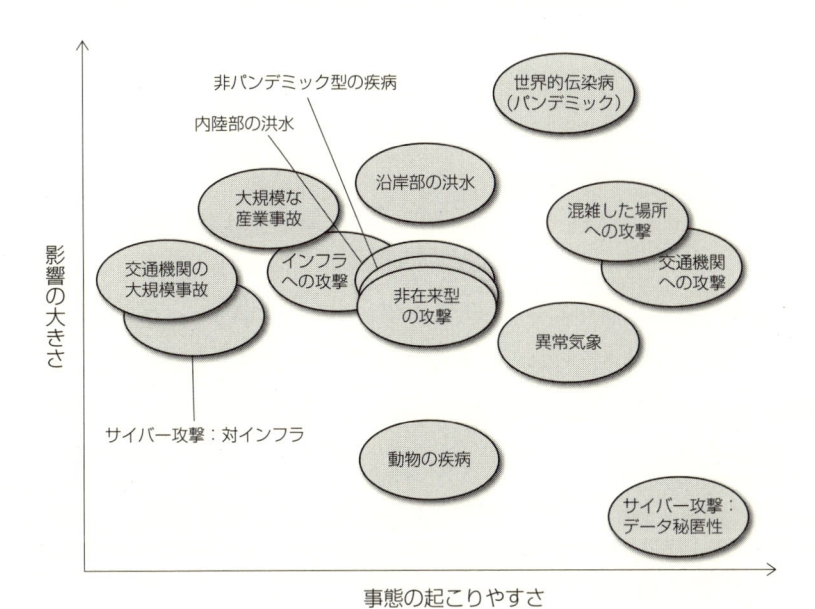

第 5 章　英国の災害対処・危機管理法制——21 世紀型リスクへの対応

出典：内閣府（Cabinet Office）ホームページをもとに筆者作成
<http://www.cabinetoffice.gov.uk/resource-library/national-risk-register>。

図-1：2010年版国家リスク一覧（NRR）

の被害実態を簡単に述べたいと思う[8]。

1　自然災害

(1)　感染症

　2009年の新型インフルエンザ（H1N1型）は、過去のインフルエンザの世界的流行と比べると、その毒性は弱く、幸いにして被害はそれほど大きくはなかった。しかし再び新たなインフルエンザのパンデミックがいつ発

---

[8] 以下の説明は基本的に、Cabinet Office, *National Risk Register of Civil Emergencies: 2010 Edition*, <http://www.cabinetoffice.gov.uk/sites/default/files/resources/nationalriskregister-2010.pdf> にもとづいている。

生してもおかしくない、というのが専門家の一致した見解となっている。

　新型インフルエンザが感染力の強い劇症のものであれば、NRRによると、英国民の半数が罹患し、5～75万人の犠牲者が出る可能性があると見積もっている。

　また、たとえば2002年に発生したSARS（重症急性呼吸器症候群）のように、突如として未知の感染症が登場すると、医療体制の確立や防疫措置の実施が後手に回り、多くの人命を奪い、また世界的なパニックを引き起こすことも十分考えられる。海外でこのような事態が発生すれば、およそ1,200万人の在外英国人の帰国ラッシュを引き起こし、大きな混乱を招くと英国政府は予想している。

　したがって英国政府は、インフルエンザに対しては医薬品を備蓄し、新型の感染症については、国際機関と協力しつつ常に監視を怠らないとしている。

(2) 洪水・異常気象

　日本の場合、天災といえば地震が真っ先に思い浮かび、次に台風や豪雨による風水害といったところが一般的な見方であろうか。英国で頻繁に発生し、専門家や関係者の間でもその危機管理や被害管理がもっとも議論される自然災害は、なんといっても洪水である。

　洪水被害は別に近年突如として起こるようになったものではないが、英国各地で発生した2007年夏の洪水、そして局地的ではあったものの2009年に発生した洪水は、国民と政府にその恐ろしさを再認識させることになった。

　たとえば2007年夏の洪水では、6～7月の豪雨で4万8000戸の家屋と7,300ヵ所の事業所が浸水するという、大きな被害をもたらした。歴史を振り返ると、1953年1月に東海岸で起こったものが、英国で発生したもっとも大きな洪水災害の1つとされている。600平方キロが冠水し、307人が死亡、3万2000人以上が避難を余儀なくされたとのことである。

　地球温暖化とそれに伴う海面上昇は、今後洪水リスクを一層高めるばかりでなく、嵐、豪雪、熱波、干ばつなど、様々な形で異常気象を引き起こ

すであろうと、英国政府は警戒を強めている。

2003年夏にヨーロッパを襲った猛暑では、熱中症などにより2万人以上の死者をもたらしたと推定されており、英国では2,000人あまりの犠牲者が出たとされる。同様に、2006年7月にも英国で680名ほどの死者が発生している。また、2007年1月の激しい嵐では、9名が死亡し多くの建物が被害を受け、また停電が起こった。

(3) 動物の疾病

動物の感染症には、ヒトにも伝播してしまう「人獣共通感染症」(動物由来感染症とも呼ばれる)と、ヒトには感染しないものがある。ただ我々に感染しないからといって安心はできず、たとえば口蹄疫のように、対策が遅れれば大きな経済的被害を招くものがある。

2001年、英国では今なお世界最悪と言われる口蹄疫の嵐が吹き荒れた。最初に口蹄疫にかかった豚がエセックスで発見されたのが2月20日で、終息宣言がようやく出されることになったのは、12月29日になってからのことである。

その間、約2,000件の感染例が確認されることになり、ピーク時には1日に59件もの感染が判明したときさえある。その結果、およそ600万頭もの家畜が殺処分されることになり、これは英国の家畜の8頭に1頭にあたる数字である。羊が主であったが、そのほか牛、豚、ヤギなどが含まれていた[9]。殺処分には陸軍も投入され、膨大な数の家畜が毎日のように屠殺・焼却された。その焼き焦げた死体が積み上げられた映像は、テレビ中継され英国民に大きな衝撃を与えた。

口蹄疫流行の被害は畜産業ばかりでなく、交通が制限されたために観光業にもおよび、さらには総選挙の延期といった事態までも招いた。経済的な損失は、当時の日本円に換算して約1兆4000億円にものぼったとされる。

---

[9] Paul Brown, 'Foot and mouth epidemic officially over', *The Guardian*, (29 December 2001), <http://www.guardian.co.uk/uk/2001/dec/29/footandmouth.Whitehall>.

移動禁止令やワクチン接種の遅れなど、政府の初動のまずさは各方面から大きな批判を浴びた。しかし当時の経験は2007年8月の口蹄疫発生に活かされることになり、このときは迅速な措置により、感染の拡大阻止に成功している。

一方、動物からヒトへとうつってしまうような感染症には、狂犬病がその典型としてあるが、本当に恐れられているのは、やはり鳥インフルエンザである。とくに強毒性のH5N1型は、目下のところヒトへの感染力は非常に弱いが、突然変異によって感染力を高める可能性が警戒されている。

2　大事故

(1) 大規模な産業事故

1990年11月、電話交換局の火災でスカボロー（Scarborough）地区一帯すべての電話が不通になるという事故が起こった。そのため緊急電話はもちろんのこと、電話ネットワークと接続されていた現金自動預け払い機やコンピューター・システムまでもがダウンしてしまった。

このように火災、あるいは嵐や何らかの機械的な故障により、可能性はかなり低いものの電気やガス、水など国民生活に不可欠なサービスの供給が全国でストップするという事態がありうる。英政府は、万が一、全土で電気の供給がストップした場合（そのような事態はこれまで起こったことはないが）、3日以内の再開を目指すとしている。ガスや水道については、迂回路をうまく使って供給を再開するか、あるいは事故や災害の影響を受けなかった別の会社から供給を確保するとのことである。また燃料の供給において緊急事態が発生した場合は、緊急対応に関係した機関や重要なサービスの提供者を優先し、小売業者に対しては配給制を実施する計画となっている。

(2) 交通機関における大規模事故

民間旅客機に関しては、1989年1月にボーイング737型機がケグワース

(Kegworth)に墜落し、47名が死亡した事故以来、英国で大きな航空機事故は起こっていない。海難事故としては、1987年3月にベルギーの港を出た英国のフェリーが転覆し、187名が死亡した事例がある。

ただし、日常的に発生している車や鉄道の事故を考えれば分かるように、交通機関の事故で中央政府の直接的な対応までが必要となるようなケースはまれである、とNRR（国家リスク一覧）は冷静に記している。

3　悪意ある攻撃

NRRは、英国が依然としてテロの深刻かつ持続的な脅威に直面している、と分析している。テロリストのなかには大量破壊兵器を使おうとする者もいるかもしれないし、またインフラに対する攻撃を企図する者もいるかもしれない。さらに伝統的な攻撃方法ばかりでなく、サイバー攻撃のような新規な手法に訴える者も出てくるかもしれない、と警戒する。

英政府は、国際テロリズムの脅威から国を守るため、CONTEST（Counter-Terrorism Strategy）と呼ばれる対テロ包括戦略を推し進めている。このCONTESTは、以下のように4つのPから構成されている。

表-1：英国の対テロ戦略

Pursue	追跡：脅威を早期に探知し、テロ攻撃を事前に阻止
Prevent	予防：人々がテロリストになったり、あるいは過激な思想を支持したりしないよう防止
Protect	防御：テロ攻撃に対する防御を強化
Prepare	準備：攻撃を阻止できない場合、その被害を緩和

NRRはこの対テロ戦略の4本柱のなかでも、緊急事態への備えやテロ攻撃の被害緩和の部分（すなわちPrepare部分）に焦点をあてたものである。なおNRRによれば、テロ攻撃ばかりが悪意にもとづく脅威とは限らな

い。組織犯罪も市民生活にとって危険な存在として、忘れてはならないと付け加える。さらに、英本土の独立を脅かすような意図や能力を持った国が出現するとは当面のところ考えにくいが、諜報活動やサイバー攻撃のような非軍事的手段で圧力をかけ、英国の自由と安定を損なおうとする国が出てくるかもしれない、とも述べている。

NRRは、悪意ある攻撃の対象や手段として、具体的には以下のようなものが想定される、としている。

(1) 混雑した場所への攻撃

人混みこそは、テロ攻撃の格好の目標となる。防御が十分なされた施設への攻撃もありえないわけではないが、テロリストはやはり公共の場所を狙う傾向がある。

(2) インフラへの攻撃

産業事故や異常気象でインフラに起こる被害は、テロ攻撃でも同様に引き起こされうる。その意味で、事前の備えは基本的に同じである。英国には「国家インフラ防御センター」(CPNI: Centre for the Protection of National Infrastructure) という政府の専門機関が存在し、インフラ関連の機関や企業に対して必要な助言を行うことで、テロ攻撃に対する脆弱性を引き下げることを目指している。

(3) 交通機関への攻撃

これがテロ攻撃のなかでは、比較的可能性が高いと判断されている。空港や旅客機ではすでにかなり厳しい保安措置が取られており、これらに対する攻撃の数はかなり少なくなっているが、脅威が消えたわけではないと強調する。

一方、鉄道・地下鉄・バスは誰でも利用でき、利用客数も非常に多い。そのため悪意を持った集団の側からすると、非常に魅力的なターゲットということになる。したがって鉄道や地下鉄などの運輸各機関は、英国鉄道警察と協力しつつ緊急時対応計画を作成し、定期的に検証作業や必要な改訂を行う、といった取り組みを進めているとのことである。

(4) 非在来型の攻撃

化学剤（Chemical）、生物剤（Biological）、放射性物質（Radiological）、あるいは核兵器（Nuclear）を用いた「CBRNテロ」については、実際の事例こそ比較的少ないものの、引き起こされる被害や汚染を考えると、これに対する十分な備えが必要となる、とNRRは述べている。したがって英国政府の優先目標は、人命を守るためこのような大量破壊兵器テロの発生そのものを未然に防止するよう努め、仮に起こってしまった場合にはその被害を最小化し、平常への復帰を早期に実現することである、としている。

(5) サイバー攻撃

商業上の重要情報や政府の機密情報が、サイバー攻撃のリスクにさらされているのはよく知られている。またサイバー攻撃には、通信ネットワークをダウンさせたり、ITシステムを改ざんしたりする、潜在的な力があるとNRRは警戒する。

そこで、政府省庁に対しては「政府通信本部」（GCHQ: Government Communications Headquarters）がセキュリティ向上のための支援を行い、前出の「国家インフラ防御センター」（CPNI）はインフラ関連機関に技術的な助言を与える役割を担っている。

4　事業継続マネジメント（BCM）

このように英国政府が様々なリスクおよび想定される被害を公表する背景には、「事業継続マネジメント」（BCM: Business Continuity Management）の重要性に対する理解を国内で広めよう、との意図がある。BCMとは災害や感染症の大流行などの非常時に、組織が存続し中核的な事業の継続を図るため、緊急対応計画の策定や訓練の実施、あるいは定期的な計画の見直しなどといった、包括的な対策をあらかじめ立てておくことをいう。

この事業継続の重視は、英国の危機管理政策の顕著な特徴である。緊急

事態において、中央政府の機能の存続が死活的に重要なのはもちろんのことであるが、2004年民間緊急事態法（CCA）は、のちほど触れるように、地方自治体や警察、消防、国営の医療機関などにも、事業継続のため必要な措置を取るよう法的に求めている。

また法的な義務は課していないものの、一般の企業や団体に向けても、政府は非常時の事業継続に関して十分な備えをするよう推奨し、ホームページなどを通じて実践的なアドバイスを行っている。ここではNRRで取り上げられている主要なポイントを少しだけ紹介したい。

（1）人員の喪失

緊急事態においては、スタッフの数が大幅に減少することが想定される。したがって重要な事業がどれかをあらかじめ見極めておき、その実行に必要な人員確保のため、他の部門からの応援態勢を整備し、また多様な業務に対応できるよう日ごろからスタッフに対して必要な訓練を施しておくことの重要性をNRRは説いている。

（2）交通機関の麻痺

交通網が寸断されると、人員の確保が困難になったり、流通が滞ったりするなど、直接間接に業務に支障が出ることが予想される。そのような場合でも重要な活動を継続するため、代替ルートや他の交通手段について、あらかじめ検討しておくことが必要であるという。

（3）事業所の使用不能化

洪水その他の要因で、事業所が使用不能に陥った場合における避難計画の立案（避難所の確保、避難の際に助けが必要なスタッフのための特別な手配、移動や通信手段の確保、データのバックアップ、代替用地へ移す必要のある重要な物品の検討）、スタッフが避難手順に習熟するための定期的な訓練、さらに代替用地が同種のリスクにさらされていないかを検討することが不可欠としている。

（4）電気・ガス・水道・燃料・通信の途絶

NRRによると、24時間程度の停電に対する備えは必要であり、へき地

ではこれが1週間ほど続くこともありうる。あるいは完全な停電までいかなくとも、発電能力の不足による計画停電が実施される可能性もある。また停電は、照明・冷暖房・電気器具・通信機器の停止、断水、データの喪失を招く恐れがあり、さらに2次被害として金融取引の混乱といった事態を招く恐れすらある。したがってこれらへの対処が必要となる。

　ガス供給がストップした場合、数日で復旧される見込みであるが、その間の代替の暖房手段、重要でない敷地の一時閉鎖、あるいは影響のない地域への移転などを検討すべきである。

　断水はもし起これば3日程度続く恐れがある。その間の飲料水の確保ばかりでなく、空調やコンピューターの冷却システムが停止する可能性も考慮に入れねばならない。

　燃料供給が途絶した場合、緊急対応にかかわる機関や重要なサービスの提供者が優先され、小売業者には割当制が実施される見込みなので、備蓄などの対応を取る必要がある。

　これらに加え、固定電話、携帯電話、インターネットの混乱に対する備えも忘れてはならないとNRRは強調する。

　以上のような企業・団体へのアドバイスと同様に、NRRでは各家庭や個人、コミュニティにも緊急事態への備えを呼びかけている。すなわち、地域に固有のリスクを確認するよう促すとともに、企業・団体のケースと同様に交通機関の混乱や断水、停電など、想定される状況ごとに詳しくアドバイスを行っている。

　こうして中央政府、地方自治体、企業、団体、コミュニティ、家庭、個人のそれぞれが起こりうるリスクをきちんと認識し、適切な準備を怠らないことで、国全体としての「レジリエンス」を高める——それこそがNRRの狙いなのである。

II　緊急事態対処の法的枠組み

　英国にはもともと、緊急事態における国民保護や政府対処のため、それぞれ「1948年民間防衛法」（Civil Defence Act 1948）と「1920年緊急権限法」（Emergency Powers Act 1920）と呼ばれる法律が存在していた。

　1948年民間防衛法は、第2次世界大戦が終了したものの、東西冷戦により軍事的緊張が高まっていた当時の世界情勢を受けて制定された。警察、消防、自治体職員を民間防衛目的で訓練することや、必要な物資の備蓄、土地の強制収容、エネルギー供給の確保、住民の避難・救助などについて規定している。同法が民間防衛を、外国による敵対的攻撃から民間人を保護し被害の軽減を図ること、と定義している点からも分かるように、基本的に戦争状態や武力攻撃を想定した法である。

　一方、1920年緊急権限法の方は、第1次世界大戦後、労働組合によるストライキが頻発し、社会不安が高まったことを背景に成立した。同法の下では、食料・飲料水・燃料・電力の供給が阻害されたり、あるいは輸送手段が妨げられたりするような場合、国王の名において「緊急事態」（State of Emergency）を宣言することができ、その結果、様々な規則を「枢密院令」（Order in Council）[10]として定めることが可能となる。こうして政府や軍・警察が、治安の維持、生活必需品の確保・供給、輸送手段の維持、その他にも公共の安全と社会生活の維持に関わるあらゆる目的のため、必要な措置を取れるようになるのである。ただし、たとえ非常事態下であっても、軍役を強制したり平和裏になされるストライキを規制したりすることは、不可能とされている。

　このように、民間防衛法はソ連や東側陣営による攻撃への対処を主な目的としたものであり、緊急権限法は基本的に大規模なストライキによる社

---

[10]　枢密院令は国王の名の下に出されるが、これはあくまで形式上のことで、実質的には時の内閣が発する命令である。

会の混乱を想定していた。しかし冷戦の終結に伴い外国勢力による直接的な攻撃の可能性は低下、そして2000年9月に燃料危機[11]が発生、同年の秋から冬にかけては洪水被害、また2001年には口蹄疫が大流行し、その都度、政府対応の遅れや不手際が各方面から強く批判された。さらに2001年9月11日の米国同時多発テロ事件は、テロの脅威と破壊力をまざまざと見せつける結果となり、政府関係者は強い危機感を抱くようになった。

こうして英政府は、緊急事態に関わる法制や対処計画の見直しに着手する。その結果、災害やテロを想定していない既存の法律では新しい時代の国民保護に対処できず、新法が必要との結論に至った。

そこで1948年民間防衛法と1920年緊急権限法を廃止し、21世紀型の緊急事態に対応した国民保護の新たな法的枠組みを構築するため、2004年民間緊急事態法の制定へと至ったのである。民間緊急事態法は、戦争からテロ、災害、感染症、大事故にいたるまで、幅広いリスクに包括的に対処することが意図されている。

1　民間緊急事態法の概要

民間緊急事態法（CCA）は3部から構成されている。ただし第3部は細則や附則のたぐいなので、実質的には2部構成と言える。第1部では地域レベルでの住民保護に対する関係機関の責任や権限について詳細に規定されている。第2部は1920年緊急権限法をアップデートしたもので、非常時における中央政府の権限が定めてある。以下、同法の主要なポイントを説明したい[12]。

---

[11] 燃料価格の高騰を受け、トラック運転手や農家が抗議のため製油所を封鎖するなどし、税率の引き下げを強硬に求めた。その結果、英国全土で数多くのガソリンスタンドが一時休業に追い込まれる事態となり、燃料供給に混乱が生じることとなった。

[12] 以下の記述は、Civil Contingencies Secretariat (Cabinet Office), *Civil Contingencies Act 2004: A Short Guide (revised)*, <http://www.cabinetoffice.gov.uk/resource-library/civil-

(1) 緊急事態の定義

　民間緊急事態法の第1部は緊急事態を、①国内のある場所における人間の福祉に深刻な被害を及ぼす可能性のある事件や状況、②国内のある場所における環境に深刻な被害を及ぼす可能性のある事件や状況、③英国の安全保障を深刻に脅かす戦争やテロリズム、と定義している。

　第2部の方は、①英国全土、地方、もしくは地域における人間の福祉に深刻な被害を及ぼす可能性のある事件や状況、②英国全土、地方、もしくは地域における環境に深刻な被害を及ぼす可能性のある事件や状況、③英国の安全保障を深刻に脅かす戦争やテロリズム、と定義する。

　一見すると、両者は実質的にほぼ同じ定義であるように見えるが、実は微妙に異なる点に注意しなければならない。すなわち脅威の対象として、人間の福祉や環境に被害を及ぼす恐れのある事態[13]、そして戦争やテロ事件を想定している点では同じである。

　しかしその被害の及ぶ範囲が、第1部では「ある場所」、すなわちどこかの地点で構わないことになっている。一方、第2部では「全土・地方・地域」に被害が及ぶ、つまりある程度の地理的な広がりをもった事象のみが緊急事態とみなされるわけである。

　これは第2部が緊急事態の布告に関わるものなので、より広い領域に影

---

contingencies-act-short-guide-revised>を主に参考にしている。また日本語による同法の優れた解説として、岡久慶「緊急事態に備えた国家権限の強化――英国2004年民間緊急事態法」『外国の立法』第223号（2005年2月）1－37頁がある。

　なお、英国の緊急事態法制に関する先行研究としては、前出の谷澤叙彦「英国の緊急事態法制」に加え、渡井理佳子「イギリスにおける緊急事態法制と委任立法の役割」『防衛大学校紀要（社会科学分冊）』第81号（2000年9月）47－63頁、大田肇「イギリスの有事法制」全国憲法研究会編『法律時報増刊：憲法と有事法制』（日本評論社、2002年）174－178頁、柳井健一「イギリスの緊急事態法制」水島朝穂編著『世界の「有事法制」を診る』（法律文化社、2003年）119－132頁などがある。

[13]　民間緊急事態法によると、人間の福祉に対する被害とは具体的に、①人命の喪失、②人間の疾病・傷害、③住居の喪失、④資産への被害、⑤金銭・食料・エネルギー・燃料の供給の混乱、⑥通信システムの混乱、⑦交通機関の混乱、⑧保健関連サービスの混乱、を意味する。また環境への被害には、①生物学的・化学的・放射性物質による土壌・水質・大気の汚染、②植物・動物の生命の破壊、が含まれる。

響を及ぼす深刻な出来事であることを認定の条件としたのである。こうして緊急事態の宣言と非常時権限の行使に関する敷居を高めたというわけである。

ただし従来の法律では、緊急事態の布告は英国全土を対象としてのみ可能であったため、いわば小回りが利かず、使い勝手が悪いと指摘されてきた。それが新法の成立によって、ある程度の広域であることは前提とされるものの、地域レベルでの緊急事態発令が史上初めて可能になったのである。

(2) 民間緊急事態法第1部

すでに少し触れたように民間緊急事態法第1部の主な目的は、地域レベルで住民保護のための堅固で一貫した体制を整備することにある。そのため同法は、地域における緊急事態の対処に関わる組織を、「第1種対応機関」（Category 1 Responders）と「第2種対応機関」（Category 2 Responders）の2つに分類し、非常時における関与や責任の度合いに応じて、それぞれに見合った義務を課している。

表-2：主な指定対応機関

第1種対応機関 （中核的対応機関）	緊急事態サービス（警察・鉄道警察［Transport Police］・消防・救急・海事沿岸警備庁［Maritime and Coastguard Agency］）、地方自治体、保健関連機関、環境庁［Environmental Agency］
第2種対応機関 （協力対応機関）	公共事業者（電気・ガス・上下水道・電話［固定・携帯］）、交通機関（鉄道・地下鉄・空港管制官・港湾当局・高速道路庁［Highways Agency］）、保健安全執行部［Health and Safety Executive］

出典：'Annex A: Civil Contingencies Act 2004: List of Responders' in Civil Contingencies Secretariat (Cabinet Office), *Civil Contingencies Act 2004: A Short Guide (Revised)* をもとに筆者作成。

第1種は警察や消防のように、普段から事件や事故、災害といった事態に対処しており、緊急時の対応でも中核となるべき機関から構成されてい

る。これらの機関は、住民保護のために以下のような包括的かつ重要な法的義務を負うことになっている。

・緊急事態のリスク評価
・緊急時計画の策定（緊急事態の予防、緊急事態の被害の管理・緩和）
・緊急時でも機能不全に陥らないように、事業継続マネジメント（BCM）の導入[14]
・緊急時の保護に関する情報を住民に公開するための仕組みを整備
・緊急時において住民に警報を発令し、必要な助言を与えるための仕組みを整備
・調整を密にするための他の関係機関との情報共有
・効率を高め調整を密にするための他の関係機関との協力
・地方自治体（他の第1種機関は除く）については、企業やボランティア団体に対して事業継続マネジメントに関する助言と支援を実施

　第2種の方は「協力団体」とも呼ばれ、電気・ガス・水道・通信の各事業者や交通機関などが属している。これらの組織は、あらゆる非常時で常に中心的役割を果たすとは考えにくいが、事態の性格によってはその対処に深く関与することになるかもしれない。
　このため第1種対応機関に比べると、その義務の程度は意図的に軽減されている。つまり第1種対応機関および自分以外の他の第2種対応機関との協力や情報共有の義務を負うことになっている。
　緊急事態への対処組織の構成に関して、1点注意しておくべきことがある。それは、軍が第1種と第2種のどちらにも、対応機関として指定されていない点である。これは実のところ、意図的にそうなっている[15]。

---

[14] 民間緊急事態法は第1種対応機関に対して、非常時において住民保護に関する機能ばかりでなく、通常の業務も継続できるよう求めている。

[15] 内閣府民間緊急事態局（Cabinet Office Civil Contingencies Secretariat）高官へのインタ

日本の場合、戦後長らく自衛隊の主な役割は災害出動にあったとすら言えるかもしれない。自衛隊はその存在自体が憲法上、微妙な問題であり、国民世論やマスコミの厳しい目に常にさらされていた。その結果、国内において唯一目立った活動の機会は、災害派遣であった。大規模災害が起こるたび、被災地のために隊員たちが積極的かつ献身的な活動を積み重ねてきたことで、自衛隊という組織に対する国民の理解と信頼が次第に高まっていったと言える。

　しかし英国軍の場合、その使命はあくまで国防や国際安全保障への貢献にあると考えられ、この点に関して世論もマスコミも特に異論があるわけではない。特に近年ではイラクやアフガニスタンなど、海外への軍事展開の機会が急増し、マンパワーの点で余裕がほとんどない状態にある。また英国は厳しい財政事情が長年続いており、緊縮財政によって軍に限らず国内の多くの公的機関が人員難、装備不足にあえいでいる。

　そのため、本来は警察や消防などの機関が担当すべき仕事までが、安易に軍に回ってくるようでは困る、といった意識が軍内部には存在したとのことである。こうして民間緊急事態法第1部において、軍が指定対応機関として正規に法的な義務を負わされることはなかった、というわけである。

　ただし言うまでもなく、これは災害などの非常事態に対して英国軍がけっして出動しない、ということを意味するわけではまったくない。現実問題としては、自国民が被災している状況の下で、軍は当然ながら出動し、これに対する救援活動に積極的に取り組んでいる。洪水での救助活動、あるいは口蹄疫での殺処分などが近年の例であり、また普段の災害訓練などにも実際にはきちんと参加している。

　なお、英国軍が上記のような災害発生時などに、政府省庁や地方自治体といった文民当局の支援のため派遣される際の方式や基準については、緊急事態対処の制度的な枠組みを扱う節でのちほど解説することにしたい。

　ビュー、内閣府にて実施（2011年12月13日）。

(3) 民間緊急事態法第2部

　1920年緊急権限法は、その有効期間84年のうち計12回行使され、最後は1974年のことであった。2004年民間緊急事態法の第2部は、その現代版とでも言うべきもので、旧法では想定されていなかったような21世紀の新しいリスク——たとえばサイバー・テロによる通信システムの崩壊や生物・化学兵器テロによる土壌汚染など——に対応することを狙いとしている。

　新法の第2部にもとづき緊急事態が宣言されると、「緊急事態規則」（Emergency Regulation）と呼ばれる特別立法を制定する権限が政府に付与される。これはきわめて深刻な事態に対処するための例外的な措置、いわば最後の手段であって、地域レベルでの緊急事態対処計画の策定に際して、非常時権限の行使を前提とはしないことになっている。

　この緊急事態規則は30日間にかぎって有効で、あくまで時限的な非常措置である。ただし、これに代わる新しい規則の制定は可能とされる。

　緊急事態規則は、できる限りすみやかに議会に提出されねばならず、提出の日から7日以内に議会の承認を得なければならない。議会は規則を修正することもできるし、もし議会が承認しなければ、当該規則は失効してしまうことになる。また、緊急事態規則は被害の防止・緩和・管理といった目的に沿ったものでなければならない。

　このような条件や基準はあるものの、事態対処に必要とされるあらゆる規則を定めることが可能になるわけであり、こうして政府は非常に強力で幅広い権限を行使できるようになる。

　具体的に言うと、民間緊急事態法は以下のような事項を非常時権限の例として挙げている。ただし、緊急事態規則の範囲がこれらに限られるわけではない。

・資産の徴発・没収（賠償の有無を問わない）
・資産・動植物の破壊（賠償の有無を問わない）

- 指定した場所への、あるいはその場所からの、移動を禁止
- 指定した場所への、あるいはその場所からの、移動を要求
- 特定の集会・旅行・行動の禁止
- 規則に基づく指示・命令への不服従や公務の執行に対する妨害を犯罪とする
- 既存の法律(民間緊急事態法第2部を除く)あるいは既存の法律にもとづく規定を改正、もしくはこれらの適用を除外する
- 個人・団体に職務の執行を要求(謝金や賠償を規定しているか否かは問わない)
- 軍の展開(ただし国防会議の承認が必要)

このように緊急事態宣言の下では、一般国民が対象でもたとえば一定の職務や労役を課すことさえ理論上は可能となり、しかも規則の違反者に対する罰則[16]を設けることもできるわけである。

ただし内閣府の当局者[17]は筆者のインタビューに対して、現実的にはもはやそのようなことは困難であろうとの見方を示した。また法的にも、軍役を強制するのは許されないことが明確に規定され、ストへの参加も禁止できないことになっている。

2 特徴と分析

ここでは小まとめとして、2004年民間緊急事態法の特筆すべきポイントをいくつか抽出し、分析を加えてみたい。

(1) 地域レジリエンス・フォーラムとボランティア団体の役割

民間緊急事態法の制定に伴う、英国の新しい危機管理体制の重要な特

---

[16] ただし罰則に関しては、3ヵ月を超える拘禁刑や罰金基準表の5級を超える罰金を科すような犯罪を新設することはできない、との制限がある。
[17] 前出の民間緊急事態局高官へのインタビューにおける発言。

色の1つは、「地域レジリエンス・フォーラム」（LRF: Local Resilience Forum）の存在である。

　すでに述べたように、第1種と第2種の指定対応機関は、課せられている義務や職務の程度に違いはあるものの、情報の共有と相互に協力を行うことに関しては、すべての機関にひとしく責任がある。

　そのような法的義務を果たすため、基本的には指定機関のすべてが参加して地域ごとに組織されるのが、このLRFである。警察の管区を単位として設立されるLRFは、緊急事態に対する備え、そして発生後の対応にあたって、地域レベルでの協力関係を強化し、参加機関の間で調整をはかることが、その役割となっている。地域のリスク評価を行って、「コミュニティ・リスク一覧」（CRR: Community Risk Register）を作成・公開するのも、このLRFの重要な責務である。

　また、LRFには第1種と第2種に指定された対応機関ばかりでなく、その地域で緊急事態への対処に関与することになるであろう他の組織も、法的な義務ではないものの参加することができる。典型的には地元のボランティア団体がそれにあたる。

　緊急事態におけるボランティア団体の役割に関しては、民間緊急事態法の議会審議の過程で論争となった経緯がある。第1種対応機関は緊急事態計画の策定にあたって、ボランティア団体とも協議するよう法に盛り込むべき、との肯定的な意見がある一方で、ボランティア団体の能力には限界があるので、安定的なサービス提供が期待できないのでは、という消極論も当初は存在していた。

　最終的には、民間緊急事態法第1部を補足する2005年制定の「民間緊急事態法（緊急事態計画）規則」[18]のなかに、計画の作成段階で第1種対応機関はボランティア団体の活動に留意しなければならない、との明文規定

---

[18]　正式名称を 'The Civil Contingencies Act 2004 (Contingency Planning) Regulations 2005' という。

が置かれることになった。そしてボランティア団体が緊急事態の予防や対処に関して活動を行うことが、正規に許されることになったのである。

　これはボランティア団体が英国の危機管理体制のなかで、なかば公的な位置づけを与えられたことを意味する。英政府はボランティア団体に対して、応急処置、輸送、捜索救助、カウンセリング、機材（医療用具や通信機器など）の提供といった面で、その支援活動に大きな期待を寄せている。

　こうして英国では、災害や大事故などの緊急事態が起こってからボランティア団体の助けを急きょ借りるのではなく、普段から起こりうるべき危険に備え、ボランティア団体と緊密に協力し情報を共有するための、LRFという仕組みが各地域に存在するわけである。

(2) 訓練・演習の重視

　第2のポイントは、訓練や演習の重要性である。第1種対応機関に対しては、その緊急事態計画のなかで、スタッフの訓練や演習の実施に関する規定を含めなければならないことが、正式に決められている。

　また、英国政府が緊急事態における事業継続を非常に重視していることはすでに述べた。そのため、もし事業継続計画が発動されたとき、その遂行に直接関わるスタッフに対する訓練プログラムの導入も、第1種対応機関に求めている。

　ちなみに、これまで国が行った大規模な演習の具体例[19]を挙げると、2011年には「ウォーターマーク演習」（Exercise Watermark）と呼ばれるものが実施されている。洪水を想定した史上最大規模の演習であり、10の政府官庁、緊急サービス、公共事業者、地域住民など合計で約1万人が参加した。

　その具体的なシナリオは、鉄砲水がロンドンやヨークシャーを襲い、各地で貯水池から水が溢れ出し、川は氾濫、さらに高潮で東海岸一帯が水浸

---

[19] Damian Carrington, 'Flood catastrophe exercise to test Britain's emergency services', *The Guardian*, (7 March 2011), <http://www.guardian.co.uk/society/2011/mar/07/flood-catastrophe-exercise-watermark-emergency>.

しになるという激しいものである。

　国の対処能力を検証することが目的であるため、中央政府で危機対応にあたる閣僚たちは、事前に緊急事態の詳細を知らされず、リアルタイムで判断を下さねばならないという、本番さながらの演習であった。

　民間緊急事態に関わる大規模演習は、これ以前では2007年に鳥インフルエンザのパンデミックを想定したもの、さらに2005年にはロンドンの交通機関へのテロ攻撃を想定した英米共同の「アトランティック・ブルー演習」(Exercise Atlantic Blue) などが行われている。

　ただし訓練そのものは、日本やおそらくほかの主要国でも、程度に差はあれその重要性が認識され、適宜、実施されているであろう。その意味で英国のこのような姿勢が、とくに珍しいわけではない。

　興味深いのは、訓練重視の表れとして、内閣府の民間緊急事態局（CCS: Civil Contingencies Secretariat）管轄の下、「緊急事態計画大学校」（EPC: Emergency Planning College）と呼ばれる訓練校までが存在することである。

　ここでは緊急事態の予防や備え、発生時の対処、そして事後の復旧に関わるような各種訓練コースが開講され、さらに短期のセミナーやワークショップも行われている。対象としては、中央政府、地方自治体、緊急サービス、民間セクター、ボランティア団体など、国内外を問わず幅広い層の関係者が参加可能である。

（3）憲法との関係

　よく言われるように、英国は「不文憲法」の国である。すなわち日本国憲法や合衆国憲法のように、単一のまとまった憲法典が存在していない。では何をもって憲法とするのかと言えば、①議会による制定法、②コモン・ロー（Common Law: 判例法）、③憲法習律（Constitutional Convention）、④権威ある学説、といったものが総体として憲法を構成しているとされる。

　このなかでは、「憲法習律」というのが耳慣れない用語であろうが、こ

れは長年にわたって形成された国政の根幹に関わる慣習やルールのことで、民主政治の運営上、非常に重要な役割を果たしている。英国政治の大原則として有名な、「国王は君臨すれど統治せず」はその例である。ほかにも、下院選挙の結果、第1党の党首が国王によって首相に任命されるというのも、明文の規定はなく憲法習律である。

ただし憲法の大部分を実際に占めているのは制定法であり、そのなかでも基本法に近い性格を持つ一連の重要な法律が存在する。それはたとえば、1679年人身保護法、1689年権利章典、1911年および1949年議会法、などといったものである。比較的近年のものでは、1998年人権法が英国憲法の重要な一角を占めるようになっている、と言われる[20]。

一般的に憲法の改正には、その憲法自体の条文に定められた改正手続きが必要となり、通常の法改正よりも厳格な基準が要求される。しかし英国では、上記のような議会制定法が憲法を構成しているので、その改正に特別な手続きは不要ということになる。その意味で、英国憲法は「軟性憲法」とも呼ばれている。

そこで問題となってくるのが、民間緊急事態法の第2部である。緊急事態が宣言されれば、時限的な措置であるとはいえ、既存の法律や規定を変更できるようになる。たとえ基本法的な性格を持つものであっても、議会制定法であることに変わりはないので、理論的には緊急事態宣言の下で、時の政権の意向によって実質的な憲法改正、あるいは憲法を大きく逸脱した権限の濫用が可能になる恐れがある。

こうして、憲法的な位置づけを与えられている一連の法に関しては、緊急事態規則でも変更できないようにすべき、との主張が議会審議の過程で多くの野党議員から展開されることになった。

その結果、人権法に関しては非常時の権限をもってしても、これを改正することはできない、と民間緊急事態法の第2部で明記されることに

---

[20] 田島裕『イギリス憲法典―1998年人権法―』(信山文庫、2010年)。

なった。人権法は欧州人権条約[21]を国内法化したものであり、死刑の廃止、拷問の禁止、思想・良心・信教の自由、表現の自由、差別の禁止などが定められている。

人権法は個人と政府の関係を規定するものであり、緊急権限の濫用防止という観点からは、憲法的意義を有するいくつかの法律のなかで、もっとも関連性が高いとされる。したがって非常時における政府の行き過ぎに対する予防措置として、とくにこの人権法を緊急事態規則の適用除外にしたというわけである。

民間緊急事態法には、これ以外にもいくつかの制限が組み込まれている。すでに述べたように緊急事態規則は軍役の強制やストの禁止ができないことに加え、刑事手続きをいかなる点でも変更することは許されず、また裁判手続きも保障されねばならないことになっている。

さらには、緊急事態の布告や権限行使のあり方そのものに関しても、「トリプル・ロック」(Triple Lock)、すなわち3重の鍵と呼ばれる歯止めがかけられている。政府による悪用を防ぐため、民間緊急事態法では以下のような厳しい基準が設定してある。

①深刻性：人間の福祉、環境、あるいは安全保障に深刻な被害を及ぼす可能性のある緊急事態であること
②必要性：既存の権限では不十分で、かつ通常の立法措置を待っていては間に合わず、緊急事態解決のため規則の制定が至急必要なこと
③比例性：緊急事態規則は、対処すべき緊急事態の様相や影響に対して比例的でなければならないこと

これら3つの条件すべてを満たさない限り、政府は緊急権限を利用でき

---

[21] 正式名称を「人権と基本的自由保護のための条約」(Convention for the Protection of Human Rights and Fundamental Freedoms)という。1950年にローマで調印され、1953年に発効した。同条約は、1948年に国連総会で採択された「世界人権宣言」を基礎としている。

ないと定められているのである。

Ⅲ　緊急事態対処の制度的枠組み

さて、これまで英国政府の新しい時代のリスクに対する柔軟な見方、そしてそれに伴い制定された新法の内容を解説してきた。次に、英国の災害対処・危機管理に関して、制度面から観察を加えたい。

1　英国政府の危機対応メカニズム[22]

英国の緊急事態対処制度における大きな特徴は、柔軟性である。危機管理専門の強力な省庁を設置するなどして、特定の組織にすべてをゆだねるのではなく、発生した事態に関係する既存の省庁や組織の力を結集し、国全体で対処しようとするのが英国の方式である。

たしかに内閣府に「民間緊急事態局」（CCS: Civil Contingencies Secretariat）と呼ばれる専門のセクションが設置されてはいるが、この組織はすべての危機を一手に引き受けるよう意図されたものではない。期待されている役割は、平時においては各種リスクの査定やレジリエンスの向上への取り組み、そして非常時には関係機関による対処活動の調整を図り、相互協力をスムーズにする中枢として機能することである。

また英国では、あらゆる事態に対して中央政府ないし首相官邸が地方組織を完全に掌握し、指揮をとるトップダウン型のシステムとなっているわけでもない。むしろ中央と地方の責任や役割分担に関しても、緊急事態の内容やレベルに応じて適切なバランスを取るよう配慮がなされている。ただしのちほどみるように、必要な際には中央が強力なリーダーシップを発

---

[22]　以下の説明は、Cabinet Office, *UK Central Government Arrangements for Responding to an Emergency: An Overview*, (March 2010); Cabinet Office, *Responding to Emergencies: The UK Central Government Response – Concept of Operations*, (March 2010) に依拠している。

揮できるような制度設計となっている。

(1) 中央・地方関係

　英国の危機管理政策における大原則は、地域の対応機関こそがいかなる緊急事態であってもあくまで対処の根幹であり、基本要素として位置づけられていることである。したがって中央政府が地方と重複した業務を行うことはない。

　通常、地域的な緊急事態対応においては、警察が指導的役割を果たすことになる。複数の機関が対処活動に参加する場合、「戦略調整グループ」（SCG: Strategic Co-ordinating Group）というものが設置され、基本的には地元警察の高官がその長を務めることになる。

　このように、たいがいの事件や事故、緊急事態——たとえば交通事故や局所的な洪水被害など——は、地域レベルで日々、緊急サービスや地元自治体によって処理されており、中央政府の関与はとくに必要とされない。

　中央の関与が必要とされるのは、表-3のようなレベルに達した緊急事態である。

　レベル1程度の場合では、発生している緊急事態にもっとも関係が深い政府省庁が、「主務官庁」（LGD: Lead Governmental Department）として指定され、地域レベルでの対処活動に責任をもって支援を行う。初動段階と復旧段階では、事態の性質や必要とされる専門知識に変化が生じるかもしれないので、そういった場合は柔軟に主務官庁が変更される。

　もし、どの省庁が担当すべきかはっきりしないような事態の場合、非常時の空白は許されないので、とりあえずは内閣府民間緊急事態局が対応を引き受ける。その後、どこが主務官庁となるべきかをこの民間緊急事態局が判断した上で、首相官邸に助言し正式に選定されるはこびとなる。ただしテロ関係の緊急事態では、初期対応は内務省（Home Office）の「テロリズム防御ユニット」（Terrorism Protection Unit）が引き受けることになっている。

　レベル2以上の緊急事態では、次に扱うCOBRと呼ばれる中央政府の危

表-3：緊急事態の諸段階

レベル1	レベル2	レベル3
重大な緊急事態 (Significant Emergency)	深刻な緊急事態 (Serious Emergency)	壊滅的な緊急事態 (Catastrophic Emergency)
中央政府による関与や支援を必要とはするが、多くの省庁が参加した集団的で統一的な対応までは必要とされず、基本的に主務官庁（LGD: Lead Governmental Department）が対応にあたればよいレベルの緊急事態。	広範で長期にわたる被害や影響が想定されるため、数多くの省庁の支援が必要となり、それゆえ中央政府が継続的な調整にあたらねばならないレベルの緊急事態。	きわめて広範囲に及ぶ高いレベルの被害や影響が想定されるため、ただちに中央政府の指揮および支援を必要とするレベルの緊急事態。
異常気象関連の災害のほとんどがこのレベルに該当する。	テロ攻撃、広範囲にわたる都市洪水、感染症の大流行などが、このレベルの緊急事態にあたる。	大規模な自然災害やチェルノブイリ・クラスの産業事故がこのレベルに該当する。英国はまだ経験したことのないレベルの緊急事態。

出典：Cabinet Office, *Responding to Emergencies: The UK Central Government Response - Concept of Operations*, (March 2010), pp. 8-9 をもとに筆者が作成。

機管理メカニズムが発動されることになる。レベル3においては、地域での対応が麻痺状態に陥ると考えられる。したがって完全なトップダウン型の対応が必要となり、また民間緊急事態法第2部の下での緊急権限の使用も考慮される可能性がある。

(2) 内閣府ブリーフィング・ルーム（COBR）

英国政府による危機対応システムとして、世界的にも有名なのがCOBR（Cabinet Office Briefing Rooms: 内閣府ブリーフィング・ルーム）である[23]。COBRそれ自体は、文字通り内閣府の単なる会議室に過ぎない。

---

[23] メディアなどでは、ある種の語呂合わせのような形で、COBRA（コブラ）（Cabinet Office Briefing Room A: 内閣府ブリーフィング・ルームA）と呼ばれることの方が多い。これはいくつかあるブリーフィング・ルームのうち、A会議室を使うことが多かったからであるが、正式名称

しかし緊急時には政府の対策本部が置かれ、関係閣僚や省庁の高官、軍・警察・諜報機関の首脳などが必要に応じて参集する。そしてこの場所で政府の対応策を協議・調整した上で、地域で活動する機関に対して一元的な支援や助言、監督がなされる。こうして英国政府における実質的な危機管理センターの別称として、COBRの名が使われているわけである。

COBRが立ち上げられたら、ただちに「政府連絡担当官」（GLO: Government Liaison Officer）が現地に派遣され、地元機関との連絡調整にあたる。テロ事件や原子力関連の緊急事態のような場合、複数の省庁からの要員や広報官をも含めた「政府連絡担当チーム」（GLT: Government Liaison Team）が結成されることになる。

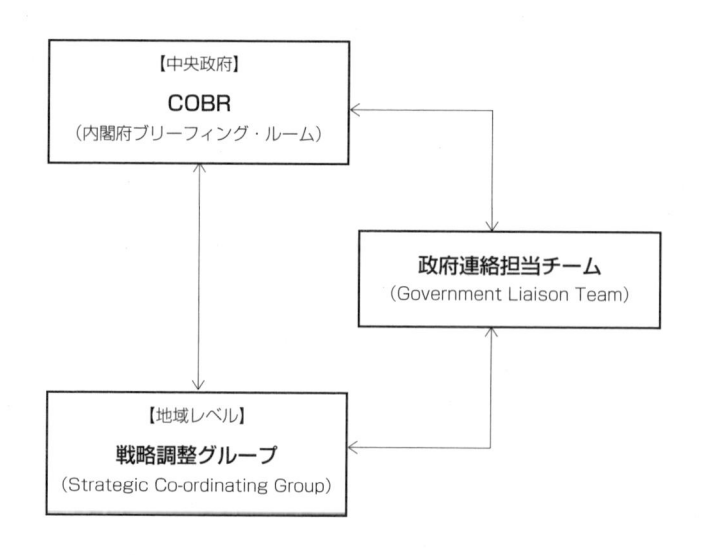

```
        【中央政府】
          COBR
   （内閣府ブリーフィング・ルーム）
              ↑↓         ↑↓
                    政府連絡担当チーム
                 (Government Liaison Team)
              ↑↓         ↑↓
        【地域レベル】
       戦略調整グループ
    (Strategic Co-ordinating Group)
```

出典：Cabinet Office, *Responding to Emergencies: The UK Central Government Response - Concept of Operations*, (March 2010), p. 69 をもとに筆者が作成。

図-2：COBRと現地SCGの関係

はあくまでCOBRである。ただし筆者が内閣府を訪問して聞き取り調査を行った際、当局者も実際のところ言いやすさのためか、「コブラ」の通称を普通に用いていた。

内閣府によると、COBRの基本的な使命は以下の3つである。

①人命の保護、そして可能な限り財産と環境も守り、被害を緩和
②日常生活の継続と可能な限り早期の復旧を支援
③法の支配と民主的プロセスを保持

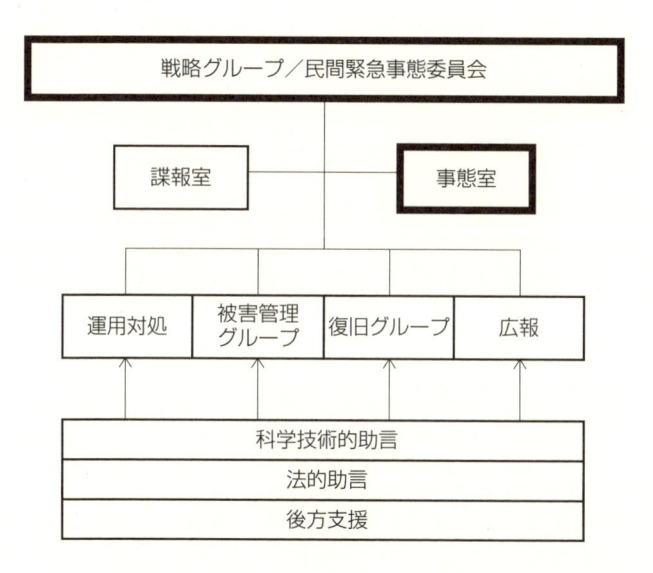

```
                戦略グループ／民間緊急事態委員会
                        │
            ┌───────────┴───────────┐
          諜報室                   事態室
            │
   ┌────────┼────────┬────────┐
運用対処 被害管理   復旧グループ  広報
         グループ
   ↑        ↑        ↑        ↑
   科学技術的助言
   法的助言
   後方支援
```

出典：Cabinet Office, *Responding to Emergencies: The UK Central Government Response - Concept of Operations*, (March 2010), p. 22 をもとに筆者が作成。

図-3：COBRの内部機構

　COBRは非常に柔軟な組織であり、図-3のすべてのセクションが設置されるとは限らない。太枠になっている2ヵ所の基本部分だけで、活動することも多い。他の箇所については、どの部分が設置されるかは状況次第であり、それは内閣府によって決定される。なお、内閣府はCOBRの事務局も務める。

159

COBRにおける最高意思決定機関は「戦略グループ」(Strategy Group)、もしくは「民間緊急事態委員会」(Civil Contingencies Committee) である。前者はテロや国際危機に関係した緊急事態において開催され、議長は首相、内務大臣、もしくは外務大臣が務める。後者はテロ以外の国内での緊急事態の場合に設置され、関連省庁からの閣僚や高官が必要に応じて召集される。ここでの決定事項は、当然ながら各省庁に対して拘束力を持つ。

　戦略グループもしくは民間緊急事態委員会と並んで、COBRメカニズムが始動した際に必ず設置されるのが「事態室」(Situation Cell) である。意思決定者が最新の情勢に関して、適切なブリーフィングを受けられるようにするためのセクションである。

　テロ関係の事件、あるいは他の状況でも必要と判断されれば、「諜報室」(Intelligence Cell) があわせてCOBR内部に開設されることになる。各諜報機関や「統合テロリズム分析センター」(JTAC: Joint Terrorism Analysis Centre) などから、そのスタッフが集められる。COBRに対して、脅威レベルに関する情報を提供したり、あるいは背景説明を行ったりするのは、JTACの重要な責務となる。

　このほか、運用対処、被害管理、復旧、広報という目的別にユニットが設立されることもある。このなかでは運用対処と呼ばれる部署の役割が、名称からは想像がつきにくいかもしれないが、これは次のようなケースで設置される。

　すなわち、緊急事態への実際の対応は、ほとんどの場合、現場の関係機関が政府の支援を受けつつ行うわけであるが、中央政府自体が直接対処に乗り出す必要が生じることもありうる。たとえば、海外の緊急事態で現地英国人の避難を行うようなケースがそれに該当する。そのような場合にこのユニットは開設され、対応にあたることになる。

　また、危機への対処において意思決定者やCOBR内の各ユニットが、専門的なアドバイスを必要とするということは、十分考えうる。その際、科学技術上の助言に関しては、「緊急時科学技術諮問グループ」(SAGE:

Scientific Advisory Group for Emergencies）というものが設置される。構成員は緊急事態の内容によるし、状況の推移によっても変化しうる。法的助言は、各省の法律顧問や内閣府の法務チームが協議を行い、必要に応じてCOBRに提供する。

最後に、図の一番下の後方支援とは、被災した地域で必要な機材や物資を十分に調達ないし輸送できないような場合に、中央政府が全国的なバックアップ体制を強化するための部署である。

このように組織構造ばかりでなく、構成メンバーすら固定されていないのがCOBRの特徴であり、事態に応じた柔軟で迅速な対応を可能にするよう意図されているのである。

(3) 国家安全保障会議との違い

なお1点補足しておきたいのが、従来から存在するCOBRと新設された「国家安全保障会議」（NSC: National Security Council）の区別である。英国では2010年5月に、13年間続いた労働党政権に代わって、保守党と自由民主党の連立政権が誕生した。その際、新政権のいわば鳴り物入りで設立されたのが、NSCである。

議長は首相が務め、その主要メンバーは副首相、大蔵大臣、外務大臣、内務大臣、国防大臣などである。構成員は基本的に固定であるが、他の閣僚や軍・諜報機関の首脳が必要に応じて参加することも、もちろん可能である。

諸外国の例からすると、あるいは名前を聞く限りでは、このNSCこそが危機管理の中心的なメカニズムであるかのように思える。しかしながら、NSCは国家戦略・安全保障政策を平時から総合的に立案するための常設機関であり、非常時に急きょ開催し、指揮中枢として機能することを主目的としているわけでは必ずしもないので、注意が必要である。

ただし2011年のリビア危機[24]の際は、NSCが普段と違って首相官邸で

---

[24] 2011年2月、カダフィ大佐の独裁政権に対する反政府デモがリビア全土で発生し、武力で鎮

はなく内閣府ブリーフィング・ルームで開催され、そこにおいてオペレーションの協議や指揮がなされたので、NSCとCOBRが実質的に同じ機能を果たした、という興味深い実例は存在する。

2 軍の派遣制度[25]

すでに説明したように、民間緊急事態法の第1部において英国軍は正規の対応機関として指定されておらず、非軍事的な緊急事態や災害に対処することが軍本来の任務とはされていない。また同法の第2部では緊急事態が布告されれば軍の展開を可能にする旨の規定があるが、緊急事態宣言の発動には厳重なロックがかけられている点もすでに触れた。

しかしこれらは災害救援のような軍事以外の目的で、軍がまったく使われないことを意味するわけではない。現実問題としては、文民当局の能力をはるかに超える事態が発生することも十分ありうるし、軍にしか事実上できないような任務——たとえば広範囲の捜索救助や大規模な輸送活動など——がどうしても必要になるかもしれない。あるいは警察や消防、自治体などで一応の対処は可能でも、軍ならばもっと迅速かつ効果的に遂行できる、というようなケースも考えうる。

こうして実際には、英国軍はたびたび災害や緊急事態で出動し、支援活動を展開している。そのために、MACA（Military Aid to the Civil Authorities: 文民当局への軍事支援）と呼ばれる派遣制度が整備されている。ただし軍が投入される大前提として、軍事支援はつねに最後の手段でなければならないとされており、具体的には以下の3つの条件が課せられ

圧をはかる政府軍と反体制派との激しい軍事衝突へと至った。3月には国連安保理決議を受けて米英仏などが軍事介入に乗り出し、結局、8月に反体制派が首都トリポリを制圧しカダフィ政権は崩壊した。さらに10月には逃亡中のカダフィ大佐が死亡し、反体制派により全土の解放が宣言された。

[25] 以下の説明は主に、House of Commons Defence Committee, *The Defence Contribution to UK National Security and Resilience, Sixth Report of Session 2008-09*, (London: The Stationary Office, May 2009), pp. 11-12 に依拠している。

ている。

① 相互支援や他の機関、私的セクターの活用では不十分ないし不適切という場合
② 当該任務を遂行する能力を文民当局が保持していない場合、あるいはそのような能力を保持するのが非常に困難と考えられる場合
③ 文民当局は能力を有するが、迅速な行動が必要で、軍でなければ間に合わない場合

　以上の条件を満たした場合に、MACAの実施が可能となるわけである。このMACAは次の3つの種類に分けられる。

(1) MAGD

　第1はMAGD（Military Aid to other Government Departments: 他省庁への軍事支援）である。この場合の支援相手は政府機関であり、国家的に重要度の高い緊急の仕事、あるいは市民生活に直結するサービスの維持に関わる分野で、軍がサポートを行うことになる。

　例としては、2001年の口蹄疫流行の際の出動や、2002～03年に消防士組合が全国ストライキを断続的に行ったため、軍が独自の消防車を使って急きょその代わりを務めたという、日本では考えられないようなケースまである。

(2) MACP

　MACP（Military Aid to the Civil Power: 文民権力への軍事支援）の目的は、法秩序や治安の維持であり、そのため場合によっては武装しての出動もありうる。文民当局の能力を超えた特殊な技能や装備が必要な場合、要請にもとづいて軍の派遣が行われる。典型的には、爆発物の処理や対テロ作戦などが、このMACPの区分に含まれる。

　注意すべきは、たとえ重大テロの鎮圧目的で軍が投入されたとしても、民間緊急事態法第2部の下で何らかの非常時権限が付与されたわけでもな

い限り、出動した部隊や指揮官、個々の兵士が特別な権限を有しているわけではない、ということである[26]。したがって武器の使用に関しては、正当防衛や犯罪の防止のためだけに許される、あくまでも最後の手段である。過剰な実力行使は違法行為とみなされ、指揮官も兵士もその行動に関して個人として責任を負うことになる。

テロ事件の解決に関する全般的な責任は警察にあり、軍はその補助として出動するのであり、警察に対して何らかの命令を下す権限も軍にはない。

(3) MACC

最後のMACC (Military Aid to the Civil Community: 市民コミュニティへの軍事支援) とは、自然災害や大事故に際して、地域社会の救済のために、軍が捜索救助、医療、給水、輸送といった活動に従事することを指す。英国で頻発する洪水被害における軍の派遣は、この制度にもとづくことになる。言うまでもないことであるが、MACCの下での出動は非武装の形でなされる。

MACAと総称されるこれら3種のオペレーションに共通して言えることであるが、軍はあくまで法を遵守した形で活動を行わねばならない。MACPに限らず他の場合でも、派遣された軍人は一般市民に対して何ら特別な権限を行使することはできない。同様に、文民当局に対して助言をしたり支援したりすることはもちろん可能であるが、指揮や統制を行うことはできない。

---

[26] つまりこの場合、軍はコモン・ローを法的根拠に出動するに過ぎない。コモン・ローの下で、英国市民は法の執行や秩序の維持に関して、警察や文民当局に協力する義務を負っている。軍人といえども市民である点に変わりはないので、その協力義務を果たすため、いわば一市民の資格で出動するというわけである。

日本の感覚からは少し奇妙に聞こえる話であるが、この点について詳しくは、The Development, Concepts and Doctrine Centre (Ministry of Defence), *Operations in the UK: The Defence Contribution to Resilience, Joint Doctrine Publication, 2nd Edition*, (September 2007), para 407 および柳井健一「イギリスの緊急事態法制」120－121頁を参照のこと。

おわりに——英国と日本

　日本では1970年代ごろから、危機管理に対する研究者の関心が次第に高まっていったとされるが、国民の間に広くその重要性が認識されるようになったのは、1990年代の半ばのことである[27]。

　なぜならこの時期、第1次朝鮮半島核危機（1993～94年）、阪神・淡路大震災（1995年1月）、オウム真理教による地下鉄サリン事件（1995年3月）など、立て続けに日本が長年謳歌してきた平和と安全を根幹から揺るがすような事態が発生したからである。

　とりわけ阪神・淡路大震災と政府対応のもたつきは、日本の危機管理体制における不備を国民の目に強く印象付け、それまでにも増して危機管理の重要性が叫ばれるようになった。

　それを受け政府は、24時間体制の内閣情報集約センターの立ち上げ（1996年5月）、内閣危機管理監ポストの設置（1998年4月）、内閣安全保障室の内閣安全保障・危機管理室への改組（1998年4月）などといった一連の措置を講じ、日本の危機管理体制がそれなりに整備されていったのは事実である。

　しかしながら今回の東日本大震災でも、情報が適切に官邸に上がらない問題や、危機対処における省庁間の縦割りの弊害、中央と地方の意思疎通の悪さなど、法制面で依然として多くの欠陥を抱えていることが露呈した。このほかにも問題は続出であり、本来リーダーシップを発揮すべき官邸自体が迷走し、混乱に拍車をかけてしまった。情報集約の遅れは、政府対応の混乱を招いただけでなく、風評被害の拡大につながった面もある。

　一方、英国では平時から地域ごとに様々なリスクを想定して備えを行い、緊急時においては関係機関の情報を一元的に共有しつつ、中央が強力に指揮・監督できる体制が構築されている。さらに、福島原発事故対応におい

---

[27] 加藤朗「危機管理の概念と類型」『日本公共政策学会年報』（1999年）2頁。

て場当たり的な専門家登用が日本で行われたのに比べ、英国では意思決定者が科学技術面での助言を迅速に受けられる制度がきちんと整備されている。

　訓練に対する日英間の姿勢の違いも見過ごせない。日本では多くの場合、毎年の恒例行事のごとく形だけ防災訓練が行われ、閣僚や自治体首長は実務担当者があらかじめ定められた手順通りに動いているかどうかを見守るだけである。これに対して英国では、混乱した状況のなかで短時間の意思決定ができるか、政治指導者自身に対しても訓練が行われる。

　こうして英国型システムに学ぶべき点が多いのは事実である。しかしながら英国の方がはたして、危機管理において日本より明らかに優れているのであろうか。実際のところ2004年の民間緊急事態法制定以後も、たびかさなる洪水被害と政府対応の不手際は、マスコミや専門家の強い批判の対象となっている。

　また2011年8月には、ロンドン北部で黒人男性が警官に射殺される事件が起こった。これに対する抗議デモを繰り広げた群衆の一部が暴徒化し、ソーシャルメディアを介して各地に暴動が次々と飛び火する事態となった。COBRが開催されたものの政府や警察の対応は後手に回り、事態の鎮静化にかなりの時間を要してしまったことから、国民の不信と不安をあおる結果となった。

　筆者は英国の政府関係者、元高官、大学の研究者などに聞き取り調査を行い、仮に東日本大震災クラスの災害が発生した場合、英国政府の対応はどのようなものであっただろうか、との質問をぶつけてみた。東日本大震災は、地震・津波・原発事故のトリプルショックであったが、英国で地震は基本的に起こらない。したがってあくまで仮定として、広域にわたる何らかの複合的な災害が英国を襲った場合、英国政府の対応は日本と比べ迅速かつ効果的なものとなったであろうか。

　多くの関係者・専門家は、英国政府の対応が日本よりも優れたものになるとは限らない、と率直に認めた。むろん、論者によって答えは様々

であった。たとえば、首相直属の安全保障・諜報調整官（Security and Intelligence Co-ordinator）[28]を務めたことのある元政府高官は、原子力事故についてなら、英国は核兵器国ということもあり、緊急事態を想定して長年備えてきたので、おそらく日本よりも適切に対処したことであろう、との興味深い見方を示した[29]。ただし津波被害に関しては、英国の洪水対応の例を考えても、日英政府の対処能力に大した差があったとは思えない、とも付け加えている。

　もちろん外から見て、日本政府の不手際、改善すべき点など、多々あったことであろう。とりわけ原発事故対応をめぐって、日本の危機管理能力に対する各国の懸念が増大したことは間違いない。

　しかしこれはある大学研究者が述べた意見であるが、英国の場合そもそも緊急事態に際して、少なくとも公務や軍務についていないような一般国民が、通常の職務を続けるような使命感は持ちあわせておらず、したがって商店やホテル、交通機関など、生活や避難に直結した社会機能が存続したかにどうかについて、重大な疑問があるとのことである。そして東日本大震災は、政府の危機管理能力はともかく、日本社会の強靭性を世界に示したのではないか、との好意的な見解を明らかにした[30]。

　困難な状況にあっても冷静さを失わず互いに助け合う被災者の絆の強さ、法秩序が事実上、崩壊しているかのような混乱した状態のさなかにあっても、商店に対する略奪行為などが起こらない高潔さ、全国各地から駆け付け献身的に活動する市民ボランティアの姿──これら日本人が見せた連帯意識・忍耐力・倫理観は、世界の各方面から高い称賛を浴びた。

　黒人男性の射殺事件に対する抗議行動が暴動へと発展し、無関係の若者

---

[28] 安全保障・諜報調整官は、対テロや危機管理分野において、政府省庁を監督し政策を調整することを責務としている。

[29] キングス・カレッジ・ロンドン（King's College London）においてインタビューを実施（2011年12月13日）。

[30] ケンブリッジ大学（University of Cambridge）においてインタビューを実施（2011年12月14日）。

までもが加わって、またたく間に放火や略奪といった暴力行為が全土に広がってしまう英国と比べたとき、両国社会の違いは確かにきわだっている。

　今回の震災の教訓をふまえ、法制度の再検討としかるべき改正は当然なされねばならない。しかし英国の用語を使うなら、社会の「レジリエンス」——この日本独自の強みを今後の危機管理体制の強化につなげていくことこそが重要となるのではなかろうか。

第6章 イタリア憲法と防災システム

井口　文男

はじめに

　地中海のどまん中にどんと突き出た長靴型のイタリア半島と、その先端にちょこんと乗ったサッカーボールのようなシチリア島、そしてそのボールの飛んでいく方向のティレニア海に浮かぶサルデーニャ島、これらが現在のイタリア共和国の大部分を成している。古代ローマ以来の悠久の歴史を誇るが（伝承によるとトロイア戦争で落城したトロイア方の英雄アエネアースが地中海を長く漂流した後に約束の地に建設したのがローマの基である）、半島が統一されて一つの国になりイタリア王国を名乗るようになったのは1861年3月17日と比較的新しく、20世紀前半のファシズム体制を経て第二次大戦後の1946年6月2日の国民投票により王制が廃止されることになった。そして1947年12月22日にイタリア共和国憲法が成立し、1948年1月1日から施行された。

　イタリア共和国の国土面積は約301㎢、人口は約6千万人で、北部はアルプス山脈が自然の国境をなし、半島を縦断するアペニン山脈のアドリア海側とティレニア海側では気象条件を異にし、多くの河川が流れているが、地震、洪水、土砂崩れ、火山の爆発等の自然災害の多い国で、その点で日本に類似しているといえなくもない。この国の現在の防災システムは、〈可変幾何学をモデルとした多極型システム〉を採用しており、その仕組みとその背景にある理念及び歴史を概観することは、東日本大震災後の日本の防災システムを考案する上で、大いに裨益するところがあると思われる。

　ここでは、「イタリア憲法と緊急事態」、「防災組織とその活動」、「各防災主体の権限」に大別してイタリア独特の防災システムを紹介することにしよう。

Ⅰ　イタリア憲法と緊急事態

1　イタリア王国憲章の場合

　イタリアの統一はフランスと国境を接する北西部のサルデーニャ王国の主導で実現したので、1848年のサルデーニャ王国憲章が、そのまま新生イタリア王国の憲法として採用された。この憲章には、国家元首たる国王が陸海軍を統帥し、宣戦を行うという規定はあったが（第5条）、緊急事態に対処する規定は存在しなかった。しかしながら、緊急事態が発生した場合には、時の政府が必要に応じて緊急勅令を制定して必要な措置を採ってきた。たとえば、1908年12月28日に発生したメッシーナ大震災においては、メッシーナ市の建物の9割が崩壊し、死者が8万人を超すという壊滅状態になったことに鑑み、当時のジョリッティ内閣は1909年1月3日の緊急勅令により戒厳を宣告して緊急事態に対処した。

　この緊急勅令による戒厳の宣告については2つの問題があった。第1は、専ら軍事行動の必要のために行われる戒厳を、一地方の治安の維持と回復のために利用することが可能かということである。さらに、この問題が肯定されるとしても、非人為的な大規模自然災害においても戒厳の宣告が可能かという問題も残る。いわゆる行政戒厳の宣告可能性という問題である。周知のごとく、戒厳は戦争又は内乱の際に軍事行動の必要の為に行われるもので、日本の場合は、1882（明治15）年8月5日の戒厳令第1条が、「戒厳令は戦時若しくは事変に際し兵備を以て全国若しくは一地方を警戒するの法とす」と定めていた。そして、関東大震災の際には、1923（大正12）年9月2日の勅令第398号により一定の地域に戒厳令中必要の規定が適用された。これが行政戒厳である。帝国憲法第8条第1項の緊急勅令に関する規定及び同第14条第1項の戒厳宣告に関する規定が根拠になっている。ところが、イタリア王国憲章には緊急勅令に関する規定も戒厳宣告に関する規定も欠如していたので、この点につき種々の議論が展開された。結

局、イタリアにおいては、〈必要は法律をもたない（necessitas non habet legem）〉という教会法の旧い法格言に緊急勅令による戒厳の宣告の根拠を求めざるをえなかった。すなわち、国家は、状況によっては、明文の規定が欠如していても、自己の存続を確保するために通常の手続を踏まえずに新しい規範を制定することが許されるという理論に依拠したのである。

この問題の立法的解決は、ファシズム時代の「執行権の法規制定権能に関する1926年1月31日法律第100号」でなされることになった。この法律の第3条は次のように定めていた。

「次の場合には、閣議の事前の決定に基づき、勅令により法律の効力を有する規定を制定することができる。
(1) 政府が法律により委任され、かつ、その委任の範囲内にあるとき。
(2) 緊急かつ絶対の必要性がある例外的場合。必要かつ緊急性の判断は、国会の政治的統制にのみ服する。」

これにより、緊急かつ絶対の必要性がある例外的場合には政府が法律の効力を有する勅令を制定することに実定法上の根拠が与えられることになった。この制度はファシズム体制下に実現したものであるが、後述するようにイタリア共和国憲法にも導入されることになる。

2　イタリア王国時代の防災活動

イタリア王国成立時の防災活動は、必ずしも組織的・体系的なものではなかったようである。いうまでもなく、統一以前のイタリア半島各地に割拠していた国家の地勢、地質、自然条件は各々異なっていたので、自然災害への対応も各国独自のものがあったからである。もっとも、緊急事態に際しては、中央政府が全権を有する特命委員（Commisario con poteri eccezionali）を派遣して救援・救助活動、復旧・復興活動に従事させるという伝統があったようである。

教皇国を併合してイタリア半島が完全に統一された1870年の時点にお

ける防災システムは次のようなものであった。

　自然災害が発生した場合には、全国レベルにおいては陸海軍省が軍人を、公共事業省が土木技師を被災地に派遣し、イタリア赤十字社、マルタ騎士団も独自に救助活動を展開していた。県レベルにおいては内務大臣の指揮下にある県令が中心となって防災活動を指揮監督し、市レベルでは市長及び消防士が防災活動を担当した。さらに慈善団体であるミゼルコルディア会（Le misericordie）、その他の組織がボランティアとして活躍するという状況であった。

　1870年12月26日にローマ市内を流れるテヴェーレ川が集中豪雨により氾濫し、市内の大部分が冠水するという事態が発生したが、救助活動の中心としての役割を果たしたのは、この2か月前に教皇国を併合したイタリア王国の陸軍であった。かかる事態を経て、1879年6月28日勅令第4943号は、被災住民への救助活動等につき定めていた。

　20世紀に入り、メッシーナ大震災等の経験を踏まえて、地震の際の組織的体系的救助活動に関する最初の法律が1919年9月2日に制定され、公共事業大臣が地震災害の際の最高責任者とされ、他の国家機関（軍隊も含む）及び地方機関を指揮調整することになった。

　さらに1926年12月9日の緊急勅令第2389号により、公共事業大臣は地震に限定されないその他の自然災害の際にも救助活動の最高責任者とされた。

　すなわち、この勅令の第1条第1項は、「国内の一地方に重大な損害をもたらす地震による災害又はその他の災害が発生した時は、公共事業大臣に報告し、公共事業大臣はこの報告を政府主席及び他の大臣に通知する」と規定していたが、さらに同第12条ないし第34条は、防災活動は公共事業大臣の指揮の下で遂行され、調整されると定めていたのである。

　このように法制上は公共事業省が防災活動の指揮調整を行うシステムとなったが、これと併行して、県令を指揮する内務省に防災活動に係る権限が集中するというシステムが事実上形成されていたといわれる。いずれに

しても国レベルにおいて防災システムが一元的・体系的なものとは成り得ていなかったといってよかろう。

3　イタリア共和国憲法の場合

まず、戦争に関する規定を見てみよう。

1948年のイタリア共和国憲法第11条前段は、次のように定めている。

「イタリアは他の人民の自由を侵害する手段及び国際紛争を解決する方法としての戦争を否認する。」

「戦争を否認する（ripudia）」という表現が選ばれたのは、「非とする（condanna）」には倫理的要素があり、「放棄する（rinuncia）」には戦争に訴える権利を前提としているとみなしたからである。もちろん、ここでは正当防衛あるいは他国の攻撃を撃退するための戦争は留保されている。

「戦争の否認」の宣言には多くの制憲議会議員が賛同したが、その理由としては次の２点が挙げられよう。

①ファシズムの遂行した戦争を非難し、将来同じ道を再び歩まないという誓約を厳粛に表明すること。
②他の諸国の憲法にすでに規定されていた原則に倣うこと。

次に、祖国防衛の義務と軍隊につき　第52条は次のように定めている。
①祖国の防衛は市民の神聖な義務である。
②兵役は義務であり、その制限と方法は法律で定める。兵役義務の履行により市民の職務上の地位又は政治的権利の行使が脅かされることはない。
③軍隊の組織は共和国の民主的精神に基づくものとする。

祖国防衛が「神聖な義務（sacro dovere）」であるとは、市民が共和国に忠実であり、憲法と法律に従う一般的義務を負うことを意味し、法的義務であり道徳的義務でもあるとみなされている。

「兵役義務制」については、18歳以上の男子に10か月の兵役を課すこと

になっていたが、「職業的軍事役務の設立に関する規範」（2000年11月14日法律法第331号）により7年計画で徴兵制を停止することになった。

同法第2条によると、軍隊は職業軍人から構成されるが、「憲法第78条に定める戦争状態が決定された場合」と「イタリアが直接の当事者である重大な国際危機又は国際機関へのイタリアの所属から軍隊の増員が正当化される場合」には徴兵が行われることになっている。

徴兵制の停止とともに、「国民的非軍事的役務の設立」（2001年3月6日法律第64号）により、「非軍事的な手段及び活動によって祖国の防衛に協力する」非軍事的役務が設けられ（同法第1条）、この役務は「もっぱら志願によって提供される」（同法第2条）ことになっている。

このような制度の導入の背後には、国際情勢の変化による新しい国防の役割の登場（テロなどの脅威への対処、兵器のハイテク化）、若年人口の減少傾向などがある。

軍隊の組織が民主的精神に基づくというのは、市民社会から分離した特殊な社会としての軍隊を否定し、制服を着た市民からなる軍隊を目指すことを意味している。

このために、1978年7月11日法律第382号「軍紀に関する原則規定」が軍人の権利、軍人代表機関などにつき定めている。

同法第19条第4項によれば、「代表機関の権限は、軍人の地位、待遇、保護（法的、経済的、社会保障的、保健的、文化的および倫理的）に関し立法又は規則の対象となるすべての事項につき見解、提案及び要求を作成することにあ」り、「この見解、提案及び要求は国防大臣に通知され、国防大臣は両院の当該事項を管轄する常任委員会に、その要請により、事態の認識のためにこれを送付する」ことになっている。

さらに、宣戦と軍の文民統制に関する規定がある。

憲法第78条は、両議院は戦争状態を決定し、政府に必要な権限を付与する、と定め、第87条第9項は、大統領は軍隊の指揮権を有し、法律により設けられる最高国防会議を主宰し、両議院の議決を経て戦争状態を宣

言する、と定めている。

「最高国防会議設置」（1950年7月28日法律第624号）は、第1条で、最高国防会議の任務を、「国家の防衛に関係する政治的及び技術的な一般問題を検討し、国家の防衛に関わる活動の組織及び調整のために基準を定め、指令を発する」と定めている。最高国防会議の構成員は、議長である共和国大統領の他に副議長である内閣総理大臣、外務大臣、内務大臣、国庫大臣、国防大臣、産業通商大臣、総参謀長である（同法第2条）。

その他に、「高等軍事評議会の設置」（1951年1月9日法律第167号）により、国防大臣の諮問機関として高等軍事評議会が設置されている。

緊急事態への対応に関する規定は、次のようになっている。

憲法第77条第2項、第3項において緊急命令の制度が定められている。これは先述のごとく基本的には1926年1月31日法律第100号における緊急勅令の制度を継承したものである。

問題となるのは緊急命令制定の要件である緊急性及び必要性の判断主体とその統制についてである。もちろん第1次的には政府が行うのであるが、1926年法律では、「必要かつ緊急性の判断は、国会の政治的統制にのみ服する」とされていた。この文言はイタリア共和国憲法においては登場しないが、法律への転換の際に国会の統制がなされる。しかしながらこの制度には実効性がなく、また実務上の必要から政府が安易に緊急命令を利用することは容易に想定しうることである。そのため緊急命令の濫用という状況が現出していた。憲法裁判所がかかる状況に歯止めを掛けるためにこの要件の欠如が違憲という効果をもたらすという警告を発したのは1995年1月27日判決第29号においてであり、2007年5月23日判決第171号が初めて緊急命令を違憲と判断した。

なお、州を含む地方制度を大幅に変更した2001年の憲法改正により防災事項（protezione civile）は国と州の競合的立法事項となっている（憲法第117条第3項）。

4　イタリア共和国時代初期の防災活動

　イタリア共和国における当初の防災活動は、ファシズム時代に確立した防災システムに依拠して行われていた。1948年4月12日委任命令第1010号によれば、災害事態により惹起された公共の利益の必要のために緊急かつ不可避の措置を採ることは公共事業省の判断と費用によりなされることになっていた。これは先述のファシズム時代の1926年12月9日の緊急勅令第2389号による防災システムを踏襲したものである。

　このような旧来の防災システムを根本的に刷新したのが1970年12月8日法律第996号である。そのタイトルは、「被災住民の救援及び救助に関する規定－防災」というもので、被災住民の保護－防災に関する最初の枠組み法であった。

　この法律によれば、「自然災害又は大災害（calamità naturale o catastrofe）とは、「人の安全及び財産に重大な損害又は重大な損害の危険をもたらし、かつ、その性質又は規模からして、特別の専門活動でもって対処すべき状況の発生」のことをいう（第1条）。

　そして内務大臣は、軍隊を含む他の国家行政組織との合意に基づき、さらに他のすべての公的団体の協力により、防災の組織化を行い、「自然災害又は大災害の犠牲になった住民のために緊急活動、救援及び救助活動に取り組む」ことになっている（第2条第1項）。すなわち、防災活動の指揮及び調整を行うのは内務大臣とされ、ここに旧来の公共事業大臣を頂点とする防災システムから内務大臣を頂点とする防災システムへの正式の転換がなされた。

　また内務大臣の任命により現地での防災活動の指揮と調整を行う特命委員（commissario）の制度も法定のものとなった（第5条第3項）。

　イタリアの普通州制度は1970年に実現することになった（普通州の創設に係る財政措置に関する1970年5月16日法律第281号）ので、このことを踏まえて各州都に内務大臣令により州の防災部会が設置されることになって

いる（第7条）。

　このように州を始めとする地方団体が国の防災活動に協力することになったが、これは飽くまでも「協力」に留まり、内務大臣を頂点とする集権型の防災システムに変更をもたらすものとは理解されていない。

　また、内務大臣はボランティアの募集、訓練にも取り組むことになっており（第13条、14条）、この点でも将来の動向を先取りするものとして注目に値する改革ではあった。

　その後、1976年5月6日のフリウリ地震、1980年11月23日のイルピニア地震の経験等を踏まえて1970年法の施行規則が1981年2月6日大統領令として制定され、また1982年2月27日緊急命令第57号により防災調整担当大臣（Il ministro per il coordinamento della protezione civile）が設けられ、同年4月29日の内閣府組織令により内閣府に防災局（Il dipartimento per la protezione civile）が設置され、防災調整担当大臣に仕えることになった。

　同令第10条によると防災局の任務は次のとおりである。
① 防災全国役務の創意と組織化を推進し、連結させること。
② 緊急事態の原因の究明をも含めて緊急事態の予測及び予防に関する情報及び資料を収集すること。
③ 防災に係る全国計画及び地域計画の実施にあたること。
④ 救援及び保護役務の調整及び指揮を行うこと。
⑤ 民間ボランティアの創意を推進し、防災の分野において活動する他の組織及び国際組織との連携及び協力を確保すること。
⑥ 民間人保護のための緊急計画を調整すること。

　しかしながら、このような改革にもかかわらず、内務大臣の権限には変更がなかったので、内務大臣、防災調整担当大臣さらには内閣総理大臣が各々防災活動に関与するという複雑な状況が現出し、防災活動に消極の影響を及ぼすようになり、ここに至って抜本的な改革が必要であるとの機運

がたかまることになった。

　その帰結として制定されることになったのが、「防災全国役務機構の設置（Istituzione del Servizio nazionale della protezione civile）に関する1992年2月24日法律第225号」である。その後の改正をも含めてこの法律が現在のイタリア共和国における防災システムの中核を成している。

　イタリア憲法裁判所の1992年11月9日判決第418号によると、この改革は次の2つの基本的要請に促されたものである。第1は、救援活動の効果を減殺することになった防災対処活動の無秩序、重複及び分散を避ける必要である。第2は、防災の任務に災害事態の予測及び予防をも含めることが期待されたことである。

　このことに留意して、〈可変幾何学をモデルとした多極型システム〉と称されるイタリア共和国の斬新な防災システムを概観することにしよう。

II　防災組織とその活動

1　災害事態の定義とその類型化

　現行のイタリアの防災システムにおいて重要な役割を果たすのが、防災活動の権限及び義務を生成せしめる防災事態の定義及びその類型化である。

　先述のように1970年12月8日法律第996号においては、自然災害又は大災害を、「人の安全及び財産に重大な損害又は重大な損害の危険をもたらし、かつ、その性質又は規模からして、特別の専門活動でもって対処すべき状況の発生」と定義されていた。

　この定義は、相互に区別されてはいるが関連する3つの要素から構成されている。すなわち、①事態の重大性又は危険性、②危険に曝される法益の性質、③事態に対処すべき活動の性質である。そして、③が決め手となって当該事態を防災活動の範疇に繰り込むことになっている。

　この1970年法におけるモデルにおいては、防災事態の定義は、防災事

態に対処する活動を正当化する作用を有しているが、活動主体の権限の分配に関わることはない。

1992年2月24日法律第225号は、このモデルを根本的に変更することになった。

1992年法第1条第1項は、次のように定めている。

「自然災害、大災害及びその他の災害事態を起因とする損害又は損害の危険から生命の安全、財産、生活圏及び環境を保護するために防災全国機構を設置する。」

第2条は、「災害事態の分類と権限の範囲」と題して、次のように定めている。

「防災活動のために災害事態は以下のように区分される。

a) 個々の団体及び行政機関が通常の権限による活動でもって対応できる自然災害事態又は人間活動を伴う災害事態。
b) その性質及び規模により、複数の団体又は行政機関が通常の権限による活動を調整して対応できる自然災害事態又は人間活動を伴う災害事態。
c) 自然災害、大災害又はその他の災害事態で、その規模と激しさにより特別の手段と権限により対応せざるをえないもの。」

まず確認できるのは、自然災害、大災害の他に「その他の災害事態」が追加されたことである。さらに、第2条のa号及びb号にいう「人間活動を伴う災害事態」も防災活動の対象に含まれることになった。

次に、第2条にいう災害事態の3類型は、事態の危険性又はその強度というよりは、当該事態に対処すべき組織モデルを念頭に置いたものである、と理解する必要がある。すなわち、事態の構造的特質ではなく、それに対処する手段の性質に着目したものである。

そして、a号（通常災害）→b号（大規模災害）→c号（激甚災害）という連続して上昇するモデルは、下位の事態に適合する要件が欠如する場

合にのみ上位の事態とみなさなければならない、という関係にある。
　このことを理解するためには、「地方分権、行政改革及び行政簡素化の委任法」である1997年3月15日法律第59号第4条第3項に登場することになった補完性原理（il principio di sussidiarietà）及び適合性原理（il principio di adeguatezza）の定義を踏まえる必要があろう。
　家族、結社及び共同体による社会的に重要な権限及び任務の遂行をも助長するという目的のためにも、関係する市民に地理的にも作用的にも最も身近な行政機関に公的責任を帰属せしめることにより、地方団体への行政任務及び権限一般の帰属は、当該地方団体の領域の広狭、人口数、組織的規模に即して行われ、当該基準と両立しえない作用のみが排除される。これが行政権限分配における補完性原理である。
　周知のごとく、この補完性原理はカトリック教会の社会教説に由来するもので、「個人・家族・地域社会・地方自治体・国という円環構造において、小さな実体が自律して自己の事務を処理し、大きな実体は小さな実体が処理しえない事務のみを担当すべきである」という考え方といえよう。欧州連合（EU）及びその加盟国において普遍的なものとして受け入れられている。
　行政機関による行政権限行使の適合性原理とは、行政機関による行政権限の行使は、他の公的団体との協力の形式をも踏まえて、それが保障される組織的適合性を有しているかに即して判断される、というものである。
　なお、2001年の憲法改正によりこの2つの原理は憲法第118条第1項に明記されることになったので、現在では行政権限分配に関する憲法上の原理となっている。
　このように災害事態の類型に応じて、それに対処する機関とその権限も決定されるというのが〈可変幾何学（geometria variabile）モデル〉と称されているものである。このモデルにおいては災害事態の規模及び性質に応じて柔軟な対応が可能であるが、災害事態がどの類型に該当するかが明白にならなければ、当該事態に対応する権限及び責任を有する機関が決定

されないという弱点がある。

2　防災組織

イタリアの防災組織は、補完性原理に即して、国の中央組織、州及び他の地方団体、市民社会の構成員をも含む複合的なものである。

1992年法第225号第6条第1項及び第2項は、防災全国機構（Servizio nazionale della protezione civile）につき次のように定めている。

「国の行政機構、州、県、市及び山村共同体は、各々の組織と権限に即して防災活動の実施に取り組み、公共団体、防災目的の機構及び集団並びに他の公私の制度及び組織もこれに協力するものとする。この目的のため、防災全国組織及び地方組織は公私の主体と協定を締結することができる。

防災活動には、さらに、市民及び民間ボランティア、並びに専門団体及び集団も協力する。」

第1に、この防災全国機構は、緊急事態発生以前に活動している恒常的組織である。

第2に、単なる救援のみではなく、予測及び予防もその任務とされているので、これがこの組織の性質に影響を及ぼしている。すなわち、先述のイタリア憲法裁判所の1992年11月9日判決第418号によると、「潜在的リスクの識別にも、災害事態の発生の際に実施すべき対処活動の研究及び準備にも適宜に備える」組織となっている。

第3に、中央レベルと地方レベルの機関・組織との間には位階的関係はなく、各組織は自律性を保持しながら災害事態に対処することになっている。したがって、中央の1つの機関に権限が集中するという集権型組織ではなく、多極型組織となっている。

以上のようなイタリア共和国における独特の防災システムは、〈可変幾何学をモデルとした多極型システム〉であると定義しえよう。

3　防災全国機構の実動機関

　1992年法第11条は、防災全国機構を構成する10の実動機関を列挙している。
① 　防災の基幹的構成要素としての全国消防団
② 　軍隊
③ 　警察
④ 　国の森林組合
⑤ 　全国専門家機構
⑥ 　科学技術全国集団、地球物理学全国機構及びその他の研究機構
⑦ 　イタリア赤十字社
⑧ 　全国保健サービス機構
⑨ 　ボランティア組織
⑩ 　全国アルプス救助団

　全国消防団が冒頭に登場し、「防災の基幹的構成要素」とされているのは、内務省の指揮下でイタリアの防災システムにおける救援・救助活動で常に基幹的役割を果たしてきたという歴史に配慮したものであろう。そして、軍隊、警察が登場する。冒頭に列挙されていることからも明らかなように、この3者が防災活動の枢軸としての役割を果たすことになる。
　さらに、9番目に登場するボランティア組織が注目される。この点につき、1992年法第18条第1項は次のように規定している。
　「この法律でいう自然災害、大災害又は事態を予期して、又はその発生の際に、防災全国機構は、市民、ボランティア組織及び予測・予防・救援活動に取り組む組織の広範な参加に配慮する。」
　さらに、「第1項の目的のために、機構は、市民ボランティアの自発性を承認・推進し、その調整を行う」ことになっている（第18条第2項）。
　内閣府防災局のホームページによると、同局に登録されているボラン

ティア組織は4000を越え、このうち3850が地方で活躍するもので、総人員は80万人を越えている。

なお、ボランティア一般に関しては、「ボランティアに関する枠組法」が1991年8月11日法律第266号として制定されている。この法律第2条によれば、「ボランティア活動とは、いかなる営利目的をも有せず、専ら連帯を目的にしてボランティア者が参加する組織を通じて、人格的、自発的かつ無償で提供される活動」のことをいう。州が、ボランティア組織の一般的登録簿を設置する（同法第6条）が、登録したボランティア組織は、登録の際、設立証書に係る印紙税、登録税を免税される等の税制上の優遇措置を享受することになっている（同法第8条）。そして、ボランティア活動の現況を把握し、推進させるために内閣府にボランティア全国監察局が置かれている（同法第8条）。この法律の抄訳（小谷眞男訳）については、仲村優一・一番が瀬靖子編『世界の社会福祉　フランス　イタリア』（旬報社、1999年）522頁以下を参照されたい。

4　災害の予測・予防活動

1992年法第3条第1項によれば、「防災活動とは、あらゆるリスクの予測及び予防、被災した住民の救援に向けられた活動及び第2条にいう事態に係る緊急性を克服するために必要かつ猶予し得ない他のすべての活動」のことをいう。

予測及び予防が防災活動に取り入れられたことが注目されよう。
そして、「予測とは、災難現象の原因の究明及び確定、リスクの認定及び当該リスクに服する領域の区分の確定に向けられた活動」のことをいう（第3条第2項）。

もちろん自然界には予測不可能な事象が存在しているので、ここでいう予測もリスクの蓋然性の評価のことを念頭に置いているのであり、当該事態の発生の蓋然性そして、それがもたらす損害の規模の予測ということに

なろう。当該事態がどのようにして、何故に発生するのかを知ることは常に可能であるとはいえないが、一定の事態が防災活動により保護されている法益にもたらす帰結を確率論的に評価することは常に可能であろう。

さて、「予防とは、予測活動により得られた知見に基づくものである場合も含めて、第2条にいう事態の結果としての損害により生ずる可能性を避けるか又は最小限にすること」をいう（第3条第2項）。

ここで留意すべきは、災害事態の発生を避ける、あるいは発生可能性を減少せしめることではなく、災害事態が発生することを前提にして、その帰結としての損害を避ける、あるいは減少せしめるのが予防活動とされていることである。我が国でいうところの「減災」のことであろう。災害の発生は不可避であるとの認識の下、その損害を極小化することが問題となっているのである。

なお、内閣府には防災の諮問機関として、重大リスク予測予防全国委員会、防災作業部会が設置されている。前者は、防災局の専門技術的諮問機関で、リスク毎にその分野の専門家から構成されている。後者は、緊急活動の統一的指揮及び調整を担当し、救援に係るすべての関係機関及び団体の対処活動を決定する。防災局長が主宰し、防災局から3人、防災全国機構を構成する機関の代表各1人、各州から任命された2人、防災ボランティア全国部会の代表1人から構成されている。また、必要に応じて関係する州及び県の防災機関から派遣された者が参加する。防災システムを現実に作動せしめる機関であるといってよかろう。

Ⅲ　各防災主体の権限

1　序

防災権限を国、州及び地方団体に分属せしめるに際しても、「防災組織の統一の要請と分権・拡散化の要請を両立せしめる」（憲法裁判所2006年

2月1日判決第32号）ことを目指して、補完性原理と適合性原理に依拠している。そして、現在においては、地方分権に関する1998年3月31日委任命令第112号及び防災活動機構の権限の調整に関する2001年9月7日緊急勅令343号（転換されて2001年11月9日法律第401号になった）により各防災主体の権限が定められている。

　この立法措置により各防災主体の権限は適正に分属されてはいるが、事柄の性質上複数の主体に帰属する領域もあり、国と地方が協力・協調の関係を築くことは避けられないであろう。

　このことを念頭に各防災主体の権限につき考察することにしよう。

2　防災活動の指揮・企画及び計画

　内閣総理大臣は、リスクの予測・予防企画の指揮を行い（2001年9月7日緊急勅令343号第5条第2項）、そのために防災局を統督する（同条第4項）ことになっている。

　イタリアの防災システムの発動において中心的役割を果たす防災局（Dipartimento della protezione civile）は、先述のごとく1982年に設立されたが、その後の変遷を経て、現在の組織・予算は次のようになっている（2010年12月6日内閣府組織令及び防災局のホームページ参照）。

　局長及び次長の下に8部34課がおかれている。
① 総務部→防災全国システムに係る業務課、国際関係業務課、調査研究課
② 第1部（ボランティア、育成、調整）→ボランティア課、育成課、広報課、対外連携課
③ 第2部（水害及び人災）→庶務課（水係、気象係）、水害・水力・水流・海洋・海岸課、環境リスク課、技術リスク課、森林火災・界面リスク課、対処活動及び事後活動監視課

④　第3部（地震・火山リスク）→地震リスク課、地震対処活動課、震災後対応課、地震監視課、火山リスク課
⑤　第4部（緊急事態管理）→領域監視及び海上緊急事態調整課、緊急事態管理計画及び訓練課、緊急事態資源管理課、緊急保健及び住民援助課、動員及び基本役務課、緊急通信課
⑥　第5部（管理及び予算）→契約課、管理課、財務課
⑦　第6部（人事及び備品）→人事課、不動産・専用車管理及び労働安全課、内部統制課、情報・通信システム課
⑧　第7部（航空活動）→統合航空調整課、航空安全監視・訓練課、航空機監視・整備・管理・契約課

　なお、防災局の2011年度当初予算は、18億9797万2867ユーロであったが、減額されて18億9477万9340ユーロとなっている。

　次に、緊急事態計画の作成であるが、全国計画、県計画、市計画の3段階になっている。
　国は、州及び関係地方団体と協議して、激甚災害発生の際の緊急事態計画を作成する（1998年3月31日委任命令第112号第107条第1項f号の2）。
　州は、大規模災害発生の際の県の緊急事態計画作成の指針を策定する（同委任命令第108条第1項a号の3）。
　県は、州の指針に依拠して県の緊急事態計画を作成する（同委任命令第108条第1項b号の2）。
　市は、州の指針に依拠して市の緊急事態計画を作成する（同委任命令第108条第1項c号の3）。
　すなわち緊急事態計画は国、県、市のレベルで作成することになっており、州は県と市に指針を提供することになっている。
　緊急事態計画の要諦は、その任務と責任が明確かつ一義的に識別される合理的にして柔軟な対処活動モデルを整備しておくことである。というの

は、突発する重大緊急事態においては、その管轄と権限が明確かつ明晰で統一的な指揮が直ちになされることが不可欠だからである。

　イタリアの防災システムにおいて緊急事態計画は、「総則」、「計画要項」、「対処活動モデル」の３段階になっている。

　「総則」は、地理情報、監視網、リスク・シナリオの作成に係るものである。総則の中核を成すのがリスク・シナリオであるが、それは災害事態が時間的・空間的にどのように進展するのか、守るべき財の脆弱性及び擁護活動をも踏まえたうえで災害事態に際して守るべき財に及ぼす被害を想定することである。

　「計画要項」は、いかなる緊急事態においても防災のための最適な対応を促すために追及すべき目標を示すことである。一般的にいえば、計画が提示すべき主要目標は、住民、生産システム、文化財の保護、通信及び交通手段の回復、被災地における行政活動の継続等である。

　そして極めて重要なのが住民への情報提供である。住民は、発生した危険の専門科学的特質、自宅あるいは職場の建物の脆弱性、居住する地域における緊急事態計画の整備状況、災害発生前後及び発生中にとるべき行動、情報及び警報伝達手段と方法につき事前に認識しておかなければならない。

　「対処活動モデル」は、緊急事態に際しての指揮・統制の責任を明示するものである。すなわち誰が何をなすべきかを予め定めておくものである。指揮・統制システムは国、県、市レベルで異なるものではあるが、いかなる類型の災害事態における要請にも対応しうるよう組織化されたものとされる。バックアップ作用と称されるものであるが、要するに救助活動及び緊急事態克服活動のことである。たとえば、市レベルの計画においては、①専門科学的計画、②保健、社会扶助、③ボランティア、④物資貯蔵、⑤ライフラインの維持及び学校活動、⑥人的物的損害の把握、⑦行政活動、⑧通信、⑨住民援助、の９項目が規定されている。そして、責任者及び調整者、責任者による記録の作成・更新、緊急事態発生の際の即応体制、指揮・統制システムの効率的合理的組織化につき、各項目において確保され

るようにしなければならない。

3　通常災害の場合の主体とその権限

1992年法律第225号第15条は、次のように定めている。
「1　地方自治に関する1990年6月8日法律第142号に定める枠組みに即して、各市は、防災組織を定めることができる。
2　州は、地方レベルにおける行政権能の行使に係る組織に委ねられた権限を遵守して、適切な態様かつ方式により、市防災組織を推進する。
3　市長は市防災機関である。市領域内における緊急事態の発生にあたり、市長は、被災した住民の救助及び扶助活動を指揮・調整し、県令及び州知事に速やかに報告し、必要な活動を行う。
4　自然災害又は事態が市の手段と措置をもってしては対応しえない場合は、市長は県令に援助を求め、県令は、自己の活動と市防災機関の活動を調整して、必要な措置をとる。」

1998年委任命令第112号第108条第1項c号は次のように定めている。
「以下の権能は市に帰属する。
1）　州の企画及び計画で定めるリスクの生起の予測活動、予防対処活動の市内における実施。
2）　市内における災害事態の際に初動救援を確保するために必要なすべての措置（緊急事態への対処に係る措置をも含む）をとること。
3）　州の指針に依拠して市町村緊急計画を作成し（1990年6月8日法律第142号に定める組合の形式による場合も含む）、その実施にあたること。
4）　緊急事態に対処するのに必要な迅速な対処活動及び住民への初動救援を実施すること。
5）　防災地方組織による緊急役務の実施を監視すること。
6）　国及び州の指針に基づき、市又は市組合レベルにおける防災ボランティアを活用すること。」

これにより、市領域内に生起した災害事態の管理は市に帰属すること、市領域内における救援及び救助役務の指揮と調整作用、さらに必要措置の採択は、市防災の機関としての市長に帰属することが明らかになる。

　緊急事態の生起に際し、市長は、生起した事態と市がとりうる手段の対応関係につき事前の評価を行わなければならない。当該事態が市の有する手段で対応可能なものであれば、被災住民への救援及び救助に必要な対処活動が採られなければならない。これが真正の通常災害である。採られた措置は県令及び州知事に通知されなければならないが、事態を管理するのは市であり、場合によっては州の介入モデルに定める様式に即して州及び他の地方団体が協力することもあろう。

　当該事態が市の有する手段では対処しえない場合は、市長は、州の介入モデルに定めるところにより、州及び他の地方団体に介入を求めなければならない。

　このようにイタリアの防災システムにおいては、基礎的地方団体である市が極めて重要な役割を果たしている。すなわち生起した事態の当初の衝撃度を見積もる任務が市に付与されているのである。市という主体に、防災事態の性質の初期の評価を実施する任務が付与されているのである。この評価に基づき、発生した事態がいかなる類型に属するのかが明らかになり、これを踏まえて実施すべき指揮・統制活動が決定されることになる。

4　大規模災害事態の場合の主体とその権限

　1998年委任命令第112号第108条第1項a号は、次のように定めている。「以下の権能は州に帰属する。
1)　国の指針に基づき、リスクの予測及び予防の企画を作成すること。
2)　1992年2月24日法律第225号第2条第1項b号にいう事態が生起し、又はその切迫により生じた危険の際に迅速な対処活動を実施すること

（この場合には全国消防団を活用することができる）。
3) 1992年法律第225号第2条第1項b号にいう災害事態の場合に県の緊急事態計画作成の指針を定めること。
4) 災害事態に被害を受けた地域における通常生活をなしうる条件への回帰を促進するのに必要な活動を実施すること。
5) 森林火災を消火すること。ただし、第107条第1項f号の3に定める場合は除く。
6) ボランティアの組織化と活用に努めること。」

なお、5)にいう「ただし、第107条第1項f号の3に定める場合は除く」というのは、同条項により、森林火災の空からの消火は国の権限とされているからである。

また、同委任命令第112号第108条第1項b号は、次のように定めている。「以下の権限は、県に属する。
1) 州の企画及び計画により定められ、関連する行政措置により行われる、リスクの予測及び予防活動の県内における実施。
2) 州の指針に基づき、県の緊急事態計画を作成すること。
3) 1992年法律第225号第2条第1項b号にいう災害事態の場合に発動すべき迅速役務（専門的性質のものも含む）の防災県機構による作成を監視すること。」

これらの規定により大規模災害に対処するのは基本的に州であり、県にはそれを補助する役割しか与えられていない。

これに対し、1992年法律第225号第14条は、次のように定めて、国の機関である県令に大きな役割を与えていた。ここでいう県令（prefetto）とは内務大臣により任命されて県に派遣され、中央行政と県行政の調整にあたる者のことである。イタリア王国下の中央集権的地方制度のいわば残滓であるが、未だに公選の県知事とは別個なものとして存在し、それ相応の役割を果たしている。

「県令は、県の予測及び予防計画に基づき、全県領域に係る緊急事態対

処計画を作成し、その実施を司る。
2 　第2条第1項b号及びc号にいう災害事態が発生したときは、県令は以下のことを行う。
　　a)　防災局、州知事及び内務省防災・防火局長への報告。
　　b)　関係市と協調して、県レベルにおいて実施すべき緊急活動の統一的指揮。
　　c)　初期救助を確保するのに必要なすべての措置の採択。
　　d)　県の防災機構における緊急活動の監視。これには専門技術的なものも含まれる。
3 　県令は、第5条第1項にいう緊急事態の宣言の後、内閣総理大臣又は防災調整担当大臣の代理として、第5条第2項にいう権限を行使する。
4 　県令は、緊急活動の実施のために恒久的組織としての県の機構及び協力関係にある団体及び他の機関を活用する。」

　この1992年法律第225号第14条の規定は、今日においても効力を有しているという解釈がある。というのは、防災活動に携わる機構の活動を調整するための2001年9月7日緊急勅令第343号（2001年11月9日法律第401号に転換された）第5条第4項には以下の定めがあるからである。

　「防災局は、州と協力し、州と県令及び県防災部会との合意に基づき、初動の対処活動を確保するための専門技術的活動を推進する。ただし、1992年法律第225号第14条の規定に定める場合は、この限りでない。」

　しかしながら、このような規定の存在にも関わらず、基本的に1998年委任命令による改正により導入された新しい防災システムの正しい理解は、州と県が中心となったものと理解するのが正解であろう。すなわち防災における集権システムは多極型に移行している訳であるから、国の役割を過大にすべきではない。県令は内務省という国の機関の地方出先機関で旧体制の遺物であるから、大規模災害についても可能な限り州と県が対応するのが新しいシステムに適合的だからである。

5　激甚災害の場合の主体とその権限

　激甚災害に対処する権限を有するのは国であり、国は、関係州との合意の上、緊急事態を決定し、それを取消し、緊急対処活動の実施のための命令を制定することができる。また、緊急計画を作成し、それを実施する。
　関連規定を概観することにしよう。
まず、1992年法律第225号第5条がある。
　「第2条第1項c号の事態が発生したときは、閣議は、内閣総理大臣（又は第1条第2項による委任により防災調整担当大臣）の発議により、緊急事態を決定する。その際、事態の特性を緊密に踏まえて緊急事態の期間と適用範囲を定める。要件が消滅した場合には、同じ手続により緊急事態の取消しを行う。
2　前項の宣言の結果とられた緊急活動を実現するために、第12条、13条、14条、15条及び16条で定める範囲内において、命令を発する。この命令は、現行法の規定に抵触するものであってもよいが、法秩序の一般原理を尊重したものとする。
3　内閣総理大臣（又は第1条第2項による委任により防災調整担当大臣）は、人又は物に対する危険な状況又は多大な損害を避けるためにも命令を発することができる。この命令が内閣総理大臣により発せられたものでない場合には、内閣総理大臣に通知される。
4　内閣総理大臣（又は第1条第2項による委任により防災調整担当大臣）は、本条第2項及び第3項の活動を行うために、特命委員を統督することができる。当該委任措置には、職務の委任の内容、その職務の期間と態様が示されていなければならない。
5　現行法の規定に抵触する命令には、抵触する主要な規定を明示し、その理由が示されなければならない。
6　本条により発せられた命令は、イタリア共和国官報に公示され、また、1990年6月8日法律第142号第47条第1項の規定による告示のために関

係市長に通知される。」

　第1項、第3項、第4項の括弧内は、2005年5月31日緊急命令第90号（2005年7月26日法律第152号に転換された）第4条第1項により改正された部分で、現在は防災担当調整大臣は存在しない。

　1998年委任命令第112号第107条第1項b号は、緊急事態の制定と取消しの際には、国が州と合意することを要件としている。1997年3月15日法律第59号第1条第4項c号によれば、防災システムの全国レベルの任務は、国・州・特別県常設協議会における事前の合意が必要とされているので、ここでいう関係州との合意もこの常設協議会においてなされるものと思われる。

　1992年法律第225号第5条第2項、第3項にいう「命令」は行政命令であるが、実際には現地に派遣される特命委員（第4項参照）により実施されるようである。このような命令はイタリア王国時代から活用されており、その特質から、その内容は法律で事前に定められたものではなく、その制定が必要となる状況に応じて当該機関の裁量に委ねられている。

　しかし、行政命令であるので、第2項にいうように、「現行法の規定に抵触するものであってもよいが、法秩序の一般原理を尊重したもの」でなければならない。

　この命令を定める規定の合憲性につき、憲法裁判所1995年4月14日判決第127号において判断がなされているので、紹介することにしよう。

　事案は、1994年11月8日、コレラ感染でプーリア州に緊急事態が宣言され、併せて内閣総理大臣は緊急事態に即時に対応するための命令を発した。これに対し、プーリア州は、州内の事態は緊急事態に該当するもではなく、州で以て対応することが可能であるので、内閣総理大臣が緊急事態を宣言したこと、及び事態対応のために命令を発したことは、州の権限を侵害するとの理由で権限争議を提起した。

　憲法裁判所は、本件において緊急事態を宣言する権限は国あったことを認めながらも、他方で緊急事態に対応するために発した命令には、対応措

置につき州との合意が必要であるとの定めがないので州の権限を侵害していると判示した。すなわち両者痛み分けの判決であった。

　その理由は次のとおりである。法律の特別の定めがある場合には行政庁の命令が現行規定に抵触することも可能であること、しかもその期間は限定され、現行規定の廃止・修正には及びえないことについては従来の判例が明らかにしてきたところである。この法律の定めはあくまでも例外的なものであるので、行政庁の権限の内容、その行使の期間・態様も確定しているのである。したがって、緊急事態と暫定的に停止される規定との関連性が明白でなければ命令権は既存の法秩序に介入することはできないことになっている。

　「緊急ということ」は州の自治権を無制限に犠牲にすることを正当化するものではない。一般的利益という目的に訴えることは、それが特に差し迫った必要性を有するとしても、それ自体で憲法上保障された保護領域を侵害する手段の根拠となるものではない。すなわち、命令権の行使は州の権限の本質的中核を毀損することのないように限定されなければならないのである。

　このように憲法裁判所は、1992年法律第225号第5条に定める緊急事態の宣言に伴う命令権の行使の合憲性を前提にしながらも、州制度の憲法的保障の見地からそれに一定の枠を嵌めたのである。

　なお、内閣の緊急事態の宣言に伴う命令権の行使については学説上も種々の疑問が提示されている。まず、緊急事態においては憲法第77条の緊急命令の利用が可能であるので、これとは別に緊急事態を宣言する権限を政府に付与する必要はないという批判である。そして緊急事態の宣言もそれに伴う命令権の行使も法律又は法律の効力を有する行為ではないので憲法裁判所の合憲性の対象を免れることになる。さらに、憲法第77条の緊急命令であれば事後に国会の統制に服するが、緊急事態の宣言もそれに伴う命令権の行使もこれを免れるのである。戦争状態の決定を国会の権限としていることの対比からいっても均衡を失するであろう。

この批判は、緊急事態においても国会中心主義に徹すべきであるという見地に立脚したものといえよう。

おわりに

最後に、イタリアにおける防災システムの根底にある方法論を紹介しておくことにしよう。それは、2000年前のローマ皇帝アウグストゥスに遡る緊急事態対処法であり、「事前計画の価値というものは事態の複雑性の増大とともに減少する」という格言を踏まえて、緊急事態には〈簡明性〉と〈柔軟性〉でもって対処しなければならないというものである。アウグストゥスの対処法（Metodo Augustus）と称されている。

それによると3段階の作業を行う。まず、緊急事態計画の対象となる領域を画定する。科学的厳密さを維持しながらも想像力を駆使してシナリオを書くことである。次に、当該領域でいかなるリスクが発生するかを想定する。もちろん複数の都市そのものが壊滅するという最悪の事態も排除されることはない。最後に、〈誰が〉、〈何を〉なすべきかを決定しておく。いわば判決書における〈主文〉に該当するものである。

この最後の作業における主体、すなわち〈誰が〉は、市レベルでは市の作戦センター、県レベルでは県の作戦センター及び救援調整センター、州レベルでは州作戦センター、中央レベルでは防災局におかれる指揮管制指令センターとなっている。主体の簡明化がなされている。

具体的な作用、すなわち具体的になすべき〈何を〉は、次の14作用である。

F 1―専門家による計画の作成
F 2―保健、社会扶助、獣医
F 3―マスメディア、情報
F 4―ボランティア

F5―物資

F6―運輸、交通網

F7―通信

F8―ライフライン

F9―人的物的損害の評価

F10―実動組織

F11―地方団体

F12―危険物質

F13―被災者援護

F14―実動センター間の調整

　緊急事態が発生すると凡庸な為政者は動揺し焦慮に駆られて煩雑な対応に走りがちである。2011年3月11日14時46分に発生した超巨大地震、それに伴う高速の射流大津波そして福島原発事故という複合的な緊急事態が生起した際の菅内閣は、組織を乱立させて文字通り複雑怪奇な対応に終始した。遺憾なことである。

　今後は、ここで紹介したアウグストゥスの対処法をも参照して緊急事態に迅速かつ柔軟に対応しうる防災システムをこの日本においても構築する営みがなされることを祈念する。

【参照文献・資料等】

Fabrizio Gandini-Andrea Montagni, La protezione civile, Giuffrè, 2007

Pierluigi Mantini(a cura di), Il diritto pubblico dell'emergenza e della ricostruzione in Abruzzo, CEDAM, 2010

Piero Messina, Protezione incivile, Rizzoli, 2010

イタリア内閣府防災局のHP　www.protezionecivile.it

イタリアの法令の2000年度までは、La legislazione italiano, Giuffrèを、2001年度以降はイタリア国会のHP　www.parlamento.itを参照した。

イタリア憲法裁判所の判例は、Giurisprudenza Costituzionale, Giuffrèを参照した。

海外事情2011年7・8月号

第7章
フランスにおける危機管理の憲法構造と災害対策法制

新井 誠

はじめに

　2011年3月11日の東日本大震災は、地震・津波による人的・物的大災害に加えて、津波を原因とする甚大な原発事故を引き起こした。国はその存在理由からして人命の救助や事態の収束を図る義務を負うことから、大災害の際に国がその義務を的確に果たすためには、適切な権限行使のための制度が整備されていなければならない。そこで諸外国での危機管理や住民保護法制について再認識し、日本にも参考となる制度を探究することは重要な作業である。もっとも各国の制度はその国の憲法条件の下に構築されており、特定の制度が外国で採用されているからといって、日本での導入が当然となるわけではない。その点、日本で参照されるべき部分を見出すためには、慎重な比較検討が必要となろう。

　本章に与えられた課題は、フランスにおける危機管理の憲法構造や災害対策法制について示すことにある。以下ではまず、①国家危機の憲法秩序のあり方について知るために、フランスの国家緊急権や国防体制の憲法構造について概観する。次に、②災害対策法制の国法全体の中での位置づけを見るために、フランスの「民間防衛」と「民間安全」の概念とその関係について検討する。さらに、③フランスにおける災害対策——とりわけ住民保護——の法制度について概観する。そして最後に、④日本との比較と日本への示唆について考え、上記の問題意識に対する一定の回答を試みたい。

I　国家緊急権と国家防衛の憲法構造

1　国家緊急権の憲法構造

　フランスでは、国家的な非常事態に対処するため、①憲法16条に基づく大統領の非常大権、②憲法36条に基づく合囲状態、③通常法律である緊急事態法に基づく緊急状態の3種の国家緊急権の発動システムが用意さ

れる[1]。

(1) 非常大権（憲法16条）

第五共和制では、旧来の議会中心主義的国家運営の反省から大統領を中心とする執行権優位の国家構造が採用され、これにより大統領には強大な権限が付与された。それは国家緊急権に関する大統領権限も例外ではない。憲法16条によれば、大統領は「共和国の制度、国の独立、その領土の保全あるいは国際協約の履行が重大かつ直接に脅かされ」かつ「憲法上の公権力の適正な運営が中断されるとき[2]」に非常大権を行使できる。

この権限は様々な危機に対応可能であり、自然災害での発動を必ずしも排除しないが、非常大権の発動回数はこれまで海外領土での軍の反乱鎮圧を目的とした1回だけである[3]。このように発動回数は僅かながら、当該条項には「国家緊急事態における権力の徹底的な個人集中を定めている点で、共和制をくつがえし独裁制をみちびくものだという批判が、憲法制定

表-1：フランスの国家緊急権の法構造

類型	根拠条文	主な特徴
非常大権	憲法16条	憲法上配分された全権限の大統領への付与
合囲状態〔戒厳令〕(état de siége)	憲法36条	文民当局から軍当局への権限移項／（文民当局にはない）権限の軍当局への付与
緊急事態 (état d'urgence)	緊急事態法	文民当局の権限拡大

[1] フランスの国家緊急権（表-1内の情報も含む）につき、近藤昭三「第五共和国における非常大権について」法政研究29巻1‒3合併号（1963年）225頁、上村貞美「フランス第五共和制における緊急権」法学雑誌20巻4号（1974年）37頁、浦田一郎「フランスの緊急権―緊急命令と一九五八年憲法一六条を中心にして」ジュリスト701号（1979年）27頁、村田尚紀「フランス第五共和制憲法における国家緊急権―その構造と動態」全国憲法研究会編『憲法と有事法制』法律時報増刊（日本評論社、2002年）185頁、平野新介「フランスの緊急事態法制―21世紀国防体制の移行のなかで」防衛法研究24巻（2000年）97頁等を参照。

[2] 初宿正典・辻村みよ子編『新解説世界憲法集（第2版）』（三省堂、2010年）242頁。なお本稿でのフランス第五共和制憲法の邦訳は、原則、この憲法集に従う。

[3] 1961年4月、フランスからのアルジェリア独立をめぐるフランス本土の政府の方針に反し、在アルジェリアのフランス将軍が武装反乱を起こした事件を契機として、当時のドゴール大統領が、本規定の非常大権を発動した。

当時からはげしく投げかけられていた[4]」との評価がされるように、立憲的統制の観点からの問題が少なからず存在する[5]。

> **憲法16条〔非常事態措置権〕**
> ①共和国の制度、国の独立、その領土の保全あるいは国際協約の履行が重大かつ直接に脅かされ、かつ、憲法上の公権力の適正な運営が中断されるときは、共和国大統領は、首相、両院議長、ならびに憲法院に公式に諮問した後、状況により必要とされる措置をとる。
> ②共和国大統領は、これらの措置を教書（message）によって国民に通告する。
> ③これらの措置は、最短の期間内に、憲法上の公権力に対してその任務を遂行する手段を確保させる意思に即して実施されなければならない。憲法院は、この問題について諮問される。
> ④〔この場合に〕国会は、当然に集会する。
> ⑤国民議会は、非常事態権限の行使中は解散されない。
> ⑥非常事態権限行使の30日後に、国民議会議長、元老院議長、または、60名の国民議会議員もしくは60名の元老院議員は、第1項の要件についてその充足を審査するために憲法院に付託することができる。憲法院は、最短期間に、公開の意見を表明して裁定する。憲法院は、非常事態権限の行使の60日経過後、およびその期間を超えるといつでも、職権により当然に審査を行い、同一の条件により裁定することができる。
> 〔2008年7月23日の憲法的法律第2008-724号により、第6項新設〕
> （初宿・辻村編・前掲注（2）242頁）

①憲法上の問題点＜その１＞──権限行使の実体的要件の曖昧さ

まず権限行使の実体的要件の曖昧さが指摘される。憲法16条1項によれば非常大権は、「共和国の制度、国の独立、その領土の保全あるいは国際協約の履行が重大かつ直接に脅かされ」かつ「憲法上の公権力の適正な運営が中断されるとき」という要件を満たす際に行使される。しかし、その具体的中身には十分な定義がない。つまり、権限の強大さから本権限行使の要件には一定の限定解釈がつけられるべきだが、実際にそうされるかが

[4) 近藤・前掲注（1）225頁。
[5) 以下の本文中①～③の問題点の詳細は、村田・前掲注（1）186頁以下を参照。

問題となる。

②憲法上の問題点＜その２＞―手続における他機関の関わり方

次に本件権限の手続への他機関の関わり方が脆弱で、統制が働きにくい点が指摘される。大統領の非常大権の発動には、厳格な意味での正当性や必要性が求められるべきで、これに関しては他機関による内容審査などを通じて一定の手続的正統性を担保する統制手法も考えられる。しかし、一般的な大統領の行為には首相等の副署が必要とされるのに対し、非常大権を含む憲法19条に定める場合にはそれが不要である。また憲法16条1項では、大統領が首相、両院議長、憲法院への「諮問」が求められるが[6]、それに法的拘束力はない。つまり大統領の非常大権に対する他機関による立憲的統制は機能しにくい憲法構造になっている。

③憲法上の問題点＜その３＞―実施期間

さらに本権限の実施期間が憲法上不明確な点も指摘されてきた。憲法16条2項では、非常大権による措置は、最短の期間内に行われる必要があると規定される。しかし、大統領の非常大権が発動された1961年4月のアルジェリアの騒動の場合、権限発動後、反乱軍は数日で投降したにもかかわらず解除されたのが同年9月であり、解除に時間が掛かりすぎたきらいがある。

このような時間的統制の不備について2008年の憲法改正では、非常大権行使の30日後、非常大権が同条第1項に定める要件を満たしているか否かにつき、国民議会議長、元老院議長、または60名の国民議会議員もしくは60名の元老院議員を付託権者とする憲法院付託の制度が新たに設置された（憲法16条6項）。これを受けて憲法院には公開の意見表明を伴う裁定権限が与えられ、さらに非常大権行使の60日以降、憲法院は自ら何時でも同様の裁定を下せるようになった（同項）。以上の議会や憲法院の役

---

[6] 1961年のアルジェリアの事例での大統領の非常大権の発動には、諮問を受けた憲法院が意見を示し、本件発動は憲法上の要件を満たすと判断した（Avis du 23 avril 1961. J. O. du 24 avril 1961, p.3876）。これにつき、南野森「非常措置権発動のために必要条件―諮問機関としての憲法院」フランス憲法判例研究会編『フランスの憲法判例』（信山社、2002年）402頁以下参照。

割の変更は、大統領固有の権限である非常大権を法的に統制するわけではないが、事実上の統制強化を狙ったものといえる。

(2) 合囲状態（戒厳令）（憲法36条）

> 憲法36条〔合囲状態（戒厳令）〕
> ①戒厳令（l'état de siége）は、閣議において発令される。
> ②12日を超える戒厳令の延長は、国会によらなければ許諾されない。
>
> （初宿・辻村編・前掲注（2）246頁）

　第2の緊急事態対応としては、憲法36条に定める「合囲状態（état de siége）」（「戒厳令」とも訳される）が挙げられる。合囲状態（の発動）とは、文字通り「敵から包囲される状態（外国からの攻撃や国内での武装蜂起が生じた状態）」のことをいい、憲法の規定により閣議がそれを発令し、国会が一定の統制を行う（36条）。合囲状態の下では、文民権限を軍に移管する措置が可能となり、軍にはさらに文民にはない権限（住居の家宅捜索、出版・集会の禁止）が与えられる。ただし合囲状態は、自然災害では発令されないことに加え、第五共和制下では1度も発令されておらず、その存廃が議論される[7]。

(3) 1955年4月3日法律に基づく緊急事態

　第3の緊急事態の対応方法としては、「緊急事態に関する1955年4月3日55-385号法律（Loi n° 55-385 du 3 avril 1955 relatif à l'état d'urgence）」に規律される「緊急事態（état d'urgence）」が挙げられる。本法により緊急事態は、「公共の秩序に対する多大な危害を引き起こす重大な危機、もしくは、ことの本質と重大性に鑑みて、公共の災禍としての性質を示すような出来事の場合」（1条）に発動され、合囲状態と同じく閣議が発令し（2条）、またその状態の12日を超す延長は法律だけに認められ（2条）、法律がその最終的期間を決定する（3条）。他方で緊急事態は、文民の軍への権

---

[7]「合囲状態」全般につき、村田・前掲注（1）185頁以下を参照。

限委譲を伴う合囲状態とは異なり、文民による秩序維持の強化という性質を持つ。この通常法に基づく緊急事態は第五共和制下でも何度か発動されたが[8]、自然災害対応のために発動されたことはない。

以上からフランスでは、災害あるいはそれに伴い生じる危機的事態に対して、紹介した上記の3種類のいずれも発動されていないことがわかる。

2　国家防衛の憲法構造

> **《国家防衛関連の憲法規定》**
>
> **憲法15条〔軍隊の長、国防会議の主宰〕**
> 　共和国大統領は、軍隊の長である。共和国大統領は、国防高等評議会および国防高等委員会を主宰する。
>
> **憲法20条〔政府の任務〕**
> ②政府は、行政および軍事力を司る。
>
> **憲法21条〔首相の権限〕**
> ①首相は、政府の活動を指揮する。首相は、国防について責任を負う。首相は法律の執行を保障する。第13条の留保のもとで、首相は、命令制定権を行使し、文官および武官を任命する。
> ③首相は、場合により、第15条に定める〔国防高等〕評議会および〔国防高等〕委員会の主宰について、共和国大統領の職務を代行する。
>
> **憲法34条〔法律事項〕**
> ③法律は次の基本原則を定める。
> 　―国防の一般組織。
>
> **憲法35条〔宣戦〕**
> ①宣戦は、国会によって承認される。
>
> （初宿・辻村・前掲注（2）242-43、245-46頁）

1789年人権宣言12条の規定により人々の権利保障のための公的武力の必要性が示されるフランスでは、軍や国家防衛に関する諸規定が第五共和

---

[8] 第五共和制以前には1度、第五共和制下では4度発動された模様である。

制憲法のなかに数多く含まれる。

憲法ではまず、軍隊の長は大統領とされ（15条）、その行為には首相による副署が必要とされる（19条）。これは首相の副署が憲法上不要である大統領の非常大権と大きく異なる。また憲法には「首相は、国防について責任を負う」（21条）と規定されており、大統領と首相との権限関係が問題となる。これに関しては通常、国防の基本方針の決定権者である大統領が上位にあり、首相はその基本方針の実施と継続性につき責任を負うと理解される[9]。同条はこの他、15条に定める大統領権限を首相が代位する場合があることを規定する。以上のように大統領と首相とがそれぞれ国防に一定の役割を果たすことを予定する点は、二元的な執行権システムを導入するフランスの特徴である。

国の防衛を主に司る軍は、以上のような憲法上の権限関係の下に統制を受けるが、「国家防衛」作用は常に軍に行使されるとは限らない。特にフランスでは、災害対策が「防衛」の視点から論じられつつ[10]、文民がその行使主体となりうる。そしてこれを理解するには、特に「民間防衛」と「民間安全」という各概念の捉え方が重要となる。

II　災害対策と「国家安全（民間防衛・民間安全）」の法関係

1　「民間防衛」と「民間安全」の法概念

(1) 民間防衛（défense civile）
フランスで「防衛（défense）」概念を定義する法的規定としては、「防

---

[9] 村田尚紀「フランスの民間防衛法制」法律時報74巻12号（2002年）26頁。

[10] これにつき、小野次郎「フランス市民防衛体制（一）、（二）」警察研究60巻1号（1989年）20頁、同2号（1989年）13頁、山田敏之「フランスの災害対応体制」外国の立法34巻1・2号（1995年）25頁、渡邊啓貴「フランスの民間防衛・安全保障体制―住民保護体制を中心に―」防衛法研究25号（2001年）7頁などを参照。

衛の一般組織に関する1959年1月7日59-147号オルドナンス（Ordonnance n° 59-147 du 7 janvier 1959 portant organisation générale de la défense)」（以下、「1959年オルドナンス」という。）1条が挙げられる[11]。同規定では「防衛とは、あらゆる時、あらゆる状況、あるいはあらゆる侵略形態に対抗して、領土と人々の生命の安全と一体性を保持することにある。」とされており、自然災害対策もまた防衛の対象に含まれると考えられてきた。実際に防衛は「軍事的防衛」と「非軍事的防衛」とに区分され、後者に「民間防衛」と「経済的防衛」が入り、伝統的に災害対策はこの「民間防衛」に含まれるとされてきた。

(2) 民間安全（sécurité civile）

他方で、災害対策が「民間安全（sécurité civile）」という別の概念の下に規定される場合もある。民間安全は「民間安全の現代化に関する2004年8月13日2004-811号法律（Loi n° 2004-811 du 13 août 2004 de modernisation de la sécurité civile)」（以下、「2004年法」という。）1条1項において、「国、公共団体並びに公私の人々に帰属する適切な措置と手段を準備し、実行することにより、あらゆる性質の危険の予防、人々への警告や情報の発信、並びに、事故、災害、大惨事からの、人、財産並びに環境の保護を目的とする」と定義される[12]。この法規定には災害時の人や財産の保護が明示され、フランスでは同法の下に災害等に関する国家的対策制度が構築されることから、「フランスでは、わが国でいう防災や災害対策は、民間安全（sécurité civile）の概念でとらえられている[13]」との指摘もある。

---

[11] なお本オルドナンスは、2004年12月20日2004-1374号オルドナンスにより廃止され、新たに（様々な国防に関する諸規定を取りまとめ近年法典化した）国防法典（Code de la défense）に編入されている。例えば1959年オルドナンス1条の内容は2009年7月29日2009-928号法律5条による修正を経て、国防法典L1111-1条に規定されている。

[12] legifrance（フランスの公式法令集のHP）より。本稿では、以下ことわりのない限り、フランスの法令の原文はこれを参照し、それを訳出する。

[13] 山田・前掲注（10）25頁。

2　両者の関係

　ただし、国防上の危険が「民間安全」概念から排除されるわけではなく、「民間防衛」と「民間安全」との明確な区分は難しい[14]。そこで両概念の関係については、これまで「民間安全を民間防衛の不可欠の構成要素とみなす[15]」とか、「民間防衛概念の方が『民間安全保障』よりも上位概念で外的脅威に対する国家の安全保障までカバーする[16]」といった指摘がなされてきた。しかし、「民間防衛」に「民間安全」を取り込み、「民間安全」を下位に置く必然性は自明でない。

　考えるに「民間安全」を「民間防衛」の下位概念とする試みの背景には、伝統的な国防概念の揺らぎの中で「防衛」に関する軍の新たな役割を構築する思惑が潜んでいるように思われる。すなわち、伝統的に広く国家防衛を担ってきた軍は、軍事を主たる任務としつつ国内危機全般を自らの所掌と捉えてきたが、時代の経過とともに文民政治を希求する傾向が進行する。これにより、とりわけ非軍事的対応が可能な国家作用を軍から切り離す文民対応システムの構築が模索されるようになる。だが、伝統的な防衛組織としての軍の存在理由を積極的に示したい場合、非軍事的な住民保護を軍の所掌の中に引き止めようとする。ここに「民間防衛」とその他の概念との関係が曖昧となる原因が生じる。

　これに対して「民間安全」を文民の所掌とすべきと考える立場からは、防衛を主たる任務とする軍からの「民間安全」職務の引き揚げが求められ

---

[14] 山田・前掲注（10）25頁は、他に民間防護（protection civile）という概念を紹介しており、これの法的定義はないとする。他方で渡邊・前掲注（10）7-8頁は、「民間保護」という言葉が、両戦間期に登場した「積極的防衛」と対概念をなす「消極的防衛」の意味を示す言葉として、第二次大戦後に定着したという。また、「空爆からの住民保護」の意味が加わった「消極的防衛」に代わり第二次大戦後「民間保護」という用語が一般化し、「有事（戦時）避難の概念は、航空機事故・洪水・地崩れなどの平時の危機管理をも含む、より広義の『民間保護』という概念に取り込まれていった」（8頁）とする。

[15] 山田・前掲注（10）25頁。

[16] 渡邊・前掲注（10）9頁。

る。現に、かつて「民間安全」に関する法律案の審議に際して、「民間安全」の定義の「非軍事的な危険」への狭小化を求めた上院の修正に対して下院がそれを拒む再修正をしたという経緯の中、「民間安全」の軍事化を懸念する一部の党派が上院の修正を下院で支持した事実があること[17]に注目しておきたい。

3　近年の傾向

(1)「民間防衛」と「民間安全」の支援・協働関係

ともあれ、少なくとも機能的には「民間安全」が「民間防衛」の一部を構成するという理解はなお存在するが、近年のフランスの法令では、それらが従来ほどには混同されない状況になっているようにも思える。

例えば、国防法典第一部第3編「非軍事的防衛の実施」の第2章には「民間防衛」、第3章には「経済防衛」との表題が付される。このうち前者の第2章1節「民間防衛・安全に関する軍の参加」では「いかなる軍事力も、共和国の領域内において、法の要請なくして民間防衛・安全のために行動することはできない」（L. 1321-1条）との文言が置かれ、「民間防衛・安全」との関わりでの軍事力に対する法的統制が示される。

他方で国防法典では、内務大臣が「防衛及び国家安全に協力する観点から、国内安全及び民間安全の政策の準備と遂行について責任を負」（L. 1142-2条1項）い、必要な場合に軍事力の支援を国防大臣から受けられると規定される（L. 1321-2条）。ここで内務大臣は「民間安全」の実施主体であり、必要な場合に軍事力の支援を受ける。なお国防法典L. 1142-2条の内容をかつて規定していた1959年オルドナンス1条は「内務大臣は、民間防衛を常時準備し、かつ遂行する」として、内務大臣を「民間防衛」の担い手としていたこととの違いに注意したい。

---

17)　山田・前掲注（10）25頁。

また上述の2004年法1条では「民間安全」の目的に続き、以下の文言を示す。ここでは「民間安全」と「民間防衛」とが法概念上区分され、それらの協働関係が模索される。

　「民間安全は、国内安全に関する2003年3月18日2003-239号法律[18]における国内安全との関係において、また、防衛の一般組織に関する1959年1月7日59-147号オルドナンスによって規定される状況における民間防衛との関係では、住民の一般的保護を目指して協働する。」

(2)「国家安全(sécurité nationale)」概念の登場

　他方で「民間防衛」や「民間安全」を内包する概念として「国家安全(sécurité nationale)」というカテゴリーが近年登場しているように思われる。1959年オルドナンス1条の内容を新たに示した国防法典[19] L1111-1条には、以下のように規定されており、全ての公共政策の協力を受ける「国家安全」に防衛政策が寄与すべきことが示される。

　「国家安全戦略は、国家生活に害を及ぼす可能性の高い、とりわけ住民保護、領域保全、そして共和国の統治制度の機能に関する脅威及び危険全体を特定し、公権力がなさねばならない応答を決定することを目的とする。

　全ての公共政策は、国家安全に協力する。

　防衛政策は、武力による侵害に対して、領土の保全と住民の保護を遂行することを目的とする。防衛政策は、国家安全を非難する可能性のあるその他の脅威への対策にも寄与する。防衛政策は、同盟国、国際条約や協定を尊重し、原稿の欧州条約の範囲において、共通的な安全と防衛に関する欧州政策に参加する。」

---

[18] フランスでの治安対策強化のために制定されたこの法律につき、門彬「国内治安のための法律―犯罪者のDNA情報蓄積から国旗・国家侮辱罪まで」外国の立法219号(2004年)109頁。

[19] フランス国防法典について、矢部明宏「フランスの国防法典」外国の立法240号(2009年)169頁以下を参照。なお、国防法典の中身は矢部の紹介以降も修正が多くなされている。現在の原文については、legifranceを参照。

以上から従来は「民間防衛」と「民間安全」の包含関係（あるいは「民間安全」に対する「民間防衛」概念の上位性）が論じられてきたものの、近年では、両者の相互協力関係が示されつつ、新たな「国家安全」という概念がこれら両者を含有する構図となっているように思われる。

Ⅲ 災害対策と行政組織

1 国レベルの行政組織と権限

(1) 内務大臣の役割

以上のように「民間安全」の1つに数えられる災害対策に関して重要な役割を果たすのが内務大臣である。国防法典L．1142-2条において内務大臣は「防衛及び国家安全に協力する観点から、国内安全及び民間安全の政策の準備と遂行について責任を負う」とされ、人々の身体及び財産の保護のために共和国の領域内で以下の各点に責任を負う[20]。

1：国内安全と民間安全に悪影響を及ぼす可能性のある危機に関する予測と追跡調査権限を担う。
2：国内安全に関する計画化に寄与する。また、民間保護・安全に関して、公序維持を主軸とする計画を用意する。
3：危機に対する実務的指揮を実施する。
4：防衛・安全管区、海外県、及び海外公共団体における政府代表による統治計画全体の転換と適用を確保する。
5：経済・予算大臣の権限を害することなく、国内情報についての責任を負う。

---

[20] 同内容は、かつて1959年オルドナンス17条に定められていた。このオルドナンスに関する文献として、渡邊・前掲注（10）12頁。

この国防法典L1142-2条の委任を受けて同R1142-5条は、「L1142-2条の諸規定の適用に関する民間防衛の責任者である内務大臣は、首相の指示の下に、以下に関する任務を遂行する」と規定する[21]（これら諸規定は国防法典に並列されるが、L1142-2条が法律（loi）であるのに対し、R1142-5条は行政立法（réglement）である点に注意したい）。

１：公権力及び公的行政の安全に関する権限
２：公序に関して、領土の一般的安全を確保すること
３：防衛と住民の生活に不可欠な活動の維持を整備する機関、施設、民間の手段を保護すること
４：住民保護に関して、住民の保護にとっていかなる場合でも必要とされる予防と救助の措置を講じること
５：侵略に対する住民の抵抗の意思を維持し、主張すること

　なお既述のように、必要な場合に内務大臣は、軍隊の支援を要請できる（L. 1321-2条）点に注目したい。
　以上の規定を受けて「民間安全」対策の具体的内容を規定するのが2004年法である。同法１条では「危機の場合の国家組織に関する条文と地方公共団体に関する一般的法典の条項は別として、民間安全に関する任務を授けられた大臣は、大臣に許容される範囲内で救助の諸機関を調整する」と規定されており、「民間安全に関する任務を授けられた大臣」の中心である内務大臣には様々な国家機関間調整の役割が任される。

(2) 内務省防衛安全局の役割

　「民間安全」に関する内務大臣の役目は多大であるが、実際の災害対策で中心的役割を担う国家組織は、内務省民間防衛安全局（la direction de

---

[21] 同内容は、かつて民間防衛組織に関する1965年１月13日65-28号デクレ（Décret n° 65-28 du 13 janvier 1965 relatif à l'organisation de la défense civile）１条に定められていた。このかつてのデクレに関する文献として、渡邊・前掲注（10）12頁。

la defense et la sécurité civiles）である。この組織は、下部機関や関係機関からの情報収集や関係省庁間の調整、さらに民間安全に関する予防計画の策定や、実際の災害の際の実働部隊の派遣などを行う。またこの組織には「各省間危機管理オペレーションセンター（Centre opérationnel de gestion interministérielle des crises（COGIC））」が設置されており、本組織は災害等の情報収集等を行っている[22]。

2 地域レベルの行政組織とその権限

(1) コミューン（commune）

フランスにおける最も小さな行政区画は、コミューン（commune）と呼ばれる市町村組織であり、災害対策は伝統的にこのコミューンの警察権限に属してきたとされる。例えばフランスの地方自治法典（Code général des collectivités territoriales）L2211-1条は「市町村長は、民間安全の現代化に関する2004年8月13日2004－811法律の17条ないし22条の規定の適用を除き、自らの警察権限により、公的安全と軽犯罪の予防に関する任務を行使する方向に向う。」と規定するように、コミューンの災害予防や組織に関する担当責任者は、各地域の市町村長である。

【フランスの警察】
　フランスの「警察（Police）」をめぐっては組織と権限につき説明を要する。
　組織に関しては、警察権限を行使する国家レベルの組織として、内務省の「国家警察（Police Municipale）」と国防省の「国家憲兵隊（Gendarmarie Nationale）」とが存在する。一般に大規模都市圏の警察権については前者が、地方の小規模の都市や農村については後者がそれぞれ管轄する。もっとも、例え

---

[22] 詳しくは、財団法人自治体国際化協会『フランスの消防・防災制度』（2002年）19頁以下、岩城成幸「自然災害と緊急時対応」国立国会図書館調査及び立法調査局『主要国における緊急事態への対処：総合調査報告書』（2003年）155頁以下を参照。この組織について岩城論文ではCODSC（Centre opérationnel de la Direction de la Sécurité civile）と紹介されるが、現在では旧称にあたる。また内務省防衛安全局に関しては、渡邊・前掲注（10）16頁以降も参照。

> ばテロ対策について国家警察と国家憲兵隊の各部門を調整する機関として内務大臣主宰の会議が置かれるなど、内務省がその調整をすることが多い。他方で地方レベルでは、各地方自治体が「地方警察」を設置するが、その権限は限られている(以上につき、北村滋「フランスの警察」警察学論集48巻5号(1995年)4頁以下、岡部正勝・國本惣子「フランス警察行政法ノート(4)」警察学論集55巻8号(2002年)166頁以下等参照)。
> 　権限に関しては、犯罪予防、交通安全対策といった「予防」部門を管轄する行政警察(police administrative)と、犯罪捜査や法執行権の行使などの「制裁」部門を管轄する司法警察(police judiciaire)との権限の理論的住み分けが特徴的である。もっともこの二分論には実務的観点からの有力な批判がある(岡部正勝・國本惣子「フランス警察行政法ノート(2)」警察学論集55巻5号(2002年)182頁以下参照)。

(2) 県 (département)

①県知事[23]

　コミューンに続く大きさの行政単位は「県」である。フランスでは元来、県は国家の出先機関として成立した行政単位であり、フランス国土は日本の1.5倍程度だが、その数は日本の倍以上ある。

　県には国選の知事(Préfet de département)がおり国家代理人(le représentant de l'Etat)の地位にある。知事はかつて県の最高権限を有していたが、ミッテラン大統領当時の県制改革で住民が選挙で選んだ県議会議長にその権限が委譲されており、現在は県議会議長が県行政の責任者となる。もっとも県知事は、現在でも国家代理人としての役割を多く担い、とりわけ災害対策に関しては後述する国主導のORSEC計画などを通じて強い権限を行使しうる。

②県消防

　災害での救助や救護に関して大きな役割を果たす消防は、日本とは異な

---

[23] 県と県知事については、中村重樹「地方公共団体の権限とその範囲について―フランスの地方公共団体の枠組み―」現代社会文化研究34号(2005年)132-135頁、渡邊・前掲注(10)27頁。

り、原則的に県単位で組織される[24]。

　地方自治法典L1424-1条には「《県消防救助局（service départemental d'incendie et de secours)》と呼称される公的機構が各県に設置される。この組織は、本法1424-5条に規定された条件の下に構成され、消防救助局で組織された消防士の県部隊を含む。この組織は、保健衛生と救急医療の役務を行う。」と規定される。

　またL1424-2条には、県消防局の任務として、①火災の予防、制御、消火、②関係諸機関とともに、その他の事故（accidents）、災害（sinistres）、大規模災害（catastrophes）の予防と対策、科学技術あるいは自然災害の危険の推測・予防に加えて緊急救助を行うとされ、消防士は以下の使命を負う。

１：民間安全の危険の予防と予想
２：保護対策準備と救助手段編成
３：人、財産、環境の保護
４：事故・災害・大災害被害者の緊急救助とその避難

　消防組織は平時には各地方での消防の他、各市町村役場の活動補助等を行い、また警察と消防は各地域での通常の危険（例えば交通事故処理）に関して連携する。

> **フランスの消防**
> 　フランスでは、パリでは陸軍の消防部隊が、マルセイユとその周辺部（92，93、94県）では海軍の消防部隊がそれぞれ管轄し、その他の地域では基本的に（軍ではない）県の消防部隊が管轄する。
> 　地方自治法典L1424-5条によれば、県の消防部隊は、主に①職業消防士（Des

---

[24]　フランスでは1996年まで消防が市町村消防と市町村間消防とに分かれていたが、1996年の法改正で県消防に組織改変された。その他、本稿でのフランスの消防の記述に関しては、財団法人自治体国際化協会『フランスの救急制度』（2006年）23頁以下、山崎榮一『フランスの消防事情（新版）』（海外消防情報センター、2011年）を参照。

sapeurs-pompiers professionnels）と②志願消防士（Des sapeurs-pompiers volontaires suivants）とで構成され、各県の「県消防・救済局」は、市町村あるいは県議会で予算が組まれる。消防士はフランス全体で約25万人を数え、うち職業消防士が16％（40,300人）、志願消防士が79％（197,300人）、軍の消防士が5％（12,100人）を数える。
（フランス消防士国民連合〔la Fédération nationale des sapeurs-pompiers de France〕のHP〔http://www.pompiers.fr/index.php?id=6564#7187〕より）

(3) 地域圏（région）

県を幾つかまとめた行政単位として地域圏（région）が置かれる。地域圏には地域圏知事（Préfet de région）が置かれるが、県知事と同じく国選であり国家代理人の地位にある（なお、この地位には、地域圏庁所在地の県知事が就く）。地域圏の行政の責任者は、住民選出の地域圏議会議長である。

表-2：フランスの地方制度

地方団体	数
地域圏（régions）	26団体（本土22、海外4）
県（départments）	100団体（本土96、海外4）
市町村（communes）	36784団体（本土36570、海外214）

出典：「フランスの国土政策の概要」国土交通省国土計画局HP
(http://www.mlit.go.jp/kokudokeikaku/international/spw/general/france/index.html) より

(4) 防衛・安全管区（zone de défense et de sécurité）

また「民間防衛」や「民間安全」との関連では、いくつかの地域圏をまとめたさらなる広範な行政上の枠組みとして「防衛・安全管区」が存在する。これはいくつかの地域圏をまとめ全国を7つに区分し、後述する災害時の住民保護に関する「防衛管区ORSEC計画」などで用いられる。

この防衛・安全管区には国家代理人が置かれており、この国家代理人は当該管区の庁所在地がある県知事が兼職し、「防衛管区知事（Préfet de zone de défense）」の称号を持つ（国防法典R 1311-1条）。

防衛・安全管区

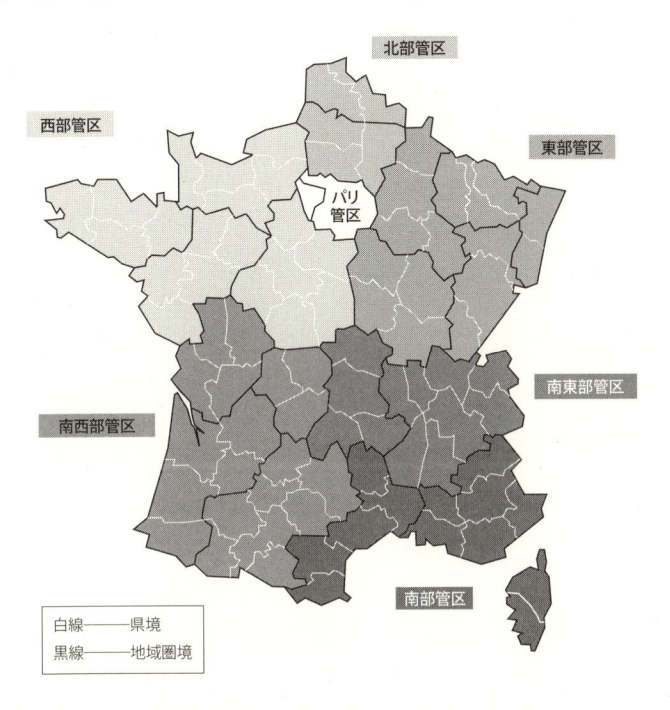

（地図：北部管区、西部管区、東部管区、パリ管区、南西部管区、南東部管区、南部管区）

白線――県境
黒線――地域圏境

(5) 地域レベルごとの災害対策調整機関

自然災害への対応はまず、市町村レベルの各自治体が行い、対応の許容範囲を超える場合には上位の行政機関（県⇒防衛・安全管区⇒国）が対応するといった段階構造が取られている[25]。

①市町村内レベルと県内レベル——消防の役割

市町村レベルと県内レベルには、特に消防士運営のセンターが置かれる。市町村レベルの災害対応のためには「警報処理センター（centre de traitement de l'alerte）」が、複数の市にまたがる災害に対応するためには、

---

[25] 以下の地域レベルでの行政組織に関して、自治体国際化協会・前掲注（22）27頁以下、岩城・前掲注（22）155頁以下を参照。

県レベルの機関である「県消防・救助オペレーションセンター(centre opérationnel departmental d'incendie et de seccours)〔CODIS〕」がそれぞれ設けられる。

②（県を超えた）地域間レベル――軍人の役割

後述のように、フランスでは複数県に及ぶ災害が発生した場合、地域圏とは異なる防衛・安全管区の下での災害対応が展開される。こうした広域対応のために設けられるのが「民間安全に関する地域圏間作戦調整センター(centre interrégionale de coordination des operations de sécurité civile)〔CIRCOSC〕」である。このセンターでは、複数県にわたる救助作戦を展開する他、各自治体への支援を与え、当該地域圏から内務省への支援要請を行うなどしており、その運営は軍人により行われる。

Ⅳ　災害における住民保護

1　国主導の住民保護――総合的ORSEC計画

以上のように各地域の災害対策には各地域の警察や県消防、さらに各県主体で実施されるものも多い。しかし大規模災害の場合、各地域主体の災害対策体制では対処できない場合も想定しうる。そこでフランスでは、その場合に備えて住民保護を含む国主導の様々な対策が組まれている[26]。

地方自治法典L2211-1条は、市町村長の警察権限が「民間安全の現代化に関する2004年8月13日2004－811法律の17条ないし22条の規定の適用を除いて」適用されると規定するが、「17条ないし22条」とは大規模災害

---

[26] 2004年法以前の「民間安全の編成、森林防火及び大規模な危険の予防に関する1987年7月22日法律 (Loi n° 87-565 du 22 juillet 1987 relative à l'organisation de la sécurité civile, à la protection de la forêt contre l'incendie et à la prevention des risques majeurs)」については「防災の効率化のために…近年フランスで進められている分権化の流れに逆行する一定の権力の集中を行っている」（山田・前掲注 (10) 26頁）とのコメントがあるが、2004年法はさらに強化されている。またこの2004年法以降のORSEC計画については、山崎・前掲注 (24) 88頁以下も参照。

での住民保護に関する規定である。これらの場合には国がイニシアティブを握るが、この対策をORSEC計画と呼ぶ。ORSEC計画はすでに1952年に登場しながら、2004年法以降、災害対策に関する総合的計画へと変貌している。

2　ORSEC計画の概要

(1)「ORSEC」の意義

「ORSEC計画（le plan ORSEC）」とは住民の救護編成計画のことをいう（現在は、「Organisation de la Réponse de SÉecurité Civile〔民間安全応対編成〕」の省略形とされるが、2004年法以前は「ORganisation des SECours〔救助編成〕」の省略形とされた）。

この計画はもともと1952年2月5日に省間通達で創設されたもので、その中身は「現存の人員・資材の組織化、出動の際の作戦行動や補給にかかわる任務や指揮機構などについて定め」、「具体的には警察・情報、救助、医療看護、運輸、通信の各部門の動員計画、各部門の長に割り当てられる任務と人員・資材を示す流れ図、作戦行動の指揮、人員・資材の組み合わせ、連絡・広報のためのマニュアル、動員することのできる公共または民間の人員・資材の一覧などを含む[27]」などと紹介されてきた。

もっとも現在のORSEC計画は、2004年法とその下に制定された2005年9月15日の①ORSEC、②PPI〔特殊出動計画（les Plan Prticuliers d'Intervention）〕、③各コミューンの保護計画（le plan communal de sauvegarde）に関する3種のデクレにより再編成されており、かつてと中身に大きな違いがあるとされる。特に2004年法以降のORSEC計画は、その内容の進化とその他の制度との統合といった点で特徴がある。

[27) 山田・前掲注（10）26頁。

(2) 内容の変化

 以下、フランス内務省の資料に基づいて新たな計画について紹介すると[28]、まず旧ORSEC計画は、簡略化した「救護の計画化」のみを示したにすぎないとされる。これに対して新ORSEC計画は、①「各コミューンでの保護計画」と「その他の計画」とを区分し、②「その他の計画」に関する「編成」を重視しているとされる（内務省資料では、旧ORSEC計画は「固定化された書類（Document figé）」にすぎないとされる[29]）。

 また2004年法の目的は、主に以下の4つにあるとされる。

１：本法により、市民が民間安全の主たる行為者であることを示すこと
２：危機とその管理について、より的確な準備を行うこと
３：県消防・救助局（SDIS）の地位を明確にすること
４：消防士に対して、国家連帯を根付かせること

 これらのうち、特に「危機とその管理について、より的確な準備を行う」という観点から、新ORSEC計画では「対処のための予見」と「行動のための準備」の（計画ではなく）「実施」が重視されたと指摘される。

 さらに新ORSEC計画では、従来存在した別の制度との統合が見られた点が特徴的である。例えばかつて県レベルだけであった1952年のORSEC計画には、1987年に防衛管区ORSEC計画が追加された一方で、各県で行使されるいくつかの緊急事態計画（plans d'urgence）が並行して実施された。その中身は、先述した①（危険な固定施設のための）特別出動計画（PPI）、②（①以外の科学技術などの施設のための）専門救助計画（les Plans Secours Spécialisés〔PSS〕）、③（多数犠牲者の救助のための）赤

---

[28] フランス内務省の資料（http://www.cedre.fr/fr/publication/colloque/2009/4-Estiez-DSC.pdf）より。

[29] Derection de la Défense et de la Sécurité Civile, *Guide ORSEC départmental Méthode Générale*, tome G.1, 2006, p.6.

い計画(les plans rouges)である[30]。しかし、これらは重層的すぎる点や数が多い点、繰り返し作業になる点、理論に偏りすぎている点、適応になじまない点、一体的ビジョンに欠ける点などを理由に、2004年法の下でORSEC計画にまとめられたと指摘される。

以上のような経緯を経て、2004法では住民保護に関して、①コミューンレベルでの計画として「各コミューンの保護計画(le plan communal de sauvegarde)」(13条)を、②県以上レベルでの計画として「ORSEC計画(le plan ORSEC)」(14条以下)をそれぞれ定めた。以下では①、②の順で概観したい。

3　各コミューンの保護計画（le plan communal de sauvegarde）

「各コミューンの保護計画」について定める2004年法13条によれば、当該計画は、次の点の行使を目的とする。

1：(災害等)予防のための情報や住民保護に寄与するようなコミューンの管轄にある書類を一同に結集すること
2：①周知のリスクを考慮しつつ、人々の保護(sauvegarde)と擁護(protection)のための即効力のある措置を決定し、②安全に関する警報と諸指令の発信に必要な編成を固定し、③予備的手段を調査し、④住民の随行と支援の取りうる手段を決定する。

また本計画は、コミューンの長により示される（ただし、パリの場合には、警視総監により示される）が、これに加えて本計画では、民間安全問題の任務を付与された市長補佐人あるいは市町村カウンセラーを選任でき

---

[30] 当時のシステムについて詳しくは、山田・前掲注(10) 27頁。なお、そこに示される「予見可能な自然災害の予防計画(un plan de prevention des risques naturels prévisibles)」なども注目される災害対策の1つである。

る。

　さらに本計画は、コミューン間広域公共機関[31]で策定することも可能である。この場合、コミューン間広域公共機関長と関係コミューンの長によって示され、その実施は関係コミューンの長によって行われる。

　なお本計画は、各自治体に計画の策定が任されてはいるものの、後述のORSEC計画と適合しなければならず、さらに計画の様式等の詳細は、コンセイユ・デタの発するデクレが定めるように、各地域の固有なシステムではなくあくまで国の主導するシステムであることが大きな特徴である。

4　県・防衛管区・海洋の各ORSEC計画

　次に、ORSEC計画について説明する。このORSEC計画は、その管轄する領域によって3種（県ORSEC計画、防衛管区ORSEC計画、海洋ORSEC計画）に区分される（2004年法14条Ⅰ）。

(1) 県ORSEC計画（Le plan ORSEC départemental）
①計画の作成

　2004年法14条Ⅱは、県ORSEC計画について定める。ここでは県ORSEC計画でなすべき点が以下のように示されえる。

1：県内に存在する危険を考慮しながら、救済の一般編成体制を決定し、利用可能な公的私的手段全体を調査すること。
2：救助を指揮するために付与された権限により、それらの使用条件を明確にすること。

　ORSEC計画には、あらゆる状況に適用可能な一般的規定と、ある特定

---

[31] コミューン間広域行政制度については、財団法人自治体国際化協会『フランスの広域行政――第4の地方団体』（2005年）12頁参照。

の危険に関する諸規定が含まれ、特に後者の場合、県ORSEC計画により救護作用の指揮権が明確にされる。こうした県ORSEC計画は、県の国家代理人（つまり、県知事のこと）により示されるが、パリ及びオートデュセーヌ、セーヌサンデニ、ヴァルデュマルヌの各県では、この権限が警視長官によって行使されると規定される（22条Ⅰ）。

②計画の実施

事故、災害、大惨事のうち1つのコミューンの限界や能力を超える事態の場合に県の国家代理人は、国、公共団体、公共施設の管轄に属する救済手段を召集する。さらに必要な場合に国家代表は、救済に必要な民間手段を召集あるいは徴用する。国家代表には、救済作戦（opérations de secours）の指揮権が保障され、理由があれば県ORSEC計画を発動させる（17条）。

(2) 防衛管区ORSEC計画（Le plan ORSEC de zone）

①計画の作成

2004年法14条Ⅲは、防衛管区ORSEC計画について規定する。防衛管区ORSEC計画は、防衛管区内の少なくとも2つの県に悪影響を及ぼすか、県の範囲を超える手段の実行が必要となる大惨事の場合に、使用可能な公的私的手段全体を調査する。また防衛管区ORSEC計画は、救済作戦の調整や、救助を指揮するために付与された権限により手段とその利用の状況を決定する。この防衛管区ORSEC計画は、防衛管区の本部のある県代理人によって行使される。

②計画の実施

まず事故、災害、大惨事のうち1つの県の限界や能力を超える事態の場合に防衛管区本部の県の国家代理人は、国、公共団体、公共施設の管轄に属する救済手段を召集し、必要な場合には、救済に必要な民間の手段を召集あるいは徴用する。国家代理人は、救済指令（la direction de secours）の任務が授けられた権限者に対して救済手段を授与し、当該作戦の指揮に必要な連携措置を取る。必要な場合に国家代理人は、防衛管区ORSEC計

画を発動させる。また、防衛管区本部の県の国家代理人は、全部ないしその一部の権限を管区内の諸県のうち1つの県の国家代表に委譲できる（18条）。

次に、その結末が異なる防衛管区に属す複数の県に害を与える事故、災害、大惨事の場合、18条で付与された権限については、所轄行政権限により指定された当該複数防衛管区の1つの防衛管区本部の県における国家代理人によって行使される。以上のような指定を受けた国家代理人は、当該複数防衛管区の範囲内の諸県の1つにおける国家代理人に、全部ないしその一部の権限を委譲することができる（19条）。

(3) 海上ORSEC計画（Le plan ORSEC maritime）

①計画の作成

さらに2004年法14条Ⅳには、海上ORSEC計画について規定される。「海上」については3つの海域に分けられており、ⅰ）英仏海峡・北海海域、ⅱ）大西洋海域、ⅲ）地中海海域である。海上ORSEC計画は、海上に関する国家代理人によって行使されるが、この国家代理人については海上に関するPréfetである海上府司令長官（Préfet maritime）があたる。

この海上ORSEC計画では、海上に存在する危険を考慮し、一般的な救済体制を決定し、取りうる公的私的の手段全体を調べる。海上ORSEC計画は、救済を管理するために付与された権限によりその条件と使用状況を決定する。海上ORSEC計画は、すべての状況に適用できる一般的準備と、海で突然起こりうる一定の特殊な危険に関する準備を含む。

②計画の実施

海上での事故、災害、大惨事の場合に、海上府司令長官は、必要な公的あるいは民間の救済手段を召集あるいは利用する。また同司令長官には、海上における救済作用への命令権が保障される。海上府司令長官には、理由があれば、海上でのORSEC計画を発動させ、関連する防衛管区の範囲の県の国家代理人にそれを報告する（20条）。

(4) 国務大臣の役割

既述のように民間安全保持において国務大臣は一定の役割を持つが、2004年法21条ではORSEC計画における役割が記される。これによれば、国家的規模の事故、災害、大惨事の場合、国家安全に関する権限を付与された国務大臣、あるいは万一の場合、海上に関する権限を付与された国務大臣は、国、地方公共団体、公共機関の諸手段を調整し、さらに救済に必要な指摘手段を召集し、それらに対して救済作戦の指名を付与する権限を授与する。

(5) 災害対策に関する民間の責務

以上のORSEC計画に関しては、各段階のPréfet（県、地域圏、防衛・安全管区）が必要な場合に災害対策に役立つ民間の手段の徴用も可能なことを示したが、この2004年法5条によれば「何人も、自らの行動によって民間安全に協力する。民間安全が直面する状況を考慮し、かつ自身の可能な範囲で、人々は救助サービスに前もって連絡をし、必要な最小限の準備をするよう努める」と規定される。このように2004年法では、災害対策としての「民間安全」への人々の協力についても条文で示している。

5 消防と医療の災害救助対策
―― 「赤い計画（plan rouge）」から「多数犠牲者のORSEC計画」へ

各領域レベルでのORSEC計画に加えて、ここでは特に各県レベルにおける消防と医療の災害救助計画について紹介しておきたい。フランスではコミューンを代表とする小規模な地域レベルでの災害対応もなされるものの、比較的重大な災害の場合には、より大規模かつ集中的な計画として、旧来のORSEC計画とは別に、通称「赤い計画（plan rouge）」と「白い計画（plan blanc）」が策定されてきた。しかしこの計画は、ORSEC計画の一部とされて現在に至る（多数犠牲者のORSEC計画（Plan ORSEC nombreuses victimes））。

(1) かつての「赤い計画」と「白い計画」

「赤い計画」とは、多数の死傷者が出た災害に関する県単位の救助計画である。以下、財団法人自治体国際化協会『フランスの救急制度』に基づいて「赤い計画」(加えて「白い計画」) を紹介すれば[32]、本計画の発端は、1978年に多数死傷者を出したパリでの火災の際、パリ消防隊が作成し救助計画であり、その後通達で全土に広まったとされる。この計画では、①救済手段の迅速な配置や、②指揮命令系統の合理的組織化、③必要十分な手段の活用とその実現のための調整、といった目的が設定されたとされる。

同書によると、この赤い計画は県単位で行われることから、市や県の警察局長や憲兵隊司令官を始め県の様々な行政機関の長が関わり、県知事によって作成・発動され、計画が発動されると県内の全ての関係機関が県知事の指揮下とされたという。また負傷者の医療処置については、概ね各県に1つ設置されたSAMU（Service d'Aide Médicale Urgente〔緊急医療救助サービス〕）の責任者や消防医療長等から県知事が任命する医療救助指揮官（Directeur des Secours Médicaux）がその指揮を執ったとされる。またこの赤い計画とともに、災害等で医療機関に患者が殺到する場合に備えた「白い計画」も存在し、本計画は、公立私立を問わない各医療機関により作成・発動され、赤い計画と一緒に発動されることもあったとされる。また、核や放射線といった脅威に対応するため、防衛管区内での拠点医療施設が指名され、そこのSAMUが、防衛管区内の各県のSAMUのまとめ役とされた。その対応責任者は防衛管区の知事であったとされる。

以上の赤い計画、白い計画は、緊急性が高い場合に発動される点で、旧ORSEC計画と共通するが、異なる部分もあった。それは赤い計画が原則として消防士のみ（時に医療機関や警察）、白い計画が医療機関のみ発動されるのに対し、ORSEC計画はそれらを含むあらゆる機関に発動される点である。また、赤い計画や白い計画は被害者が多数の場合や傷病者の殺

---

[32] 財団法人自治体国際化協会・前掲注 (24) 50頁以下。

到を理由とする発動であったが、ORSEC計画そのもののそもそもの発動要件は人数ではない。

(2) 現在の「多数犠牲者のORSEC計画」

既述のように、以上の赤い計画等は新たな総合的ORSEC計画に取り込まれ、現在「多数犠牲者のORSEC計画」に生まれかわった。その内容の骨子についてある資料[33]を参照すると以下のように説明されている。

まず「多数犠牲者のORSEC計画」は、①動員を迅速に行うこと、②指令と人数と被害者の識別情報といった情報の共有の組織をきちんと整えること、③薬などの物資の使用、といった必要性の高いことを考慮に入れ、多数犠牲者が出ている被害の救済を目的とするとされる。

また組織と権限関係について、通常の県ORSEC計画と同様、県知事は救助作戦指揮官（Directeur des Opérations de Secours〔DOS〕）となり措置の調整等を行う。またこの県知事の権限の下で（以下で見るように現場近くでの）救助編成を行うのが、原則として県消防局司令官であり、救助作戦指令官（Commandant des Opérations de secours〔COS〕）と呼ばれる（さらにこのCOSの責任の下、消火や瓦礫の取り除きなどの技術的救助が、消防救助指揮官（Directeur Secours Incendie〔DSI〕）によって取り持たれる）。さらに県知事は、SAMUや県消防局の医師の中から医療救助指揮官（Directeur des Secours Médicaux〔DSM〕）を任命する。

救助に関する組織としては、①県作戦センター（Centre Opérational départemental〔COD〕）と、②作戦司令部（Poste de Commandement Opérational〔PCO〕）とが重要な役割を担う。①は、国家の業務委託を受けて県に設置され、被害者の調査や家族やメディアとの連絡を行う。②は、現場の近くで救済に関する調整や実施をする（なお場合によっては、副知事が出向き救助の調整をしたり、現地のマスコミとの対応を行う）。

---

33) Marion Hébert, Risque Infos nº 22, 2009, pp. 9-10.

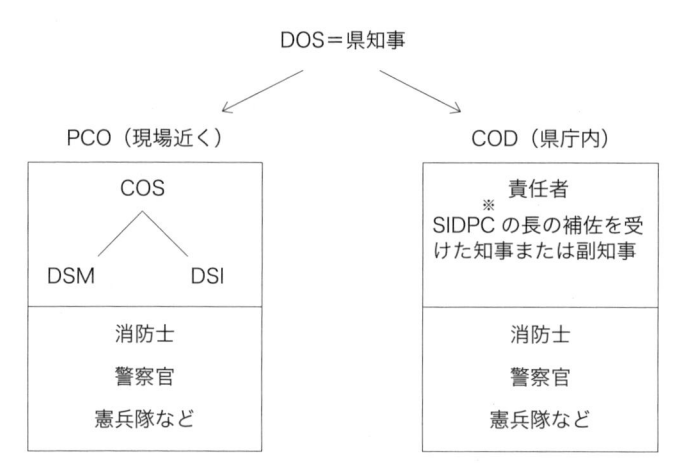

```
                    DOS＝県知事
                   ↙        ↘
        PCO（現場近く）         COD（県庁内）
    ┌─────────────┐      ┌─────────────┐
    │      COS        │      │    責任者        │
    │     /   \       │      │     ※           │
    │   DSM   DSI     │      │ SIDPCの長の補佐を受 │
    │                 │      │ けた知事または副知事 │
    ├─────────────┤      ├─────────────┤
    │    消防士       │      │    消防士       │
    │                 │      │                 │
    │    警察官       │      │    警察官       │
    │                 │      │                 │
    │   憲兵隊など    │      │   憲兵隊など    │
    └─────────────┘      └─────────────┘
```

※SIDPC(Service Interministériel départmental de la Protection civile)：県民間安全省庁間調整局
出典：Marion Hébert, Risque Infos nº 22, 2009, p10 掲載の一部を省略し訳出

図：多数犠牲者のORSEC計画の指揮のイメージ

おわりに——日本との比較と日本への示唆

　以上ではフランスでの国家の危機管理と災害対策に関連して、①国家緊急権と国防体制の憲法構造、②災害対策法制における「民間防衛」と「民間安全」の概念、③住民保護を中心とする災害対策法制、についてそれぞれ概観してきた。以下では特に日仏における憲法秩序と災害対策法制の違いの観点から、それぞれごく簡単に日本への示唆を呈することとする。

　まずは、憲法秩序の違いから生じる差異についてである。フランスでは憲法を中心とする実定法によって非常事態を法の枠内で対処する姿勢を見せる点が特徴的である。すなわち非常事態の登場を実定憲法の枠内に局限まで予定する制度設計を行い、さらに通常時の憲法秩序と非常時の憲法秩序とを区分し、通常時の憲法秩序を一定程度制限し、非常時への転換を他ならぬ憲法に予定する。例えば、大統領の非常大権の発動の場合、無限界

の権限行使がされる可能性があるものの、その権限には常に合法性が担保される憲法構造を持つ。この点、非常時の法秩序を改めて憲法上には設定しない日本と大きな違いがある。もっともフランスでもそうした非常事態の法秩序は災害対策の場面では適用がないことからすると、少なくとも災害対策を考える場合に法秩序そのものを変動させるシステムを憲法上設けることの必然性は必ずしも自明ではなく、そこに日本への直接的に有用となる示唆を見出すことはできないと思われた。

　他方で、通常法律に基づく災害対策法制における住民保護法制を見ると、フランスでは国が主導する災害時の住民保護制度の充実が見られたことが注目される。特に各県レベルでの国選知事の役割や、県や州を越えた防衛管区レベルでの災害対策は、対策の即効性を考えると1つの有用なモデルともいえる。地方自治制度に関する日仏の固有の制度の違い――特に大きいのは、県における国の代理人としての知事の存在の有無――があることは前提であるにせよ、災害対策に関する集中的かつ即効性のある権限設定を持つ国主導のシステムが日本でも考察されてもよい。また付言するならば、フランスの災害対策システムは他国に比べて出遅れてきた感がありながらも、ここ10数年間で、例えば消防設置を市から県に移管するといった地方の統治システムの変更や、また2004年法による住民保護に関する制度の再設計など、多面的な変化が見られた。あまりにも頻繁・煩雑な法改正は定着度の観点から問題もあろうが、今ある制度を絶えず検討の対象として改善を試みようとする点は評価できよう。

　また、こうした災害対策は「民間防衛」や「民間安全」といった国家における包括的な「国民安全」との関係で論じられており、とりわけ大災害対策に関しては、省庁間、文民軍人間、あるいは公私間の垣根を超えた全方位的対策法制が構築される点が注目される。これについては私人への公権力の過剰な介入などといった伝統的な憲法学からの懸念も考えられるが、総合的な「国民安全」のシステムを構築しつつ、それらに極力配慮した適切な制度設計を希求することは可能であろう。本稿でのフランスにおける

危機管理の憲法構造や災害対策法制の検討は、特にそうした点で日本での制度設計にとって学ぶべき点が多くあったように思われる。

第8章 ドイツの災害対処・住民保護法制
―― 平時法と戦時法の交錯

松浦 一夫

はじめに

　本書の主題は「災害と住民保護」である。ここで第1に念頭におかれるのは、東日本大震災に伴う津波被害や福島第1原発事故による放射能汚染から被災住民を保護するようなケースである。しかし、災害の意味を広くとらえるならば、このような自然災害や事故による被害だけでなく、戦争災害からの住民の保護についても国は配慮する義務があり、そのための法律を定める国は多い。

　もっとも、平時における災害からの住民の保護と戦時におけるそれとは性格が異なり、別個の法制度で対処すべきものと考えられている。我が国においても、災害対策基本法、原子力災害対策特別措置法など平時の災害対策法と戦時の国民保護法は別個の法制度である。この点は、ドイツにおいても基本的には同じなのであるが、今日のドイツの法制度に特徴的なのは、住民保護の平時と戦時の2つの側面が、区別されつつも、緊急事態法体系の中で不可分に結びついていることである。それゆえ、ドイツの法制度を論じる場合、自然災害や大事故の危険からの住民の保護だけではなく、戦争災害からの保護をも包括する広範な法制度を検討の対象としなければならない。

　まず、ドイツ憲法がいかなる国家緊急事態を規定し、連邦制の下で連邦とラント（州）が住民保護においてどのような役割を担って緊急事態に対処するかを概観する必要がある。

I　ドイツ基本法が定める国家緊急事態

　ドイツは、1990年10月3日にドイツ連邦共和国（旧西ドイツ）とドイツ民主共和国（旧東ドイツ）が統一して現在の国家体制になった。しかしこれは「対等合併」ではなく、ドイツ連邦共和国基本法（憲法）の加入条項（旧第23条）により、旧西ドイツに旧東ドイツ諸州が編入される形で

の統一であった。このため、ドイツ基本法は、統一後の度重なる改正にもかかわらず、第2次大戦後の冷戦期に形成された基本構造を多く現在にとどめている。

　緊急事態規定の多さも、その制度的特徴の一つである。国家分断により東西冷戦の最前線におかれた旧西ドイツは、直接侵略・間接侵略に対処するため、緊急事態規定を憲法に完備する必要があったのである。現在ある緊急事態規定の多くは、1968年6月24日の第17次改正により「緊急事態憲法」（Notstandsverfassung）として導入されたものである（図表－1）。

　憲法上の緊急事態は、対外的緊急事態（防衛緊急事態）と国内的緊急事態（治安緊急事態・災害緊急事態）に大別される。

1　対外的緊急事態（防衛緊急事態）

　防衛緊急事態は、ドイツの国家領域に対して外部からの武力攻撃が発生し、または、そのおそれがある場合に対処するため、その危険の性質と程度に応じて、平常時には認められない非常措置をとりうるよう憲法体制全体を転換する「緊急事態憲法」の核心部分である。

　防衛緊急事態は、「防衛事態」（Verteidigungsfall）、「緊迫事態」（Spannungsfall）、「同盟事態」（Bündnisfall）の3類型から構成される。

(1)「防衛事態」

　「連邦の領域が武力攻撃を受け、または、武力攻撃が直前に差し迫っている場合」に「防衛事態」が認定される。事態の認定は、連邦政府の発議に基づき、連邦参議院の同意を得て、連邦議会が投票数の3分の2以上（少なくとも議員の過半数）の賛成により行なわれ[1]、連邦大統領により

---

[1] ドイツ連邦議会（Deutscher Bundestag）は、小選挙区比例代表併用制による選挙により選出される国民代表機関である（2012年1月現在、議員数620名）。連邦参議院（Bundesrat）は、各ラント政府の代表69名からなる機関であり、各ラントの人口規模により表決権が配分されている。

図表１：ドイツ基本法が定める緊急事態類型（事態認定と効果）

緊急事態類型	認定	効果と廃止
対外的緊急事態		
Ⅰ　防衛緊急事態		
防衛事態 （第115a条1項） 連邦領域に対する武力攻撃またはその急迫の事態	連邦政府の発議 ＋　連邦参議院の同意と連邦議会の投票数の3分の2以上（少なくとも議員の過半数）による認定 ※連邦議会が集会・議決不能の場合は合同委員会の議決	・軍隊命令・司令権の連邦防衛大臣から連邦総理大臣への移動、連邦警察部隊の連邦全域への出動、民用物保護および交通規制のための軍隊の出動、民間医療施設等における非軍事的役務への女子の徴用など、憲法が定める非常措置 ・文民保護を含む防衛のため制定された個別緊急事態法に基づく法規命令による非常措置（連邦参議院の同意を得た連邦議会の要求により、または、事態認定要件を欠くに至った場合は終了）
緊迫事態 （第80a条1項） 「防衛事態」の発生が予測される事態	連邦議会の投票数の3分の2以上による認定	・民用物保護および交通規制のための軍隊の出動、兵役義務者の非軍事的役務従事の義務、職場離脱の自由の制限 ・第80a条による事態認定に適用が関係づけられた個別緊急事態法に基づく法規命令による非常措置（連邦議会の要求により終了）
（連邦議会の特別の同意がある場合）	連邦議会の投票数の過半数による同意（右記 [1] [2] の措置に関しては投票数の3分の2以上による同意）	・兵役義務者の非軍事的役務従事の義務 [1] ・職場離脱の自由の制限 [2] ・第80a条による事態認定に適用が関係づけられた個別緊急事態法に基づく法規命令による非常措置（連邦議会の要求により終了）
同盟事態 （第80a条3項） 同盟条約の共同防衛条項が発動される事態	同盟機関の決定 ＋連邦政府の同意	・第80a条による事態認定に適用が関係づけられた個別緊急事態法に基づく法規命令による非常措置（連邦議会の議員の過半数の要求により終了）
国内的緊急事態		
Ⅱ　治安緊急事態		
ラントの公共の安全・秩序の維持回復に支障がある事態（第35条2項1文）	ラント政府が、特別の重要性を有する任務の遂行ができず、または、著しい支障があると認める場合	ラント警察の支援のため、連邦警察の要員・施設を要請
連邦・ラントの存立またはその自由民主的基本秩序への急迫の危険のある事態（第87a条4項、第91条）	（1）ラント政府による措置：ラント政府が、連邦・ラントの存立またはその自由民主的基本秩序への急迫の危険を防止するため必要と認める場合	他のラントの警察力、その他の行政官庁、連邦警察の要員・施設を要請
	（2）連邦政府による措置：連邦政府による以下の認定 ①危険が迫るラントが自ら対処する用意がなく、また対処できる状態にないこと ②ラントの警察力および連邦警察の力では十分でないこと	①の場合 ・連邦政府のラント警察に対する指図 ・連邦警察の出動（危険が除去された場合、または連邦参議院の要求により終了） ①＋②の場合 ・民用物の保護、または、組織され軍事的に武装した叛徒を鎮圧するための軍隊の出動（連邦議会または連邦参議院の要求により中止）
Ⅲ　災害緊急事態		
自然災害または重大な事故があり支援が必要な事態（第35条2項2文、3項）	（1）局地的災害事態：被災ラント政府が独力では対処できないと認める場合	他のラントの警察力、他の行政官庁の要員・施設、連邦警察および軍隊の要員・施設を要請
	（2）広域的災害事態：複数のラントに危険が及び有効な対処のため必要であると連邦政府が認める場合	・他のラントのために、ラントに警察力を使用させる旨の連邦政府の指示 ・ラントの警察力支援のための連邦警察、軍隊の出動（連邦参議院の要求がある場合、または、危険が除去された場合、中止）

公布される（第115a条）。連邦議会が集会できない場合には、両院の議員48名から成る「合同委員会」（第53a条）が、非常時議会として、同じ多数決条件により事態認定を行う[2]。

ただし、すでに連邦領域が武力攻撃を受けており、即時に事態認定を行えない場合には、「防衛事態」は認定されたものとみなされ、かつ、攻撃が開始された時点で公布されたものとみなされる。事態認定がなされると、これに連動して、軍隊命令・司令権が連邦防衛大臣から連邦総理大臣に移動するほか、連邦警察[3]の部隊の連邦全域への出動、民用物保護・交通規制のための軍隊の出動、民間医療施設等における役務への女子の徴用など、憲法が定める戦時非常措置が発動される。このほか、「文民たる住民の保護を含む防衛」のため個別分野について制定されている緊急事態法に基づく法規命令により、非常措置が発動できるようになる[4]。

(2)「緊迫事態」

「防衛事態」は、ドイツ国家領域に対する武力攻撃の発生またはその急迫が認定要件であるが、それ以前の段階においても、事態が緊迫し、「防衛事態」の発生が予測される場合には、防衛準備態勢を整えるため、非常措置をとる必要がある。ドイツ基本法はこのような事態を「緊迫事態」として定める（第80a条1項）。「緊迫事態」の認定は、連邦議会の投票数の3分の2以上（「防衛事態」と異なり議員の過半数である必要はない）の賛成で行われ、事態認定とともに個別緊急事態法に基づく法規命令により、防衛準備態勢確立のための措置がとられる。

---

[2] 合同委員会（Gemeinsamer Ausschuß）は、連邦議会議員32名と連邦参議院議員16名から構成される。委員は、平時からすで任命されており、武力攻撃発生時において連邦議会が集会不能となった場合に、直ちにこれに代わる役割を果たす。

[3] 基本法上、連邦国境警備隊（Bundesgrenzschutz）と表記される機関の法律上の名称が、連邦警察（Bundespolizei）である。以前は、法律上の名称も連邦国境警備隊であったが、2005年7月1日に連邦警察に改称された。

[4] 防衛緊急事態における国民生活の安定と補給確保のため、個別分野について制定された緊急事態法がある（章末の「Ⅰ　個別分野に関する緊急事態法一覧」参照）。「防衛事態」や「緊迫事態」等の事態認定に連動して、これらの法律に基づく法規命令により、非常措置が開始される。

「緊迫事態」の認定が必要なほどには危険の程度が高くないが、非常措置が必要である場合に、個別緊急事態法の部分的適用を連邦議会の単純過半数の同意をもって行うことも認められる。

(3)「同盟事態」

NATO理事会などの同盟機関が、同盟条約の枠内で、ドイツ連邦政府の同意を得て下した決定により、ドイツ国内の非常措置の発動が求められる場合も、「緊迫事態」とほぼ同様の措置をとることができる（第80a条3項）。これを「同盟事態」という。ドイツはまだ攻撃されていないが、他の同盟国が武力攻撃を受け、同盟条約の共同防衛条項が発動された場合に、この事態が認定されうる。この場合、非常措置をとることは同盟条約上の義務でもあるため、事態認定に連邦議会の承認は必要ないが、議員の過半数の要求がある場合には、非常措置は終了する。

2　国内的緊急事態（治安緊急事態・災害緊急事態）

連邦の専管事項である防衛の分野とは異なり、公共の安全および秩序の維持の任務は、第1次的には各ラントの任務である。したがって、国内的緊急事態における連邦の任務は、ラントによる対処では不十分な場合に、これを補完するためにとられる例外的措置である。

(1) 治安緊急事態

治安の維持は、基本的には各ラントの任務であり、一般警察力は各ラントが保有し運用する。しかし、各ラント独力では有効に対処できない内乱騒擾などの重大事態において、憲法上の緊急事態規定が適用され、他のラントや連邦の警察力そして軍隊が、危殆に瀕するラントの支援を行う。

ラントが、公共の安全および秩序の維持回復のため、特別の重要性を有する任務を遂行するにあたり支障がある場合には、連邦警察の要員・施設を要請できる（第35条2項1文）。連邦およびラントの存立、または、その「自由民主的基本秩序」に対する急迫の危険がある場合において、ラン

ト政府が危険防止に必要と認める場合には、他のラントの警察力や行政官庁の要員・施設、連邦警察の要員・施設を要請できる（第91条1項）。また、このような急迫の危険にラントが自ら対処する意思と能力を欠く場合には、連邦政府が、ラントの警察力をその指示に従わせ、連邦警察を出動させることができる。さらに、ラントの警察力と連邦警察でも不十分な場合には、武装叛徒鎮圧等のため、軍隊を出動させることができる（第91条2項、第87a条4項）。

(2) 災害緊急事態

災害が発生した場合の対処も、第1次的には各ラントの任務であり、連邦の役割は、被害甚大な広域災害の際に、ラントによる措置を補完することにとどまる。

あるラントで自然災害または重大事故が発生し、これに対処するために支援が必要な場合には、被災ラントは、他のラントの警察力や行政官庁、連邦警察や軍隊の支援を要請することができる（第35条2項2文：局地的災害事態）。災害の危険が複数のラントに及ぶ場合、連邦政府は、これに有効に対処するために必要な限りにおいて、他のラントに対して被災ラントのために警察力を使用させるよう指示し、あるいは、警察力支援のために、連邦警察や軍隊を出動させることができる（第35条3項：広域的災害事態）。

これまで説明してきたドイツ基本法上の緊急事態は、通常の法的枠組では有効な対処ができない場合に認められる例外的な非常権限を定めるものである。憲法上の緊急事態に備え、あるいは、緊急事態においてとられる具体的対処措置は、基本法が定めるところにしたがい、連邦とラントそれぞれの立法に委ねられる。

II 災害対処と住民保護
―― 連邦とラントの役割分担と協力

1 住民保護に関する立法権限と法執行権限、経費負担の原則

災害時における一般住民の保護についての説明に焦点を絞ろう。

連邦制をとるドイツでは、憲法上、住民保護が必要となる事態への対処にかかわる管轄は、連邦とラントに二分され、戦時と平時に区別される。

(1) 立法権限

基本法の規定に照らし立法権限の区分を見ると、「文民たる住民の保護

を含む防衛」の分野は連邦の専属的立法権限に属し（基本法第73条1項1号）、それ以外の公共の安全および秩序の維持に関する立法権限は、基本的にはラントにある（第30条、第70条）[5]。したがって、一般警察、防災などの危険防禦に関する立法権限はラントに属する[6]。

このため、災害からの一般住民の保護（Bevölkerungsschutz）のうち、「防衛事態」における戦争災害からの非戦闘員たる住民の保護、すなわち文民保護（Zivilschutz）に関しては、連邦が立法権限を有し[7]、平時の災害予防や災害対処措置、すなわち災害防護（Katastrophenschutz）の一環としての被災住民の保護については、基本的にはラントが立法権限を有する[8]。

---

[5] 基本法が連邦に立法権限を付与していない限りにおいて、ラントが立法権限を有する（第70条）。連邦の立法権限は、連邦のみが立法権限を有する専属的立法権限（第71条、第73条）と、連邦が立法管轄権を行使しない間、およびその限りにおいてラントにも立法権限が認められる競合的立法権限（第72条、第74条）に分かれる。他方、国家の権能の行使および任務の遂行は、基本法が別段の定めをせず、または許していない限りにおいて、ラントのなすべき事項となる（第30条）。したがって、連邦が立法権限を有しない分野に関しては、ラントの立法権限に属する。

[6] 危険防禦（Gefahrenabwehr）とは、人または事物に起因する危険の防除を意味し、警察、消防、災害対処等をさし、第1次的にはラントの任務である。もっとも、原子力防護（「核エネルギーの放出の際に生ずる危険、または電離放射線により生ずる危険に対する保護、並びに放射性物質の除去」）に関しては、連邦の専属的立法権限事項である（第73条14号）。他方、連邦は、防疫（「公共の危険を伴う、または伝染性の人畜の病気に対する措置」）に関して競合的立法権限を有し（第74条1項19号）、伝染病防護法により防災措置をとる権限を有する。2006年連邦制改革の一環として基本法第73条1項9a号が挿入され、「国際テロリズムの危険の予防」が連邦の専属的立法権限事項に加えられたが、これは連邦刑事庁（BKA）の権限拡大などによる大規模テロ攻撃の予防のための立法権限であり、テロ攻撃の結果発生する損害への対処措置に関するものではない。

[7] 連邦文民保護・災害救援法（Gesetz über den Zivilschutz und die Katastrophenhilfe des Bundes (Zivilschutz- und Katastrophenhilfegesetz) vom 25. März 1997 (BGBl. I S. 726)［直近改正2009年7月29日］が戦時における文民保護の任務を規定する現行法である。後述のように、2009年7月の改正により、同法は文民保護と災害防護の両分野の融合・相互依存を進めた。

[8] バーデン・ヴュルテンベルク州、バイエルン州、ベルリン、ハンブルク、メックレンブルク・フォアポメルン州、ニーダーザクセン州、ザクセン・アンハルト州、シュレスヴィヒ・ホルシュタイン州は独立した災害防護法を制定しているが、それ以外のラントは消防法等と統合する形式をとっている。各ラントの現行の災害防護法は、本章末尾の「II ドイツ各州の災害防護法一覧」参照。以下、この章において州法を挙げる場合、これらの各州災害防護法をさす。なお、欧州統合の拡大・深化に伴い、災害対処においてもEU機関の役割が拡大している。このため、ドイツを含め、欧州各国の災害対策法は、EU法に基づくことが要求される。1976年イタリアのセベソで発生した農薬工場爆発事故によるダイオキシン汚染や1986年旧ソ

(2) 法執行権限と経費負担

　法律の執行の観点からみると、連邦法律も、基本法に別段の定めがない限りにおいて、ラントにより執行される（基本法第83条以下）。したがって、連邦の専属的立法権限に属する「文民たる住民の保護を含む防衛」の分野において連邦が制定した法律も、原則的にはラントにより実施されるのであるが、「連邦固有行政」として、または、「連邦の委託を受けたラントにより実施される」ことができると別段の定めがおかれている（第87b条2項）。

　ラントの立法権限に属する災害防護に関する法律は、当然にラントが実施する任務を負い、これに伴う経費を負担しなければならない。他方、連邦の委託によりラントが文民保護のための措置を実施する場合には、それによって生ずる経費は、連邦が負担する（第104a条）[9]。

　災害防護にかかるラントの予算は、多くの場合、一般財源から賄われるが、ブランデンブルク州、ヘッセン州などのように、目的税として「消防税」を徴収し、財源に充てるラントもある[10]。また、バイエルン州、テューリンゲン州のように、「防災助成基金」を設け、経費を支弁するところもある[11]。

　なお、後述のように、9・11米国テロ事件以後、危険防禦（国内治安維持）と防衛（対外的安全保障）の境界が曖昧になったことに対応し、ラン

ビエト時代のチェルノブイリ原発事故による放射能汚染など、欧州諸国は早くから国境を越える広域災害を経験してきた。原発事故などの危険物質の拡散による被害については、ドイツ諸州のほぼ全ての災害防護法は、「危険物質を含む重大事故の危険制御に関する理事会指令」（Council Directive 96/82/EC of 9 December 1996 on the control of major-accident hazards involving dangerous substances）を国内実施する規定を置いている。

[9] 基本法第104a条1項「連邦およびラントは、この基本法に別段の定めがある場合を除き、その任務を引き受けることにより生ずる経費を別々に負担する」。2項「ラントが連邦の委託により行動するときは、それによって生ずる経費は、連邦が負担する」。

[10] ブランデンブルク州法第44条5項、ブレーメン法第71条1項、ヘッセン州法第63条、ノルトライン・ウェストファーレン州法第40条9項、ラインラント・プファルツ州法第34条3項1号、ザールラント州法第48条、ザクセン州法第8条1項3号、テューリンゲン州法第44条3項1号。

[11] バイエルン州法第12条、テューリンゲン州法第45条。

トによる災害防護と連邦による戦時の文民保護の区別が相対化したことから、両者の相互依存が進み、災害防護のための装備、備蓄物資の補充等の広い範囲において、連邦が経費を負担するようになっている。

2　災害事態と災害防護官庁、部隊・施設

(1)　災害事態の認定

①「災害」の定義

このように、自然災害や大事故が発生した際の災害防護に関する立法権限はラントにあり、具体的な対処体制・対処措置は、各ラントの災害防護法が定める。ここでまず、災害防護法が適用される「災害」（Katastrophe）とは、どのような事態を意味するのかを明確にしなければならない[12]。

災害防護法の適用対象となる「災害」については、多くのラントにおいて、ほぼ同様の定義がなされている[13]。たとえば、バイエルン州法（第1条2項）は、次のように定義する。「この法律にいう災害とは、多数の人の生命または健康、あるいは自然的生活基盤、または重要有形資産が著しく脅かされ、または被害を受け、かつ、災害防護官庁（Katastrophenschutzbehörde）の指揮の下で災害防護に協力する諸官庁、機関、組織および動員される諸力が協働することによってのみ、この危険

---

[12]　ドイツ諸州の災害防護法の説明にあたり、主に以下の論文を参考にした。Rolf Stober/Sven Eisenmenger, Katastrophenverwaltungsrecht – Zur Renaissance eines vernachlässigten Rechtsgebietes, in: Neue Zeitschrift für Verwaltungsrecht, 24. Jahrg. Heft 2, 2005, S. 121-131; Andreas Musil/Sören Kirchner, Katastrophenschutz im Föderalen Staat, in: Die Verwaltung, 39. Band, Heft 3, 2006, S. 373-391; Michael Kloepfer, Katastrophenschutzrecht – Strukturen und Grundfragen, in: Verwaltungs-Archiv, 98. Band, Heft 2, 2007, S.163-198; Amelie von Zimmermann/Tobias Czepull, Zuständigkeiten und Kompetenzen im Katastropheneinsatz, in: Deutsches Verwaltungsblatt [DVBl.], 2011, Heft 5, S. 270-277.

[13]　独立して災害防護法を制定する州法は、「災害」概念の定義規定を置く（バイエルン州法第1条2項、ベルリン法第2条1項、バーデン・ヴュルテンベルク州法第1条2項、ハンブルク法第1条1項、メックレンブルク・フォアポメルン州法第1条2項、ニーダーザクセン州法第1条2項、ザクセン・アンハルト州法第1条2項、シュレスヴィヒ・ホルシュタイン州法第1条1項）。消防法等と統合した法律を制定する一部の州法は、「災害」の定義規定を置かないものもある。

を防止し、または障害を阻止し、および除去することができる事象をさす。」この法的「災害」概念から明らかとなることは、災害防護法の適用対象となりえるのは、①災害が相当程度大規模であり、②災害防護官庁による災害対処の統一的調整・指揮が必要である事態であることである。したがって、災害が局地的であり、かつ、被害が軽微であって、消防や警察、救急救助など、各個別の部署による通常的活動で対処できる場合は、ラント災害防護法上の「災害」には該当しない。

　②災害防護官庁による災害事態の認定

　ある損害事案が「災害」に該当する事態であるかは、各ラントの災害防護法が定める災害防護官庁が認定する[14]。災害防護官庁がどの機関であるかは、ラントによって異なるが、州内の行政レベルごとに下級・上級・最高の3つのクラスの官庁が指定される。郡（Landkreis）では郡長（Landrat）、郡と同格の独立市（Kreisfreie Stadt）では市長（Oberbürgermeister）が下級災害防護官庁であり、行政管区（Regierungsbezirk）の行政管区庁（Regierungspräsidium）が上級災害防護官庁、そしてそのラントの防災を所管する省（Ministerium）が最高災害防護官庁である。災害対処の管轄は、第1次的には下級の官庁が有し、上級および最高官庁は、下級官庁の管区を越えて災害地域が拡大した場合に管轄権を獲得し、災害発生地の下級官庁に権限を委任する。

　災害防護官庁による災害事態の認定が、設権的な効果を有するか、単なる宣言的効果にとどまるのか—言い換えれば、災害防護法上の権限を発動し災害対処措置をとることは、事態認定の後にはじめて許されるのか、認定以前から被害発生と同時にとりうるのか—については、一部の州法を除き、明文規定上明らかにされていない。しかし、先に述べた「災害」の法

---

[14]　バイエルン州法第4条1項、ベルリン法第7条1項、バーデン・ヴュルテンベルク州法第18条、ブランデンブルク州法第42条、ハンブルク法第14条2項、ヘッセン州法第34条、メックレンブルク・フォアポメルン州法第15条3項、ニーダーザクセン州法第20条、ザールラント州法第21条2項、ザクセン州法第47条1項、ザクセン・アンハルト州法第16条1項、シュレスヴィヒ・ホルシュタイン州法第16条、テューリンゲン州法第34条。

的定義からも明らかなように、災害防護法が適用される「災害」においては災害防護官庁による関係部署・機関・組織の統合的調整が必要となるのであり、それがどの時点で開始されるかを明確にしなければならない。また、後述のように災害対処措置に伴い、一般住民の基本権が制限され、また義務が課されることから、事態認定に設権的効果を認め、認定以後に必要措置をとりうると解釈すべきとする見解が有力である[15]。

(2) 活動本部長、災害防護の部隊・施設

災害防護官庁は、災害対処活動を調整・指揮する機関であり、住民への警報を発令し、避難誘導を行い、救援隊員の出動を命じ、必要となる支援を要請するほか、安否確認場所や被災者の集合場所の設置等を行う。こうした必要措置を指揮するため、活動本部長（Einsatzleiter）が任命される。活動本部長は、災害防護官庁の指図に従いつつ、現地においての活動を指揮する。

実施部隊は、市町村の消防団、ラントの警察、連邦の技術救援隊（THW）[16] や連邦軍、連邦警察である。災害防護において協力する組織は、こうした公的機関ばかりではなく、公認された民間救援組織も参加する（後述）。これらの公的機関・民間組織は、災害防護法にしたがい機能別に部隊・施設（Einheiten und Einrichtungen）を編成し、災害防護官庁の統一的指揮の下に活動する。とくに、指揮、防火、技術救援、保守、危険物、給養、補給、救助、医療、通信、心理学的サポートといった個別分野につき部隊・施設が編成される旨、多くのラントの災害防護法が規定

---

15) M. Kloepfer, a. a. O., S. 192; A. v. Zimmermann/T. Czepull, a. a. O., S. 271.

16) 多くのラントの災害防護法は、とくに消防団や連邦技術救援隊（Bundesanstalt Technisches Hilfswerk [THW]）を実施部隊に編入する旨明文で規定している。THWとは、1950年に設立された連邦内務省管轄の機関である。災害発生時の避難誘導や人命救助ばかりでなく、専門技術能力を生かして、建物の補強、仮設住宅の建設、橋の設置、堤防の補強、電気の供給、排水などを行う。国際救援活動にも積極的に参加しており、東日本大震災後の救助活動にも41人の隊員と救助犬を派遣した。その組織、任務、所属救援隊員の地位等については、技術救援隊法が定める。Vgl. Gesetz über das Technische Hilfswerk (THW-Gesetz) vom 22. Januar 1990 (BGBl. I S. 118) ［直近改正2009年7月29日］．

している[17]。

3　官庁間協力の法的枠組

　災害対処活動を指揮する災害防護官庁と、これを実施する自治体消防団、州警察、連邦警察、THW、軍隊といった異なる行政主体に属する公的機関とは、どのような法的関係に立つのか。官庁間の協力を規律する法的枠組として、職務共助（Amtshilfe）と機関貸借（Organleihe）という方法がとられることが多い[18]。

(1) 職務共助

　まず、職務共助[19]としての協力が考えられる。職務共助は、学説や判例により、以下の5つの要件を満たす場合に認められるとされている。①援助要請官庁が法的または事実的理由から、求められた作為をなしうる状態にないこと。②援助要請を受けた官庁は、求められた作為を自己の任務として行う責務を負ってはいないこと。③援助要請を受けた官庁は、原則的にその作為を行う法的権限を有すること。④援助を要請する官庁と要請を受けそれを実施する官庁の間には指図関係が存在しないこと。⑤援助は例外的かつ個別的に実施されるものであり、恒常的な官庁間協力ではないこと。

　たとえば、連邦軍は災害対処において重要な役割を担っているが、軍隊の憲法上の任務は「防衛」であり、災害救援ではない。連邦軍が憲法上の

---

[17] ラントによっては、協力組織が部隊・施設を編成できない場合に、災害防護官庁自らが部隊・施設を編成することもある。これを管理部隊（Regieeinheiten）と呼ぶ（ヘッセン州法第26条2項、ニーダーザクセン州法第12条2文、ノルトライン・ウェストファーレン州法第19条、ラインラント・プファルツ州法第4条2項、ザールラント州法第18条3項2文、ザクセン・アンハルト州法第11条2項、テューリンゲン州法第28条4項）。

[18] Vgl. v. Mangoldt/Klein/Starck, GG, Kommentar zum Grundgesetz, Bd. 2, 5. Aufl., Verlag Franz Vahlen, 2005, S. 920ff.; Horst Dreier, Grundgesetz-kommentar, 2. Aufl., 2006, Mohr Siebeck, S. 913ff.

[19] 基本法第35条1項「連邦およびラントのすべての官庁は、相互に法律上及び職務上の援助を行う」。また、ドイツ行政手続法第4条以下参照。

災害緊急事態（基本法第35条2、3項）の場合のほか、災害救援を行う場合には、この職務共助（第35条1項）の枠組が用いられる[20]。

(2) 機関貸借

機関貸借という形式で行政官庁間の協力が行われることがある。これは、ある官庁が他の官庁の機関を特定の任務を実施するため「借りる」方法であり、多くの場合、その目的は行政経費の節減である。機関貸借は、職務共助とは異なり、ある任務分野の全般についての恒常的な協力を可能にする。また、貸し出された機関は、借り受けた官庁の指図に服し、貸し出された機関がとる措置に関する責任は、借り受けた官庁に帰属する。他官庁の機関が機関貸借により災害対処に当たる場合、その機関は各ラントの災害防護法にしたがい、災害防護官庁の指図と責任の下に活動することになる。

自然災害や大事故の際に、法律に基づき、ラント官庁の支援要請に応え連邦機関が協力するのは、この機関貸借の例といえる[21]。

(3) 災害緊急事態の際の連邦警察・軍隊の派遣

既に述べたように、自然災害や重大事故の場合に、被災したラント独自の対処では事態が克服できない場合には、他のラントの警察力や他の行政官庁の要員・施設、連邦警察や軍隊の要員・施設の提供を要請することができる（基本法第35条2項）。援助要請を受けたラント政府や連邦政府は、正当な理由がない限り、この要請を拒否することはできない。支援を要請した被災ラントに提供された他のラントや連邦の要員は、派遣元組織

---

[20] これに対して、消防団やTHWについては、災害対処がその法的任務に含まれており、かつ、災害防護の部隊・施設として災害防護官庁の指図を受けることが法定されているため、②④の要件を満たしてはいない。このため、消防団やTHWの災害対処活動は、基本的には職務共助の枠組により行われるものではない。Vgl. A. v. Zimmermann/T. Czepull, a. a. O., S. 274f.

[21] 自然災害や大事故の際にラント官庁が連邦警察の支援を要請し、これに協力するよう定める連邦警察法第11条による活動も、この機関貸借の例といえる。この場合の連邦警察の活動は、当該ラントの法にしたがい実施される。Vgl. Gesetz über die Bundespolizei (Bundespolizeigesetz) vom 19. Oktober 1994 (BGBl. I S. 2978, 2979)［直近改正2009年7月31日］。THWについても、同様の法律規定がある（技術救援隊法第1条4項）。

の構成員であり続けるが、支援を要請したラントの任務を実施するに際して、当該ラントの法に拘束され、その指図に従う。軍隊が派遣される場合も、連邦防衛大臣の命令・司令権（基本法第65a条）は維持されるが、災害対処の全体責任を負う被災地の活動本部長の指図に従う。

　自然災害や大事故に起因する危険が複数のラントに及ぶ場合には、連邦政府が、ラント政府に警察力の提供を指示し、連邦警察や軍隊の部隊を出動させる介入的支援を実施することができる（第35条3項）。この場合、連邦警察や軍隊の出動は、連邦政府が独自に命じるのであり、連邦大臣の指揮権は維持されるが、その活動はやはり派遣先ラントの法に拘束される[22]。

Ⅲ　民間災害救援ボランティア組織との協力

1　主要民間救援組織

　文民保護および災害防護の実施において中核となるのは、警察や消防団などの公的機関であるが、ドイツでは名誉職的救援隊員（Ehrenamtliche Helferinnen und Helfer）と呼ばれるボランティアの果たす役割が極めて大きい。たとえば、THWは、連邦内務省所管の機関であるが、その構成員のうち専任職員は1％程度にすぎず、99％（約8万人）はボランティア救援隊員である。消防団も、職業団員は全国で約4万人であるのに対して、自主団員は約110万人である。

　このほかにも、ドイツには全国組織を有する民間災害救援ボランティア組織が数多く存在する（図表-2）。ドイツ労働者サマリア人連

---

22)　連邦警察法第11条2項1文。連邦軍については、連邦防衛省令「自然災害または特に重大な事故の際および緊急非常救援の枠内における連邦軍の救援活動」が定める。これによれば、災害緊急事態において派遣される連邦軍の活動の際には、「救援実施に必要となる限りにおいて、高権的、侵害的および警察的権限が各ラント法により付与される」（A.5（2））。Vgl. Erlass "Hilfeleistungen der Bundeswehr bei Naturkatastrophen oder besonderes schweren Unglücksfallen und im Rahmen der dringenden Nothilfe" —Neufassung, VMBl. (6. Februar 2008), S. 2.

図表-2：ドイツの主要民間救援組織

団体名	組織の性格	規模（構成員数等）
ASB Arbeiter-Samariter-Bund 労働者サマリア人連盟	1909年に労働災害救助組織を母体に設立された全国組織を有する福祉・救援組織。公益団体として、政党や宗派から独立している。16のラント団体、220を超える地方支部、約120の公益組織を運営。	構成員100万人超。
Malteser …weil Nähe zählt. マルタ騎士修道会救助団	1953年にマルタ騎士修道会とカリタス協会により設立されたカトリック教会のボランティア慈善団体。カトリック教会の教区の構成に準じた組織形態をとり、国内500超の支部を有する。	約3,000人の専任職員と約3万5,000人のボランティア、約8万5,000人の支援者を擁する。
DIE JOHANNITER. Aus Liebe zum Leben ヨハネ騎士修道会事故救助団	福音主義ヨハネ騎士修道会により1952年に設立された公益・慈善団体。災害救助、救急医療、傷病者の輸送、老人介護、身体障害者支援等を業務とする。国内約300の支部を有する。	約1万3,000人の専任職員と約2万8,000人のボランティアのほか、約150万人の支援者を擁する。
DLRG ドイツ救命社	1913年設立の水難救助ボランティア組織。全国約2,000の地方支部を有する。	ボランティア隊員約4万人、支援者は100万人超。
Deutsches Rotes Kreuz Aus Liebe zum Menschen. ドイツ赤十字社	国際赤十字連盟のドイツ国内団体であり、連邦団体と19のラント団体および491の郡団体、4,618の地方支部ならびに34の姉妹団体から構成される。	40万人を超える一般ボランティアが活動要員に含まれる。

盟（Arbeiter-Samariter-Bund Deutschland）、マルタ騎士修道会救助団（Malteser Hilfsdienst）、ヨハネ騎士修道会事故救助団（Johanniter-Unfall-Hilfe）といった有力団体は、連邦文民保護・災害救援法[23]により国の住民保護ネットワークに組み込まれ、公的任務を付託されている。これらの団体は、戦時にはドイツ赤十字社（Deutsches Rotes Kreuz）とともにジュ

---

23) 注(7)参照。

ネーヴ第1条約第26条1項にいう篤志救済団体として傷病者の保護にもあたる。水難救助の分野では、ドイツ救命社（Deutsche Lebens-Rettungs-Gesellschaft）が実績ある協力団体である。

　これら民間救援組織は、災害救援活動にかかる経費を、原則として自身で負担することになっている。民間救援組織が経費を負担するのは、これらに対する国の補助金の支給など助成措置があることと表裏をなすものであり、経済的優遇措置により経費負担は相殺されるものと解されている[24]。

2　義務兵役制と災害救援ボランティアの要員確保の関係

　ドイツのボランティア団体の組織力には特筆すべきものがある。たとえば、マルタ騎士修道会救助団は約3万5,000人のボランティア団員と約8万5,000人のサポーターを擁し、ヨハネ騎士修道会事故救助団には約2万8,000人のボランティア団員と約150万人のサポーターが登録されているという。こうした組織力が一般市民の自発性に支えられたものであることは言うまでもない。ただ、国による法的補強体制がその背景にあることも無視できない。ドイツでは義務兵役制が最近まで維持されてきたが、これが災害救援ボランティアの要員確保に大きく寄与してきたのである。

(1)　兵役代替役務としての災害救援ボランティア

　2011年7月1日に義務兵役制が停止されるまで、ドイツでは満18歳以上の男子には、一定期間軍務に就くことが義務づけられてきた[25]。しかし、

---

[24]　バイエルン州法第11条1項、ベルリン法第17条1項、第18条、バーデン・ヴュルテンベルク州法第33条、第34条、ブランデンブルク州法第44条、第46条、ブレーメン法第56条2項、ハンブルク法第26条、第27条、ヘッセン州法第60条1項、メックレンブルク・フォアポメルン州法第28条1項および2項、ニーダーザクセン州法第31条、ノルトライン・ウェストファーレン州法第40条、ラインラント・プファルツ州法第34条1項、第35条、ザールラント州法第44条、46条、ザクセン州法第64条、第70条3項、ザクセン・アンハルト州法第24条、シュレスヴィヒ・ホルシュタイン州法第31条1項、第34条1項2号および5項、テューリンゲン州法第44条、第47条。

[25]　ドイツにおける義務兵役制とその停止の背景については、松浦一夫「ドイツにおける義務兵役制停止の背景―その法的側面と政策的側面」、『防衛法研究』第35号（2011年10月）、

文民保護や災害防護のための救援組織の隊員としてボランティアで活動する満23歳未満の兵役義務者については、そのボランティア活動に従事している限りにおいて軍務には徴用されず、4年間従事した兵役義務者は兵役義務を免除される（兵役義務法第13a条）[26]。この制度は、軍務に就くことに抵抗感がある青年に、災害救援組織に参加することを促し、その要員確保を円滑に進める助けとなってきた。こうした優遇措置以外にも、良心的理由から武器をもってする軍務を拒否する者が、軍務の代わりに福祉や環境保護、教育、災害防護等の分野で非軍事役務に従事することを義務づけられてきたことも、若年社会奉仕活動要員の確保に寄与してきた。

(2) 義務兵役停止の影響

しかし、こうした優遇措置や役務従事義務も、義務兵役制停止とともに廃止された。これまで年間約9万人いた非軍事役務従事者に要員補充を依存していた公益組織も、要員不足に直面することが危惧されている。災害救援組織もその例外ではない。このため、徴兵停止による若年社会奉仕活動要員の不足を補うべく、新たに連邦志願役務法が制定された[27]。

だが、この法律により十分な人手を確保できるかどうか、不透明である。THW本部長O. ホヘデツ（Oliver Hochedez）氏は、新法の影響は現時点では予想できないとしつつも、この法律により新規に参加する役務従事者は主に事務職に配置されることになり、救援隊員の補充には役立たないで

113-158頁参照。

[26] 兵役免除要件となる災害救援組織で勤務4年以上という期間は、2010年12月1日から2011年6月30日までの期間実施されていた6か月の基本兵役に対応するものである。以前、基本兵役期間9ヵ月の時期（2002年1月1日～2010年11月30日）には勤務6年以上、10ヵ月の時期（1996年1月1日～2001年12月31日）には7年以上であった。

[27] Gesetz zur Einführung eines Bundesfreiwilligendienstes vom 28. April 2011 (BGBl. I S. 687). この法律に基づき、最大3万5,000人が志願により社会福祉、環境保護、災害防護等の分野でこれまで軍務拒否者が果たしてきた役割を担うことが期待されている。役務従事期間は、通常は継続して12ヵ月であるが、最低6ヵ月、最長で18ヵ月である（教育的コンセプトに裏づけられている場合は、特例として24ヵ月まで延長可能）。フルタイム勤務が原則であるが、27歳以上の者にはパートタイム勤務も許される。連邦志願役務法の概要と災害救援組織の要員確保に与える影響については、Vgl. Horst Marburger, Das neue Bundesfreiwilligengesetz: Helfer für den Katastrophenschutz ?, in: Notfallvorsorge 2/2011, S. 18ff.

あろうという。THW救援隊員は重大災害時に専門技術的救援活動を行うため、高水準の教育訓練を受ける必要があり、基礎教練だけでも6ヵ月はかかる。新法による志願者がTHW救援隊員として十分な貢献を果たすようになるには、彼らが役務期間終了後もボランティアを続ける場合に限られるであろうと予想する。

ドイツ連邦軍兵士の利益団体であるドイツ連邦軍協会（Deutscher Bundeswehr Verband）で長年法律顧問を務めたA.グロニムス（Dr. Andreas Gronimus）氏は、「連邦志願役務法の目論見は、THWや消防団など、災害防護分野の要員確保の面で大失敗に終わるであろう」と断言する。加えて、志願軍となり今後18万5,000人にまで削減されるドイツ連邦軍には、もはやかつてのように4万人を超える大規模災害派遣を行う余裕はなくなるであろうと彼は警告する。「連邦軍は、できることで手助けはするが、それ以上のことはしない。ラント政府は、これからは自身の力で重要インフラを防衛する準備をすべきである。ラント政府は、今後、住民をそのために動員しなければならないだろう[28]。」

IV　災害防護のための住民の協力義務と基本権制限

1　住民の義務

ドイツ各州では、災害救援ボランティア組織の構成員であるなしにかかわらず、災害発生時に救援活動に協力する義務を法律により一般住民に課している。また、救援活動実施に伴う基本権制限も規定する。

(1)　一般住民の災害救援義務

ドイツ諸州の災害防護法には、災害時の一般住民の救援義務が規定され

---

[28] Andreas Gronimus, Bundeswehrreform und Katastrophenschutz – aus Sicht der Soldaten, in: Notfallvorsorge 2/2011, S.28f.

ており、災害防護官庁は、災害発生時に、この条項に基づいて、住民に災害救援活動への参加を要請することができる。たとえば、バイエルン州災害防護法（第9条）は、「災害防護官庁は、災害を防止するために、各人に、奉仕、物資の供出および役務従事を求めることができ、並びに、物件の使用を求めることができる」と極めて幅の広い義務条項を定めている[29]。土嚢積み上げ作業、物資輸送のための自家用車の提供、負傷者の治療の際の場所の提供などがこの条項により要請される。

とくに住民の災害救援活動従事義務を定めるラントでは、動員対象者の下限年齢（満16歳または18歳）を併せて定める場合が多い[30]。また、2次災害を防ぐため、義務規定の多くは、動員される人に対する不当な危険がないことを付帯条件としている場合が多い。

これら災害対処協力に伴い生ずる住民の損失に対しては、補償がなされる[31]。他方、故意または過失により災害防護法上の救援義務に違反する者には、秩序違反として過料が科せられる[32]。

---

[29] 同様の規定は、ニーダーザクセン州法第28条1項、ベルリン法第8条1項などにもみられる。Vgl. Sören Schmidt, Allgemeine Pflicht zur Hilfeleistung?, in: Notfallvorsorge 1/2008, S. 22f.

[30] 住民の役務従事義務を定めるものとして、ブランデンブルク州法第13条、ヘッセン州法第49条1項、ハンブルク法第16条1項、メックレンブルク・フォアポメルン州法第18条、ラインラント・プファルツ州法第24条、テューリンゲン州法第28条、バーデン・ヴュルテンベルク州法第25条1項、シュレスヴィヒ・ホルシュタイン州法第24条1項、ザクセン州法第54条2項、連邦文民保護・災害救援法第28条1項。たとえば、ブランデルク州法、ヘッセン州法、連邦文民保護・災害救援法などは義務対象者の下限年齢を満18歳とするが、バーデン・ヴュルテンベルク州法、シュレスヴィヒ・ホルシュタイン州法などは満16歳とする。ザクセン州法は満16歳を下限年齢とするが、危険地域での業務には満18歳以上の者のみを当てる旨規定する。メックレンブルク・フォアポメルン州法、連邦文民保護・災害救援法は、上限年齢を60歳と定める。

[31] バイエルン州法第14条、ベルリン法第8条3項、バーデン・ヴュルテンベルク州法第32条、ブランデンブルク州法第47条、ブレーメン法第55条、ハンブルク法第18条、ヘッセン州法第50条、メックレンブルク・フォアポメルン州法第20条、ニーダーザクセン州法第30条、ノルトライン・ウェストファーレン州法第36条、ラインラント・プファルツ州法第30条、ザールラント州法第41条、ザクセン州法第60条、ザクセン・アンハルト州法第23条、シュレスヴィヒ・ホルシュタイン州法第30条、テューリンゲン州法第43条。

[32] バイエルン州法第16条、ベルリン法第21条、バーデン・ヴュルテンベルク州法第35条、ブランデンブルク州法第48条、ブレーメン法第60条、ハンブルク法第28条、ヘッセン州法第65条、メックレンブルク・フォアポメルン州法第22条、ニーダーザクセン州法第33条、ノルトライン・ウェストファーレン州法第39条、ラインラント・プファルツ州法第37条、ザール

なお、ドイツ刑法第323c条は、「事故または公共の危険、もしくは緊急の必要がある場合において、救援が必要であり、かつ、四囲の状況からその者にこれが期待されており、とくに自己に重大な危険がなく、かつ他の重要な義務を害することがないにもかかわらず、救援を怠った者は、1年以下の自由刑または罰金刑に処す」と定めている。一般住民が災害防護法上の救援義務に違反し、これを行わないことが、刑法規定に抵触する重度のものである場合には、犯罪として処罰される可能性もある。

(2) 特殊な技能や知識を有する者の義務

災害救援活動においては、特殊な技能や知識を有する者、とくに医療従事者が重要な役割を期待される。このため、いくつかのラントでは、医療従事者の動員のために、医療・衛生関係の職業団体に対して、その構成員に関するデータの提供を義務づけている[33]。さらに、医師、サイコセラピスト、歯科医師、獣医師、薬剤師、そのほか医療・衛生関係の職業に従事する者に対して、活動や訓練に参加する義務を定めるラントもある[34]。

(3) 自主消防・義務消防

ドイツの消防組織は、職業消防（Berufsfeuerwehr）と自主消防（Freiwillige Feuerwehr）からなり、災害救助の主力を担っている。一般住民が参加する後者は、「自主」という名称にもかかわらず、多くの場合、州法により参加を義務づけられている。たとえば、ブランデンブルク州法（第26条2項）は、満18歳から満65歳までの住民に対して、消防団での篤志活動への動員がなされることを定めている。このほか、ザールラント州法（第12条）やノルトライン・ウェストファーレン州法（第14条）

ラント州法第56条、ザクセン州法第73条、ザクセン・アンハルト州法第26条、シュレスヴィヒ・ホルシュタイン州法第38条、テューリンゲン州法第50条および連邦文民保護・災害救援法30条。

[33] バーデン・ヴュルテンベルク州法第26条2項および3項、ザクセン州法第56条3項、シュレスヴィヒ・ホルシュタイン州法第23条1号など。

[34] ブランデンブルク州法第21条2項、ラインラント・プファルツ州法第23条1項、テューリンゲン州法第32条1項。

は、職業消防や自主消防では要員が十分に確保できない場合には義務消防（Pflichtfeuerwehr）を設置でき、一定年齢の全ての住民を消防団に動員できる旨規定している[35]。

2　基本権の制限

ドイツ基本法は、災害防護と文民保護に関連して、基本権が制限できる旨規定している。

「自然災害もしくは特に重大な事故」に対処するため制定される法律は、移転の自由を制限する旨規定することができる。「伝染病の危険」を防止するための法律、あるいは「文民たる住民の保護を含む防衛」のための法律も、移転の自由や住居の不可侵を制限する旨規定することができる（基本法第11条2項、第13条7項、第17a条2項）。このほか、法律により基本権を制限する場合には、その法律は一般的に適用されるものでなければならず、個々の場合にのみ適用されるものであってはならない。さらにその法律は、制限される基本権の条項を示して挙げなければならない（基本法第19条1項2文）。

諸ラントの災害防護法や連邦の文民保護・災害救援法は、同法に基づく措置により制限される基本権を列記している。たとえば、バイエルン州災害防護法（第18条）は、身体の保全、人格の自由、集会の自由、移転の自由、住居の不可侵の諸権利（基本法第2条2項1文・2文、第8条2項、第11条、第13条、バイエルン州憲法第102条、第106条3項、第109条、第113条）が制限される旨規定している[36]。必要措置に伴う基本権の制限は必要最小限

---

[35]　ザールラント州の場合満18歳から満50歳まで、ノルトライン・ウェストファーレン州の場合満18歳から満60歳までが義務消防への動員の対象者となる。

[36]　各ラントの災害防護法には同様の基本権制限条項がおかれる。バイエルン州法が制限する基本権のほか、財産権（基本法第14条1項）、職業選択の自由（第12条1項1文）などを制限対象として挙げるラントもある。参照、ベルリン法第20条、バーデン・ヴュルテンベルク州法第36条、ブランデンブルク州法第16条、ブレーメン法第66条、ハンブルク法第30条、ヘッセン州法第64条、メックレンブルク・フォアポメルン州法第21条、ニーダーザクセン州法

度のものでなければならず、比例適合性の原則に照らし正当化できるものでなければならないことは、言うまでもない。

V　脅威認識の変化と住民保護体制の再編
　　――文民保護と災害防護の融合、民軍協力

1　9・11米国テロ事件以後の住民保護の変質

　連邦による戦時の文民保護とラントによる平時の災害防護の二分法は、ドイツが連邦国家であることゆえの特性であり、国制上の理由がある。しかし、ドイツを取り巻く安全保障環境の変化と防衛政策の変質、地球温暖化の影響による自然災害の多発といった近年の状況変化により、このような硬直的な二分法は修正を迫られることになった。

(1)「ドイツにおける住民保護の新戦略」

　冷戦終結後、NATOとEUの東方拡大により、ドイツは今日周辺を友好国・同盟国に厚く囲まれている。ヨーロッパで戦争が起こり、敵対国の侵攻によりドイツが戦場となる可能性は極めて低い。しかし、2001年9月11日の米国同時多発テロ事件以降、非国家主体によるテロ攻撃の危険が欧州においても高まっている。国家間戦争とは異なり、日常生活の中に潜む国際テロ組織の脅威は、国の安全保障のあり方を一変させ、戦時と平時の区別は相対化する。こうした中で、文民保護の意義も変化することになる。

　他方、災害防護のあり方も、再検討を迫られていた。2002年夏のエルベ川とドナウ川の氾濫は、ドイツがかつて経験したことのない広域災害であった。この時、連邦軍兵士約4万5,000人が24時間態勢で救助・復旧に

　第34条、ノルトライン・ウェストファーレン州法第38条、ラインラント・プファルツ州法第40条、ザールラント州法第55条、ザクセン州法第74条、ザクセン・アンハルト州法第27条、シュレスヴィヒ・ホルシュタイン州法第42条、テューリンゲン州法第52条。連邦文民保護・災害救援法にも同様の基本権制限条項がある（第31条）。

あたった。しかし、連邦政府とラント政府・自治体との連携不足が露呈し、被害を拡大させた。連邦と被災した諸州の硬直的な管轄区分が足枷となったのである。

　戦争災害と天災、大事故等の人災は、それぞれ原因は異なるものの、対処方法には共通する面も多い。憲法上の文民保護と災害防護の管轄区分により、連邦とラントは、それぞれの任務のために独自に組織整備を進めてきたが、要員運用面、財政面からみて無駄が多く、効率的とはいえない。

　この点を改善すべく、2002年の連邦・ラント内務大臣定期会議において、「ドイツにおける住民保護の新戦略」が採択された。この文書は、大規模災害対処において連邦とラントがよりよい協働を実現するための新たな調整メカニズムを考案し、それぞれが有する能力をより効率的に相互運用することを確認するものであった[37]。

(2) 連邦住民保護・災害救援庁の設置

　このような事情から、ドイツではここ数年、戦時と平時を区別することなく、被災住民の救援にあたり中央と地方の行政機関および軍の連携が円滑になされるよう、様々な改革が実施されてきた。2004年5月には連邦住民保護・災害救援庁（Bundesamt für Bevölkerungsschutz und Katastrophenhilfe [BBK]）が設置され[38]、災害の際の情報の集約・評価、連邦とラント・自治体・民間企業および一般住民の間での危険認識の共有と意思疎通、戦時における重要インフラの防衛や大量破壊兵器からの住民保護措置の調整などの業務を担当している。

---

[37] 「ドイツにおける住民保護の新戦略」（Neue Strategie zum Schutz der Bevölkerung in Deutschland）は、9・11米国テロ事件の衝撃が冷めやらぬ中、連邦とラントに二極化されている住民保護システムでは国際テロリズムの危険に対処できないという認識の下に、2002年6月6日の連邦・ラント内務大臣定期会議において採択された。その後、同年夏にエルベ川・ドナウ川の大洪水が起こり、東部地域に壊滅的被害が生じたことから、同年12月6日の会議で自然災害への対応を補完する決定が下された。2002年以降の同会議の決議文書は、以下のURLで閲覧できる。< http://www.berlin.de/sen/inneres/imk/beschluesse.html >

[38] 同庁の任務は設置法が定める。Vgl. Gesetz über die Errichtung des Bundesamtes für Bevölkerungsschutz und Katastrophenhilfe vom 27. April 2004 (BGBl. 2004 I S. 630.)現在の組織等については、同庁のホームページ参照。< http://www.bbk.bund.de/ >

同庁には危機管理・緊急事態計画・文民保護アカデミー（Akademie für Krisenmanagement, Notfallplanung und Zivilschutz [AKNZ]）が付属し、住民保護を担当する行政機関や救援組織の指導要員の育成を行うほか、国内外で発生した大規模災害の損害状況の評価、災害防護の科学的調査・研究、広域危機管理訓練LÜKEXの準備・実施（後述）等を担当する。また、同庁第Ⅰ局（危機管理）第Ⅰ.2課には、連邦-ラント合同通報・危機管理センター（Gemeinsame Melde- und Lagezentrun von Bund und Länder [GMLZ]）が設置され、大規模災害発生時に行政レベルや機関間の垣根を越えた情報共有と資源運用を行うため、関係機関の連絡員が常駐し、24時間体制で緊急事態に対応できる態勢をとっている。同センターは、ドイツ緊急事態準備情報システム（deNIS）という住民保護関係情報のポータルサイトを開設し[39]、一般国民向けの情報提供を行っている。

　2007年12月には、連邦内務省に危機管理・住民保護局（Abteilung Krisenmanagement und Bevölkerungsschutz）が新設され、これまで省内各部署に分散していた関係業務を集約した。同局2課・3課は、それぞれBBKとTHWを監督する部署である。

(3) 文民保護法の改正

　法制面での改革も進んでいる。ドイツでは1950年代から戦時に備えた文民保護のための法律が数多く制定されてきたが、冷戦が終わりその必要性が薄れたため、1997年3月に文民保護再編法にほぼ一本化され、簡素化されていた[40]。2009年7月、この法律は上述の「ドイツにおける住民保護の新戦略」に適合するよう、連邦文民保護・災害救援法として改正され、現行法の形になったのである。これにより、連邦による戦時の文民保護と

---

[39] < http://www.denis.bund.de/ >

[40] 再軍備以来、ドイツの文民保護法制は、文民たる住民の保護に関する第1法律［1957年10月9日］、文民保護隊に関する法律［1965年8月12日］、文民たる住民の自己防護に関する法律［1965年9月9日］、文民たる住民の保護のための建築上の措置に関する法律［1965年9月9日］、災害防護の拡張に関する法律［1968年7月9日］、文民保護に関する法律［1976年8月9日］といった複数の法律により形成されてきたが、1997年3月25日の文民保護再編法により既成法律が整理、一本化された。

ラントによる災害防護の二分法に起因する権限の重複を是正するとともに、双方の相互運用性を高めるため、連邦は文民保護に際してラントの防災組織に依存するとともに、その要員の育成を行い、逆にラントは文民保護のため連邦が備蓄する資源を災害防護のために利用できるものとした（第11～13条）[41]。

　連邦文民保護・災害救援法は、連邦とラントの間の費用負担の面でも変化をもたらした。ラントは、連邦の委託により、文民保護の中で災害防護を行うことになるため、基本法第104a条2項により[42]、その実施のためにラントに生じた費用は、原則として連邦が負担することになった。

2　災害対処における民軍協力と予備役軍人の活用

　大規模災害対処において、軍隊の役割は大きい。支援要請を受けて実施されるドイツ連邦軍による災害救援は、いわゆる民軍協力（Zivil-Militärische Zusammenarbeit [ZMZ]）の枠組を用いて実施される。この民軍協力体制も、9・11米国テロ事件とエルベ川・ドナウ川水害以後、再編された[43]。

---

[41]　もっとも、実行上は、冷戦終結以後、住民保護における連邦とラントの役割の見直しは先行して進んでおり、改正法はその実行に法律上の根拠を与えたにすぎない。連邦文民保護・災害救援法の制定の背景と要点については、Vgl. Klaus Meyer-Teschendorf, Neuordnung des Zivil- und Katastrophenschutzes – Gibt es verfassungsrechtlichen Änderungsbedarf?, in: Rainer Pitschas/Arnd Uhle (Hrsg.), Wege gelebter Verfassung in Recht und Politik, Festschrift für Rupert Scholz zum 70. Geburtstag, Duncker und Humblot, 2007, S. 799ff.; ders., Fortentwicklung der Rechtsgrundlagen für den Bevölkerungsschutz, in: DVBl., 2009, Heft 19, S.1221ff.; Klaus-Henning Rosen, Rechtssicherheit im Bevölkerungsschutz, in: Notfallvorsorge 2/2009, S.22ff.

[42]　注（9）参照。

[43]　ドイツにおける近年の民軍協力体制の再編について、Vgl. Streitkräftebasis, Basisinformationen zur Neuordnung der Zivil-Militärischen Zusammenarbeit bei Hilfeleistung/Amtshilfe, 2007; Dirk Freudenberg, Zivil-Militärische Zusammenarbeit (ZMZ) —Entwicklungen und Tendenzen in einem veränderten sicherheitspolitischen Umfeld, in: Notfallvorsorge 1/2008, S.24-25; Frank Baumgard, Optimierung der Zivil-Militärischen Zusammenarbeit: Das neue Territoriale Netzwerk der Bundeswehr, in: BBK, Nationales Krisenmanagement im Bevölkerungsschutz , 2008, S. 32-37.

冷戦時代、民軍協力とは、ワルシャワ条約軍との衝突に備え、NATOおよび加盟国の軍事機関と文民行政機関が協力し、総力をあげて防衛能力を確保する措置全般を意味していた。NATO構成国ドイツの防衛力の維持は、軍事組織のみによるのではなく、文民行政機関や民間による支援があってはじめて可能である。他方で、国の防衛は、戦闘の直接・間接の影響から国民生活を守るため、重要インフラを保護し、ライフラインの途絶などの障害に対処する措置を含む。民軍協力は、このような総合的防衛基盤を平時から構築すべき制度枠組であった。しかし今日、ヨーロッパで戦争が起こる可能性は低減し、むしろテロ攻撃や大規模災害への対応が優先課題であることから、民軍協力の意義は変化し、2007年以降これを実施する連邦軍の地方組織も再編された（図表-3）。

　連邦軍の災害救援活動を指揮する最高司令部である軍隊支援司令部（Streitkräfteunterstützungskommando [SKUKdo]）は、連邦軍の軍基盤機構の機関であり[44]、ケルンに置かれ、連邦内務省とBBKのカウンターパートとして、これをサポートする。その下にキール（北部）、マインツ（西部）、エルフルト（東部）、ミュンヘン（南部）の4ヵ所にある防衛地域司令部（Wehrbereichskommando [WBK]）が、それぞれ管轄するラント[45]の州都に設置される15のラント司令部（Landeskommando [LKdo]）とベルリン駐屯地司令部（Standortkommando Berlin [StOKdo Berlin]）

---

[44] 軍基盤機構（Streitkräftebasis）は、連邦軍部隊をその活動および基本業務において支援する組織であり、陸海空全軍共通の支援を集約的に行うことにより、業務の効率性を高め、各軍の負担を軽減することを目的に2000年に新設された組織である。国内外の民軍協力を実施する組織を編成し、これを指揮し、兵站支援を行う。つまり、国内重大事故や災害の際の連邦軍の救援活動を指揮するのがこの組織である。連邦軍の現在の組織概要については、参照、松浦一夫「ドイツ連邦防衛省中央機構における政軍関係の現状」、『防衛法研究』第34号（2010年）、166頁。

[45] 第1防衛地域司令部(キール)はシュレスヴィヒ・ホルシュタイン、メックレンブルク・フォアポメルン、ニーダーザクセンの3州およびブレーメン、ハンブルクの2都市、第2防衛地域司令部（マインツ）はノルトライン・ウェストファーレン、ラインラント・プファルツ、ヘッセン、ザールラントの4州、第3防衛地域司令部（エルフルト）は首都ベルリンとザクセン・アンハルト、テューリンゲン、ブランデンブルク、ザクセンの4州、第4防衛地域司令部（ミュンヘン）はバイエルン、バーデン・ヴュルテンベルクの2州を管轄する。

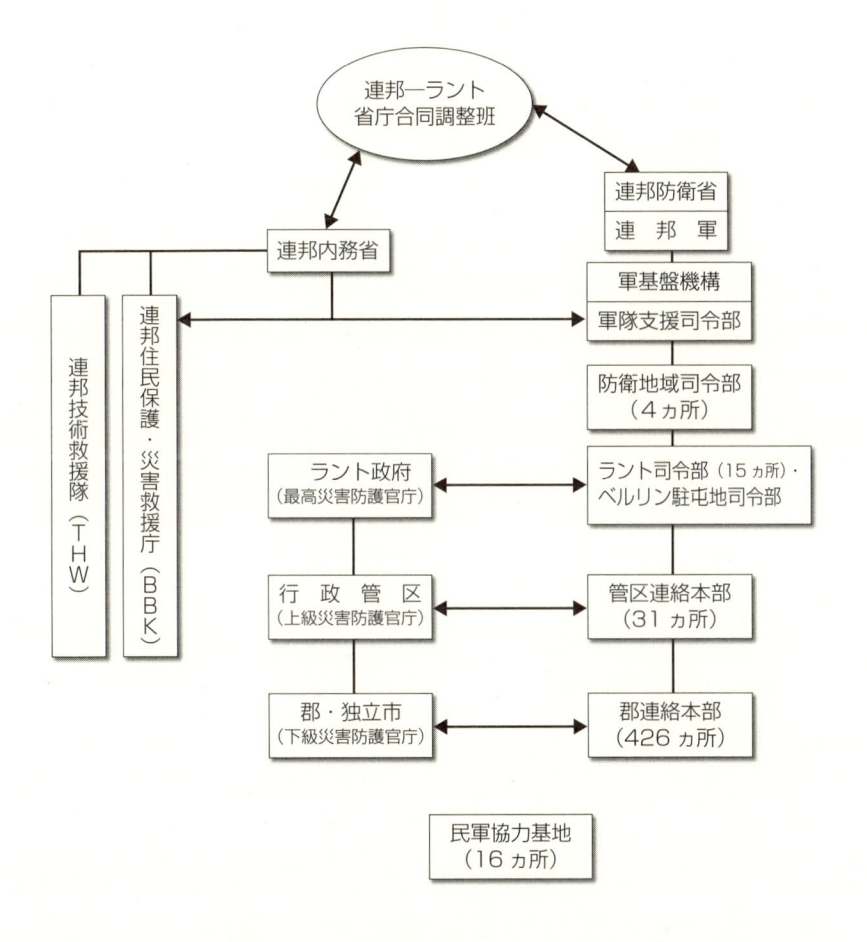

第 8 章　ドイツの災害対処・住民保護法制——平時法と戦時法の交錯

図表-3：災害時における民軍協力体制

```
                    ┌──────────────┐
                    │ 連邦—ラント　 │
                    │ 省庁合同調整班 │
                    └──────────────┘
                      ↑↓         ↓
                ┌──────────┐  ┌──────────┐
                │ 連邦内務省 │  │ 連邦防衛省 │
                │          │  │ 連邦軍    │
                └──────────┘  ├──────────┤
                              │ 軍基盤機構 │
    ┌────┬────┐←─────────────→│軍隊支援司令部│
    │    │    │               └──────────┘
 ┌──┴─┐┌┴──┐                    │
 │連邦││連邦│                ┌──────────┐
 │技術││住民│                │防衛地域司令部│
 │救援││保護│                │（4ヵ所）　　│
 │隊　││・　│                └──────────┘
 │（T ││災害│                    │
 │H　 ││救援│  ┌──────────┐  ┌──────────────┐
 │W）││庁　│  │ラント政府 │  │ラント司令部（15ヵ所）│
 │　　││（B │  │（最高災害│←→│ベルリン駐屯地司令部　│
 │　　││B　 │  │防護官庁）│  └──────────────┘
 │　　││K）│  └──────────┘       │
 └────┘└───┘       │         ┌──────────┐
                    ┌──────────┐│管区連絡本部│
                    │ 行 政 管 区 ││（31ヵ所） │
                    │（上級災害 │←→└──────────┘
                    │ 防護官庁）│       │
                    └──────────┘ ┌──────────┐
                        │       │ 郡連絡本部 │
                    ┌──────────┐│（426ヵ所）│
                    │郡・独立市 │←→└──────────┘
                    │（下級災害│
                    │ 防護官庁）│
                    └──────────┘

                    ┌──────────┐
                    │民軍協力基地│
                    │（16ヵ所）│
                    └──────────┘
```

を束ね、ラント政府からの支援要請を集約し、災害対策本部と調整しつつ連邦軍の派遣を準備し、活動を調整する。

　ラント司令部の下には行政管区を支援する31の管区連絡本部（Bezirksverbindungskommando [BVK]）、郡および郡と同格の独立市を支援する426の郡連絡本部（Kreisverbindungskommando [KVK]）が置かれるが、このレベルでの民軍協力において重要な役割を果たすのが予備役軍人

259

である。これら連絡本部は、それぞれの所在地に居住する予備役軍人（12名）のみから構成されている。本部業務を予備役に任せたのは、土木建築業や電気技師等の特殊技能を要する職業に就いている彼らに、災害対策において連邦軍と現地社会の間の仲介者としての役割を期待したためである。災害発生時、これらの連絡本部は、自治体の災害対策部署に連邦軍による支援の可能性を助言し、自治体からの支援要請をラント司令部に伝達し、派遣された連邦軍兵士の宿営や給養を手配する役目を担う。各連絡本部の長は、連邦軍民軍協力受託官（Beauftragter der Bundeswehr für die Zivil-Militärische Zusammenarbeit [BeaBwZMZ]）を兼務し、自治体官庁内に執務室を置く。彼らは、平素より防災計画の策定に初期段階から関与しているため、自治体のニーズを早期に把握し、これを充足することができる。管区連絡本部長は予備役大佐、郡連絡本部長は予備役中佐が充てられる。

　このほか、ドイツ国内16ヵ所に民軍協力基地（ZMZ-Stützpunkt）が設置されている。衛生・医療支援のための拠点が9ヵ所、工兵による支援の拠点が5ヵ所、ABC（核・生物・化学、英語表記ではNBC）防護を担当する拠点が2ヵ所である。これら民軍協力基地には、全体で約5,000人の予備役軍人が配置されている[46]。

VI　広域危機管理訓練LÜKEX

　大規模災害発生時に、民軍協力をはじめ、関係機関による協力が円滑に実施されるには、多様な被害事態を想定した訓練により、その機能を点検する必要がある。

　冷戦時代、旧西ドイツでは、ワルシャワ条約軍との戦闘を想定するシ

---

46) 民軍協力の各機関の機能については、連邦議会の左派党議員の質問に対する政府答弁書に詳しく説明されている。Vgl. Antwort der Bundesregierung auf die Kleine Anfrage der Abgeordneten Ulla Jelpke, Petra Pau und der Fraktion DIE LINKE (BT-Drucksache 16/13847– Aufbau und Funktion der ZMZ-Kommandos der Bundeswehr).

ナリオに基づき、NATO主導で国家防衛と文民保護のための広域的軍事訓練が隔年実施されていた[47]。冷戦終結とともに訓練の必要性は薄れ、1989年を最後に全国規模でこの種の訓練が行われることはなかった。しかし、9・11米国テロ事件とドナウ川・エルベ川水害以後、全国規模の危機管理訓練の必要性が再び認識されるようになった。

2004年以降、ドイツではLÜKEXと呼ばれる危機管理訓練が実施されている[48]。LÜKEXとはLänderübergreifende Krisenmanagementübung/ Exerciseの略で、「諸州越境的危機管理訓練」を意味する。この訓練では、毎回異なるシナリオに基づき、連邦・ラント・行政管区・郡（独立市）の各行政レベルに設置される災害対策本部の連携がテストされる。費用対効果の観点から、LÜKEXは本部枠組のみにより実施される。つまり、警察や消防、軍隊などの活動要員を動員しない訓練である。実動訓練をこれに連動させるかは、参加する機関の自由である。訓練には公的機関のほか、上述の民間災害救援組織や医療機関、民間企業（電力会社、交通会社、空港運営会社、食糧会社、IT関連企業、金融機関など重要インフラ関連企業）も参加する。

訓練の計画・実施・事後評価は、連邦文民保護・災害救援法第14条により、BBKの任務とされている。訓練の全体指揮は連邦内務省（事務次官）がとり、BBKの危機管理・緊急事態計画・文民保護アカデミー（AKNZ）に置かれる中央訓練指揮所が全体を統括する。

2004年11月に約5,000人が参加して実施された最初の訓練は、大規模停電を主要テーマとしていた。シナリオは、冬季の悪天候のためにバイエル

---

[47] 1960から68年まで、FALLEX（秋季訓練）と呼ばれる広域的戦闘訓練が隔年実施された。1971年からは、WINTEX-CIMEX（総合防衛訓練）となり、訓練内容も文民保護を含むより広いものとなった。これは、総合防衛（Gesamtverteidigung）を構成する軍事防衛(militärische Verteidigung)と非軍事（民間）防衛(zivile Verteidigung)の両分野を離齬なく実施するための訓練であった。

[48] LÜKEXの概要については、Vgl. BBK, Pressemitteilung am 26. Januar 2010; Norbert Reez, LÜKEX: Übungsserie und System, in: Bevölkerungsschutz 3/2010, S. 25-27. また、同訓練のホームページ参照。< https://www.denis.bund.de/luekex/ >

ン州とバーデン・ヴュルテンベルク州全域で約2週間電力供給がストップするというものであったが、これは1999年にスイスで発生した長期停電の先例を参考に立案された。この訓練の成果は、2005年11月大雪によりミュンスターラントで発生した大規模停電の際に活かされることになる。以後、テロ攻撃対処（2005年）、感染症パンデミック（2007年）、CBRN（化学・生物・放射能・核）防護（2009/10年）、ITセキュリティー（2011年）とテーマをかえ、規模を拡大しつつ継続している（図表-4）。

図表-4：広域危機管理訓練LÜKEXの実施態様

訓練名（実施日）	テーマとシナリオ	参加した州
LÜKEX 2004（2004年11月29日〜12月1日）	①悪天候による2週間の広域停電 ②化学テロ攻撃、海上のフェリーボートへの攻撃	4州（①バイエルン州、バーデン・ヴュルテンベルク州、②ベルリン、シュレスヴィヒ・ホルシュタイン州）
LÜKEX 2005（2005年12月14,15日）	テロ攻撃対処等：大規模国際イベントの安全確保、交通機関へのテロ攻撃、外国からの伝染病の感染波及等への対処（2006年サッカー・ワールドカップ・ドイツ大会警備を想定）	6州（バーデン・ヴュルテンベルク州、ブランデンブルク州、ヘッセン州、ノルトライン・ウェストファーレン州、ニーダーザクセン州、ザクセン州）
LÜKEX 2007（2007年11月7,8日）	感染症パンデミック：40万人入院、10万人死亡の事態への対処	7州（ブレーメン、ハンブルク、メックレンブルク・フォアポメルン州、ラインラント-プファルツ州、ザールラント州、ザクセン・アンハルト州、テューリンゲン州）
LÜKEX 09/10（2010年1月27,28日）	CBRN防護：爆発物および放射性物質・化学物質による連続テロ攻撃への対処	中心となる4州（バイエルン州、ベルリン、ノルトライン・ウェストファーレン州、シュレスヴィヒ・ホルシュタイン州）の他、それ以外の12州にもシナリオが周知され、決定や全体調整に参加
LÜKEX 11（2011年11月30日〜12月1日）	ITセキュリティー：サイバー攻撃によるITインフラの障害に起因する国家的危険・損害への対処	中心となる5州（ハンブルク、ヘッセン州、ニーダーザクセン州、ザクセン州、テューリンゲン州）の他、7州が協力

LÜKEXでは、連邦とラント・自治体の連携だけでなく、中央省庁間の連携も試される。行政の縦割りが全国家的危機管理の障害になることは、多かれ少なかれどの国でも指摘される問題であり、ドイツも例外ではない。2011年末の訓練は、IT-セキュリティーをテーマとしていたが、これは今日、ITシステムが、航空・交通管制や金融、防衛、医療など様々な分野の共通基盤であり、その大規模な障害は国家機能全般の崩壊を招きかねないため、訓練の重点項目として取り上げられたものである。サイバー攻撃は、武力による物理的破壊にも匹敵する被害を国民生活に与えうるのであり、これへの対処は中央省庁の個別の対策では不可能である。この訓練では、連邦内務省の全体指揮の下、連邦交通・建設・都市開発省、連邦経済・技術省、連邦財務省、連邦保健省、連邦労働・社会保障省および連邦防衛省と各省の下部機関も参加した。

LÜKEXの意義は、訓練実施のみにあるのではない。訓練実施は最後の「成果発表」であって、むしろ実施以前の最長18カ月にも及ぶ準備期間が重要な意味をもつ。この準備期間、それぞれの細部テーマごとに設けられたワークショップにおいて訓練のシナリオが作成される。たとえば2004年の訓練の場合、シナリオは、約150のワークショップと訓練の細部に関する企画会議の中で、参加機関のスタッフにより作成された。電力会社等の重要インフラ関係企業とも約80回の会議が持たれた。その中で、事前に危機管理上の弱点が認識され、これを除去するため危機対処の共通基準が立案された。最終的に、シナリオは3,000頁にも及ぶものとなったという。

訓練終了後、結果が評価報告書にまとめられ、その後の組織の見直し、教育訓練内容の改善のための研究に活かされることになる。

Ⅶ　原発事故を想定した対処計画の具体例
　　　——ヘッセン州の場合

本章では、これまでドイツにおける災害対処・住民保護法制の概要と最

近の動向を説明してきた。しかしこれだけでは、実際に災害が発生した場合の具体的対応がどのようになるのか、イメージが掴みにくい。

今回の福島第1原発事故のようなケースが仮にドイツで起こったならば、ドイツの当局は災害防護法に基づきどのような措置をとることになっているのか。ここで、ヘッセン州の具体例をみておきたい。ヘッセン州ベルクシュトラーセ郡ビブリス（Biblis）には、ドイツで最も旧型（1974年稼働開始）の原子炉を使用する発電所がある。ドイツ政府は、2011年6月6日に脱原発の政策方針を決定し、福島原発事故後に点検のため停止した8基はそのまま廃炉、残り9基も今後10年のうちに全て停止することになっている。ビブリス原発もすでに稼働が停止されており、廃炉が決まっているため、今後事故の可能性はないのであるが、以前から老朽化が問題視されてきた原発だけに、これまで万一の事故に備え、ヘッセン州政府がどのような対応を考えていたのかを知ることは有益であろう（図表-5）。

1　軽微な事故の場合

事故が比較的軽微で、放射線防護対策法[49]が定める管轄官庁の対応のみで対処可能な事故の場合には、まだヘッセン州災害防護法上の「災害」の域には達しておらず、同法に基づく対処はなされない。このような事故の場合には、連邦レベルでは連邦環境・自然保護・原子炉保安省、ラントレベルで直接対応するのは、ヘッセン州環境保護・エネルギー・農業・消費者保護省である。消防団その他の要員・施設が災害対処のため、職務共助としてこれらの官庁に提供される。

---

[49] Gesetz zum vorsorgenden Schutz der Bevölkerung gegen Strahlenbelastung (Strahlenschutzvorsorgegesetz) vom 19. Dezember 1986 (BGBl. I S. 2610) ［直近改正2008年4月8日］．

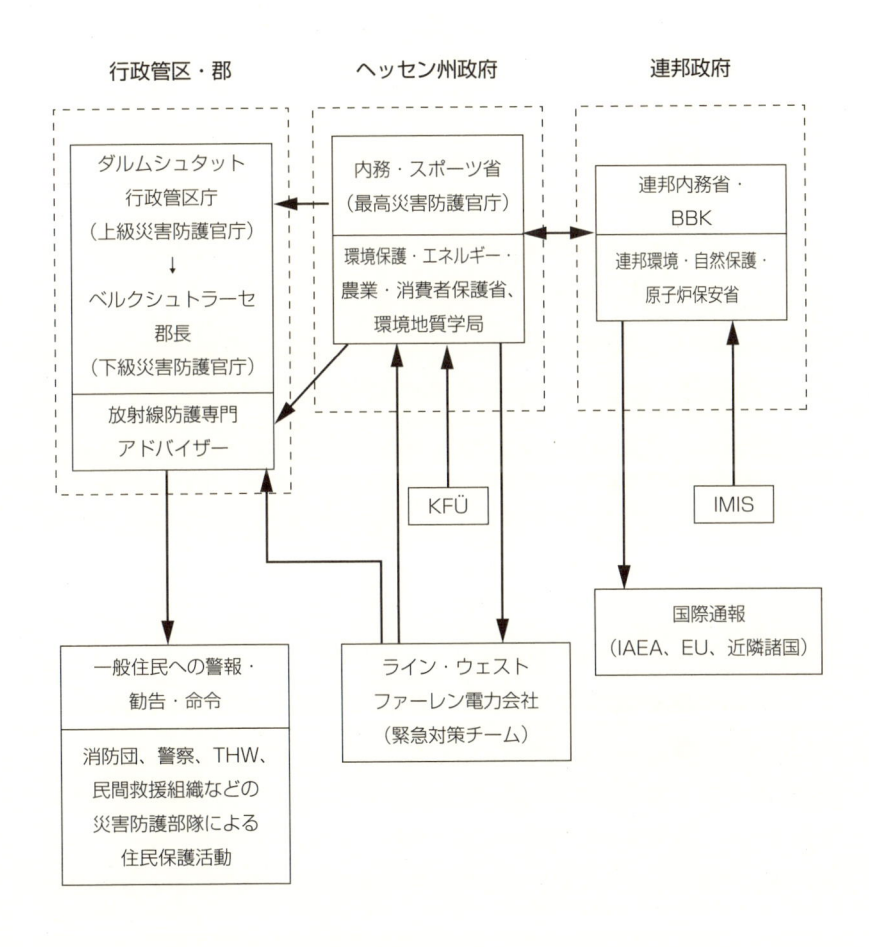

図表-5：原子力発電所事故対処体制（ヘッセン州の場合）

```
    行政管区・郡           ヘッセン州政府              連邦政府

┌─────────────────┐  ┌─────────────────┐  ┌─────────────────┐
│  ダルムシュタット  │  │  内務・スポーツ省 │  │  連邦内務省・    │
│  行政管区庁       │←→│ （最高災害防護官庁）│←→│  BBK            │
│ （上級災害防護官庁）│  │                  │  │                  │
│       ↓          │  │ 環境保護・エネルギー・│  │ 連邦環境・自然保護・│
│  ベルクシュトラーセ│  │ 農業・消費者保護省、│  │  原子炉保安省    │
│  郡長             │  │  環境地質学局     │  │                  │
│ （下級災害防護官庁）│  └─────────────────┘  └─────────────────┘
│                   │       ↑  ↑                    ↑
│  放射線防護専門   │       │  │                    │
│  アドバイザー     │      KFÜ                    IMIS
└─────────────────┘                                 │
       │                                            ↓
       ↓                  ┌─────────────────┐  ┌─────────────────┐
┌─────────────────┐       │ ライン・ウェスト  │  │  国際通報        │
│ 一般住民への警報・│       │ ファーレン電力会社│  │ （IAEA、EU、近隣諸国）│
│   勧告・命令     │       │ （緊急対策チーム）│  └─────────────────┘
├─────────────────┤       └─────────────────┘
│ 消防団、警察、THW、│
│ 民間救援組織などの │
│ 災害防護部隊による │
│  住民保護活動    │
└─────────────────┘
```

2 「災害」レベルの事故の場合

　事故の被害状況がこのような管轄官庁だけでは対応できない「災害」となった場合、ヘッセン州災害防護法による対処措置がとられる。

　ヘッセン州は、3つの行政管区に分かれ、その下に21の郡と郡には属さない5つの独立市があり、さらにその下に426の市町村がある。災害防護

265

官庁は、郡・独立市以上の行政単位において指定される。すなわち、郡レベルでは郡長もしくは独立市では市長が下級災害防護官庁であり、行政管区庁が上級災害防護官庁、そしてヘッセン州内務・スポーツ省が最高災害防護官庁である[50]。

ビブリス原発で災害が発生した場合、第1次的には、この原発があるベルクシュトラーセ郡の郡長が下級災害防護官庁として州災害防護法第34条に基づく「災害事態」の認定を行い、ダルムシュタット行政管区庁が上級災害防護官庁として対応措置を郡長に委任することになる。

3 災害対処措置

(1) 対策本部の設置

「災害事態」の認定がなされると、まずはベルクシュトラーセ郡ヘッペンハイム（Heppenheim）にある郡庁に対策本部が置かれ、住民への警報と行動指示、交通規制、安定ヨウ素剤の配布と服用に関する情報提供、放射能除染と避難など、防災計画にそった対応がとられる[51]。

ヘッセン州環境保護・エネルギー・農業・消費者保護省および環境地質学局から放射線防護の専門家がアドバイザーとして派遣される。ビブリス原発を運営するライン・ウェストファーレン電力会社からも専門スタッフが派遣され、放出された放射性核種の種類と量および気象条件から汚染地域と放射線量を予測し、適切な対処措置を勧告する。災害対策本部はこの

---

50) 以下の原発事故対応に関する説明は、主にヘッセン州内務・スポーツ省のホームページによる。< http://www.hmdis.hessen.de/ >

51) 緊急時の対応措置を円滑に実施するためには、周辺住民にその概要を事前に知らせておく必要がある。ビブリス原発はヘッセン州の最南部にあり、ラインラント・プファルツ州にも被害が及ぶ可能性が大きかった。このため、両州の監修のもと、ライン・ウェストファーレン電力会社（RWE）が作成したパンフレット『ビブリス原発周辺での緊急時の保護』（Notfallschutz für die Umgebung des Kernkraftwerk Biblis）が周辺住民に配布されており、風向きに応じた複数の避難経路と集合場所を含む重要情報の周知を図っていた。< http://www.rwe.com/web/cms/de/235582/rwe-power-ag/mediencenter/kernenergie/ >

勧告に基づき、各災害防護部隊・施設にしかるべき任務を付与する。
(2) 放射線量の把握
　原発周辺の放射線の状況を把握するため、原子炉内の圧力、温度、排気量、排水量などについてヘッセン州の原発遠隔監視システム（Kernkraftwerk-Fernüberwachung [KFÜ]）からオンラインでデータ収集がなされる。原発より半径25km圏内についてはKFÜの情報、この外80km圏内は環境放射能の全国的監視のため設置されている統合測定情報システム（Integrierte Mess- und Informationssystem [IMIS]）の情報に基づき、必要措置（屋内退避、避難、安定ヨウ素剤の服用など）と該当地域が指定される。こうした国の情報システムのほか、電力会社が設置する原子力技術救援隊（専任隊員約25名のほか約140人の外部メンバーを招聘可能）による現場の調査が行われるのに加え、26のABC危険物質処理部隊と6台の放射線探査車両が派遣可能であるという。
(3) 災害防護部隊の派遣
　災害対処の指揮をとるベルクシュトラーセ郡災害防護官庁・対策本部の出動要請を受け、各種災害防護部隊がその任に当たる[52]。隊員数でみると、ヘッセン州全域から約2万3,000人の災害防護部隊員、約6万人の消防団員が動員されるほか、ヘッセン州警察は約3,000人の職員を派遣する用意があるという。加えて、THWや連邦軍などの連邦の救援隊や他の州の救援隊の支援が要請される。
(4) 安定ヨウ素剤の配布
　原子力災害の際、周辺住民の保護のため最も重要なのは、住民の放射線

[52) ヘッセン州災害防護法第26条1項によれば、以下の分野について災害防護の部隊・施設が設置される。①指揮（Führung）、②情報・コミュニケーション（Information und Kommunikation）、③防火（Brandschutz）、④ABC危険物質（Gefahrstoff-ABC）、⑤医療（Sanitätswesen）、⑥給養（Betreuung）、⑦水難救助（Wasserrettung）、⑧救出・保守（Bergung und Instandsetzung）。ヘッセン州は、住民保護のために、52の給養部隊と38の医療部隊、連邦の4つの医療タスクフォースを動員でき、州内の消防団、ABC防護隊がこれに加わる。詳しくは、2011年ヘッセン州内務・スポーツ省の災害防護コンセプト（Hessisches Ministerium des Innern und für Sport, Katastrophenschutz in Hessen）参照。
< http://www.hmdi.hessen.de/irj/HMdI_Internet?cid=2aaa3a697646855c881343ea9a47dbec >

被爆量を最小限に抑えることである。このための措置として、住民への避難指示と放射性ヨウ素による甲状腺被爆を緩和するため内服する安定ヨウ素剤の処方が急務となる。

住民への対応は、被災地の実効線量により異なる。ドイツ放射線防護委員会の勧告によれば、避難措置の介入レベルは、屋内退避で10mSv、避難は100mSvである。安定ヨウ素剤の処方基準は、小児および18歳未満の少年と妊婦については甲状腺線量50mSv、18歳以上45歳までの成人については250mSvである（図表-6）。45歳より高齢の成人は、甲状腺代謝障害を起こす可能性が高いため、処方されない。

図表-6：原発事故の際の住民対応の介入値

措置	介入値		
	器官線量（甲状腺）	実効線量	集積期間および被爆経路
屋内退避		10mSv	7日間の外部被爆および同期間の放射性核種の吸入による実効積算線量
安定ヨウ素剤の服用	50mSv 小児および18歳未満の少年および妊婦 250mSv 18歳以上45歳までの成人		7日間の放射性核種の吸入による器官積算線量
避難		100mSv	7日間の外部被爆および同期間の放射性核種の吸入による実効積算線量
長期移住		100mSv	堆積した放射性核種による1年間の外部被爆
一時移住		30mSv	1カ月間の外部被爆

出典：Radiologische Grundlagen für Entscheidungen über Maßnahmen zum Schutz der Bevölkerung bei unfallbedingten Freisetzungen von Radionukliden: Empfehlung der Strahlenschutzkommission. Stand 21.09.2008 (GMBl Nr. 62/63 vom 19. Dezember 2008)

安定ヨウ素剤の配布方法は、居住地域により異なる。原発から半径5km圏内（1.5km圏内は居住禁止区域）に居住する住民については、ビブリスおよび隣町グロス・ロァハイム（Groß-Rohrheim）の薬局を通じて事前に配布されている。この外半径25km圏内居住者には、ベルクシュトラーセ郡防災倉庫に備蓄されている薬剤が直ちに配布される。

　これより遠隔の居住者については、連邦の複数の防災倉庫に備蓄されている安定ヨウ素剤が配布される。この場合、配布は、連邦環境・自然保護・原子炉保安省の指示により、BBKが調整し、所定の納入場所（ヘッセン州の場合、消防署）まで輸送された後、下級災害防護官庁の責任の下で、市町村が定める支給所で配布される。安定ヨウ素剤の効果は投与時期に大きく依存し、放射性ヨウ素吸入直前の投与が最も効果が大きく、少なくとも吸入から2時間以内に服用する必要があるとされる。このため、迅速な輸送・配布が望まれるが、2010年にヘッセン州が実施した訓練では、連邦の備蓄庫から配布場所までの輸送にかかる時間は6時間弱であったという。原発施設の故障・破壊の程度にもよるが、放射性核種の飛散までの時間を考えれば、半径25キロ圏外の遠隔居住者への配布には十分な時間的余裕があるという。

　連邦の防災倉庫から安定ヨウ素剤が配布される遠隔地の住民については、小児と18歳未満の少年および妊婦のみが処方の対象となる。この地域では甲状腺線量250mSvを超える被爆は想定外であるためであるが、遠隔地でもこれを超える被爆のおそれがある場合には、18歳以上45歳までの成人にも安定ヨウ素剤が処方される[53]。

---

53)　東日本大震災では、自治体に安定ヨウ素剤が備蓄されていたにもかかわらず、適時に配布されず、その処方にも混乱があったといわれる。このような混乱を防ぐためにも、万一の事故に備え、より緻密な防災計画と訓練が求められるところである。遅きに失した感はあるが、2012年1月12日、原子力安全委員会の被爆医療分科会は、安定ヨウ素剤を事前に原発周辺の家庭に戸別配布するべきだとする提言案をまとめた。

おわりに

　東日本大震災後の日本政府の一連の対応においては、政府と被災自治体および東京電力など関係事業者との連携の不備が指摘された。災害ボランティアの受け入れ態勢も十分であったとはいえない。

　その中で一部論者から、「今回のような重大災害においては武力攻撃事態等の防衛上の緊急事態を想定した国民保護法を準用すべき」との提言があったことは興味深い。最も迅速な対応が求められたのは、福島第1原発からの放射能汚染の拡大防止であるが、国民保護法によりとられる対策には「放射性物質等による汚染の拡大を防止するための措置」が含まれ（第10条3号）、原子力災害への対処に関する具体策が定められている（第105～110条）。住民の避難誘導、緊急輸送、被災民の救護・治療、生活重要施設の安全確保などのほか、国や自治体に「自主防災組織及びボランティアにより行われる緊急対処保護措置に資するための自発的な活動に対し、必要な支援を行う」（第4条3項、第173条3項）ことを求めている点も含め、総合的な被災住民救護措置をとるには国民保護法がより効果的であるという主張も肯ける。

　「有事並み」大規模災害に備えるため、日本でも今回の経験を踏まえ、戦争災害とそれ以外の大規模災害を包括する総合的災害対処・国民保護法を制定すべきであると考える。連邦制をとるドイツの法制が、直接日本のモデルにはならないとしても、参考にできる点は多いと考える。

I　個別分野に関する緊急事態法一覧

・文民たる住民の保護を含む防衛を目的とする役務確保に関する法律（役務確保法）：
Gesetz zur Sicherstellung von Arbeitsleistungen für Zwecke der Verteidigung einschließlich des Schutzes der Zivilbevölkerung (Arbeitssicherstellungsgesetz) vom 9. Juli 1968 (BGBl. I S. 787)［直近改正2009年7月29日］

・食糧・農業ならびに林業の生産物の供給確保に関する法律（食糧確保法）[*]：
Gesetz über die Sicherstellung der Versorgung mit Erzeugnissen der Ernährungs- und Landwirtschaft sowie der Forst- und Holzwirtschaft (Ernährungssicherstellungsgesetz) in der Fassung der Bekanntmachung vom 27. August 1990 (BGBl. I S. 1802)［直近改正2006年10月31日、最初の法律は1965年8月24日制定］

・交通確保法[**]：
Gesetz zur Sicherstellung des Verkehrs (Verkehrssicherstellungsgesetz) in der Fassung der Bekanntmachung vom 8. Oktober 1968 (BGBl. I S. 1082)［直近改正2009年4月2日。最初の法律は1965年8月24日制定］

・防衛を目的とする水資源管理の分野におけるサービス確保に関する法律（用水確保法）：
Gesetz über die Sicherstellung von Leistungen auf dem Gebiet der Wasserwirtschaft für Zwecke der Verteidigung (Wassersicherstellungsgesetz) vom 24. August 1965 (BGBl. I S. 1225, 1817)［直近改正2005年8月12日］

・通商・金融分野のサービス確保に関する法律（経済確保法）：
Gesetz über die Sicherstellung von Leistungen auf dem Gebiet der gewerblichen Wirtschaft sowie des Geld- und Kapitalverkehrs (Wirtschaftssicherstellungsgesetz) in der Fassung der Bekanntmachung vom 3. Oktober 1968 (BGBl. I S. 1069)［直近改正2006年10月31日、最初の法律は1965年8月24日制定］

・郵便・通信確保（新）法[***]：
Gesetz zur Neuregelung des Post- und Telekommunikationssicherstellungsrechts und zur Änderung telekommunikationsrechtlicher Vorschriften vom 24. März 2011(BGBl. I S.506)［最初の法律は1994年9月14日制定］

---

[*]　防衛緊急事態以外での食料供給の確保については、食糧準備法（Ernährungsvorsorgegesetz vom 20. August 1990 (BGBl. I S. 1766)[直近改正2006年10月31日］が定める。

[**]　テロ攻撃を含む災害事態において交通を確保するために、交通サービス確保法（Gesetz zur Sicherung von Verkehrsleistungen (Verkehrsleistungsgesetz) vom 23. Juli 2004 (BGBl. I S. 1865)[直近改正2006年10月31日］が制定されている。

[***]　郵便通信確保（新）法は、防衛緊急事態以外の災害事態にも適用される。

II　ドイツ各州の災害防護法一覧

・バーデン・ヴュルテンベルク州災害防護法：
Gesetz über den Katastrophenschutz vom 22. November 1999 ［2006年3月7日直近改正］．
・バイエルン州災害防護法：
Bayerisches Katastrophenschutzgesetz vom 24. Juli 1996 ［2009年7月27日直近改正］．
・ベルリン災害危険防禦法：
Gesetz über die Gefahrenabwehr bei Katastrophen vom 11. Februar 1999 ［2004年1月26日直近改正］．
・ブランデンブルク州防火災害防護再編法：
Gesetz zur Neuordnung des Brand- und Katastrophenschutzrechts im Land Brandenburg vom 24. Mai 2004 ［2008年9月23日直近改正］．
・ブレーメン救援（新）法：
Bremisches Hilfeleistungsgesetz, Bekanntmachung der Neufassung des Bremischen Hilfeleistungsgesetzes vom 19. März 2009.
・ハンブルク災害防護法：
Hamburgisches Katastrophenschutzgesetz vom 16. Januar 1978 ［2011年4月19日直近改正］．
・ヘッセン州防火・一般救援・災害防護法：
Hessisches Gesetz über den Brandschutz, die Allgemeine Hilfe und den Katastrophenschutz in der Fassung vom 3. Dezember 2010.
・メックレンブルク・フォアポメルン州災害防護法：
Gesetz über den Katastrophenschutz in Mecklenburg-Vorpommern vom 24. Oktober 2001 ［2010年6月24日直近改正］．
・ニーダーザクセン州災害防護法：
Niedersächsisches Katastrophenschutzgesetz in der Fassung der Bekanntmachung vom 14. Februar 2002 ［2009年3月25日直近改正］．
・ノルトライン・ウェストノァーレン州消防・救援法：
Gesetz über den Feuerschutz und die Hilfeleistung vom 10. Februar 1998 ［2009年12月8日直近改正］．
・ラインラント・プファルツ州防火・一般救援・災害防護法：
Landesgesetz über den Brandschutz, die allgemeine Hilfe und den Katastrophenschutz vom 2. November 1981 ［2010年12月23日直近改正］．
・ザールラント州防火・技術救援・災害防護法：
Gesetz über den Brandschutz, die Technische Hilfe und den

Katastrophenschutz im Saarland vom 29. November 2006〔2011年11月16日直近改正〕.
・ザクセン州防火・救助・災害防護法
Sächsisches Gesetz über den Brandschutz, Rettungsdienst und Katastrophenschutz vom 24. Juni 2004〔2010年12月17日直近改正〕.
・ザクセン・アンハルト州災害防護法
Katastrophenschutzgesetz des Landes Sachsen-Anhalt in der Fassung der Bekanntmachung vom 5. August 2002〔2005年6月28日直近改正〕.
・シュレスヴィヒ・ホルシュタイン州災害防護法
Gesetz über den Katastrophenschutz in Schleswig-Holstein in der Fassung vom 10. Dezember 2000〔2008年1月7日直近改正〕.
・テューリンゲン州防火・一般救援・災害防護法
Thüringer Gesetz über den Brandschutz, die Allgemeine Hilfe und den Katastrophenschutz in der Fassung der Neubekanntmachung vom 5. Februar 2008〔2009年5月12日直近改正〕.

［編著者］

浜谷　英博　　担当：3章
三重中京大学現代法経学部兼政策科学研究科教授

松浦　一夫　　担当：8章
防衛大学校公共政策学科兼総合安全保障研究科教授

［著者］（五十音順）

新　正幸　　担当：2章
金沢大学名誉教授

新井　誠　　担当：7章
広島大学大学院法務研究科教授

井口　文男　　担当：6章
岡山大学大学院社会文化科学研究科教授

永野　秀雄　　担当：4章
法政大学人間環境学部教授

宮坂　直史　　担当：1章
防衛大学校国際関係学科兼総合安全保障研究科教授

山崎　元泰　　担当：5章
明星大学教育学部准教授

災害と住民保護
東日本大震災が残した課題
諸外国の災害対処・危機管理法制

2012年3月30日　第1版第1刷発行	編著者	浜 谷 英 博 ©2012 Hidehiro Hamaya 松 浦 一 夫 ©2012 Kazuo Matsuura
	発行者	高 橋　　考
	発　行	三 和 書 籍

〒112-0013　東京都文京区音羽2-2-2
電話 03-5395-4630　FAX 03-5395-4632
sanwa@sanwa-co.com
http://www.sanwa-co.com/
印刷／製本　モリモト印刷株式会社

乱丁、落丁本はお取替えいたします。定価はカバーに表示しています。　ISBN978-4-86251-130-0 C3031
本書の一部または全部を無断で複写、複製転載することを禁じます。

三和書籍の好評図書

Sanwa co.,Ltd.

意味の論理
ジャン・ピアジェ/ローランド・ガルシア 著 芳賀純/能田伸彦 監訳
A5判 238頁 上製本 3,000円+税

●意味の問題は、心理学と人間諸科学にとって緊急の重要性をもっている。本書では、発生的心理学と論理学から出発して、この問題にアプローチしている。

ピアジェの教育学
ジャン・ピアジェ 著　芳賀純/能田伸彦 監訳
A5判 290頁 上製本 3,500円+税

●教師の役割とは何か？　本書は、今まで一般にほとんど知られておらず、手にすることも難しかった、ピアジェによる教育に関する研究結果を、はじめて一貫した形でわかりやすくまとめたものである。

天才と才人
ウィトゲンシュタインへのショーペンハウアーの影響
D.A.ワイナー 著 寺中平治/米澤克夫 訳
四六判 280頁 上製本 2,800円+税

●若きウィトゲンシュタインへのショーペンハウアーの影響を、『論考』の存在論、論理学、科学、美学、倫理学、神秘主義という基本的テーマ全体にわたって、文献的かつ思想的に徹底分析した類いまれなる名著がついに完訳。

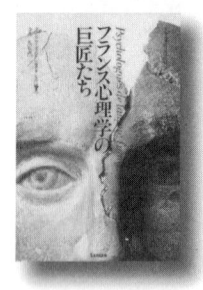

フランス心理学の巨匠たち
〈16人の自伝にみる心理学史〉
フランソワーズ・パロ/マルク・リシェル 監修
寺内礼 監訳　四六判 640頁 上製本 3,980円+税

●今世紀のフランス心理学の発展に貢献した、世界的にも著名な心理学者たちの珠玉の自伝集。フランス心理学のモザイク模様が明らかにされている。

三和書籍の好評図書
Sanwa co.,Ltd.

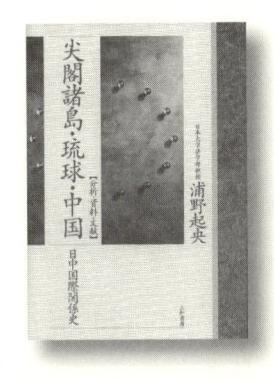

増補版　尖閣諸島・琉球・中国
【分析・資料・文献】

浦野起央 著
A5判　上製本　定価：10,000円+税

●日本、中国、台湾が互いに領有権を争う尖閣諸島問題……。筆者は、尖閣諸島をめぐる国際関係史に着目し、各当事者の主張をめぐって比較検討してきた。本書は客観的立場で記述されており、特定のイデオロギー的な立場を代弁していない。当事者それぞれの立場を明確に理解できるように十分配慮した記述がとられている。

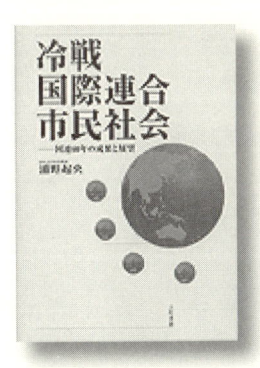

冷戦　国際連合　市民社会
――国連60年の成果と展望

浦野起央 著
A5判　上製本　定価：4,500円+税

●国際連合はどのようにして作られてきたか。東西対立の冷戦世界においても、普遍的国際機関としてどんな成果を上げてきたか。そして21世紀への突入のなかで国際連合はアナンの指摘した視点と現実の取り組み、市民社会との関わりにおいてどう位置付けられているかの諸点を論じたものである。

地政学と国際戦略
新しい安全保障の枠組みに向けて

浦野起央 著
A5判　460頁 定価：4,500円+税

●国際環境は21世紀に入り、大きく変わった。イデオロギーをめぐる東西対立の図式は解体され、イデオロギーの被いですべての国際政治事象が解釈される傾向は解消された。ここに、現下の国際政治関係を分析する手法として地政学が的確に重視される理由がある。地政学的視点に立脚した国際政治分析と国際戦略の構築こそ不可欠である。国際紛争の分析も１つの課題で、領土紛争と文化断層紛争の分析データ330件も収める。

三和書籍の好評図書
Sanwa co.,Ltd.

中国の公共外交
―― 「総・外交官」時代 ――

趙啓正 著　王敏 編・監訳
A5判／並製／270頁／定価3,000円＋税

●13億の中国国民が国際世論形成の鍵を握る時代がやってきた！！中国外交のキーパーソンであり、「中国の声」ともいわれる論客・趙啓正氏が、いま注目を集めている新しい外交理念「公共外交（パブリック・ディプロマシー）」について、その理論と実践を語り尽くす！

〈日中新時代をひらく〉
転換期日中関係論の最前線
―― 中国トップリーダーの視点 ――

王敏 編著　A5判／上製／389頁／定価3,800円＋税

●日中交流における共通の体験知を抱き、非西洋的価値規準による互恵関係の可能性、およびその問題点を掘り下げ、利益共有への通路を開拓する。変化しつつある日中新時代へアプローチすることが本論文集の目的である。
　本書の最初では、GDPの増大が日中相互認識にどう影響してきたか、その変化と諸問題を提起している。次いで、序論として、中国の発展モデルの評価について、「中国の声」とも呼ばれる論客、趙啓正氏が冷静に論考している。

〈国際日本学とは何か？〉
東アジアの日本観
―― 文学・信仰・神話などの文化比較を中心に ――

王敏 編著　A5判／上製／412頁／定価3,800円＋税

●国際化が加速するにつれ、「日本文化」は全世界から注目されるようになった。このシリーズでは、「日本文化」をあえて異文化視することで、グローバル化された現代において「日本」と「世界」との関係を多角的に捉え、時代に即した「日本」像を再発信していく。
　本書は、東アジアにおける異文化の鏡に映った像を手がかりに、日本文化の混成的な素性と性格を、またそれがアジアや世界へと越境していく有り様を浮き彫りにしていくものである。